总主编

"风险管理师"专业能力培养基础教程丛书

风险评估

Risk Assessment

主　编◎朱　军
副主编◎李　斌 毛　群 夏　莽

王忠明博士作序推荐

风险管理师岗位能力、专业能力、教育培训的公共通识基础教程

经济管理出版社
ECONOMY & MANAGEMENT PUBLISHING HOUSE

图书在版编目（CIP）数据

风险评估/朱军主编．—北京：经济管理出版社，2020.8
“风险管理师”专业能力培训系列教材
ISBN 978-7-5096-7391-1

Ⅰ.①风…　Ⅱ.①朱…　Ⅲ.①风险评价—职业培训—教材　Ⅳ.①X820.4

中国版本图书馆CIP数据核字(2020)第156625号

组稿编辑：何　蒂
责任编辑：何　蒂　詹　静
责任印制：黄章平
责任校对：董杉珊

出版发行：经济管理出版社
（北京市海淀区北蜂窝8号中雅大厦A座11层　100038）
网　　址：www.E-mp.com.cn
电　　话：（010）51915602
印　　刷：三河市延风印装有限公司
经　　销：新华书店
开　　本：720mm×1000mm/16
印　　张：17
字　　数：324千字
版　　次：2020年8月第1版　　2020年8月第1次印刷
书　　号：ISBN 978-7-5096-7391-1
定　　价：69.00元

“风险管理师”专业能力培养基础教程丛书编委会

	北京玮博合利会计师事务所执行董事 中国注册会计师 高级风险管理师
金乐永	中材集团原总法律顾问原首席风险执行官 中人会风险管理分会第四届理事会专家
李　斌	中人会风险管理分会原副秘书长、专家
李海燕	中人会风险管理分会第四届理事会副秘书长（执行） 高级风险管理师 《中国风险管理者》杂志执行主编 中人会女性人才研究会理事
李　震	中人会副会长兼秘书长
莫春雷	中国五矿资本控股有限公司党委副书记 中人会风险管理分会专家
佘　廉	国家行政学院教授、博士生导师 中人会风险管理分会首席专家
沈志群	中人会特邀副会长 中国投资协会副会长 中人会风险管理分会名誉会长
王大军	中国人民保险集团风险管理部总经理 中人会风险管理分会第四届理事会副会长兼保险行业专业组组长
王忠明	国务院国资委研究中心原主任 国家经贸委经研中心原主任 全国工商联原副秘书长 中国民营经济研究会常务副会长兼秘书长 中人会风险管理分会名誉会长
武广齐	中国海洋石油集团有限公司原党组副书记、副总经理 中人会风险管理分会国有企业专业组组长
张凤林	北京市农业投资公司原总经理

中人会风险管理分会副会长兼风险管理评价专业副组长

章敏健　中国航天科技集团五院审计监察部原部长

中人会风险管理分会专家

张文来　中国航天科工集团审计与风险管理部副部长

中人会风险管理分会专家

张小红　亿阳信通股份有限公司原总经理、董事长、监事长

中人会风险管理分会民营企业专业组副组长

赵　健　中人会风险管理分会第四届理事会副会长兼秘书长

北京正成科技有限公司总经理

高级风险管理师

国际注册内控师

英国剑桥风控师

朱　军　中和资产评估有限公司副总经理

财政部资产评估准则专业委员会委员

中人会风险管理分会第四届理事会副会长兼专家组组长

风险评估专业组组长

参编人员

（按拼音顺序排序）

主　　编： 朱　军

副 主 编： 李　斌　毛　群　夏　莽

参编人员： 郝　玮　李海燕　周元元　赵　健

总　序

风险无处不在，这已经是我们每一个人的共识。不论个人、企业、政府部门、社会组织，还是其他社会参与者，都逐渐意识到风险管理的重要性。

从 2006 年 6 月国资委颁布了《中央企业全面风险管理指引》（以下简称《指引》）距今已有十几年的时间，《指引》指出，企业全面风险管理是一项十分重要的工作，关系到国有资产保值、增值和企业持续、健康、长期稳定发展。自 2008 年以来，根据 COSO 内部控制框架，财政部会同证监会、审计署、银监会、保监会五部委联合颁发了《企业内部控制基本规范》及 18 项配套应用指引，奠定了我国企业内部控制建设、评价和审计的制度，为加强企业内部控制提供了理论和实践基础，使我国企业内部控制管理水平进一步提升。各类企业特别是中央企业，在风险管理实践中也根据 ISO 企业风险管理的原则、框架和过程，结合各自公司战略和文化搭建了企业风险管理体系，并且取得了可喜的成绩，对防控企业风险起到了一定的作用。

一些风险管理专家一直致力于风险管理的理论研究和实践，并努力推动实现了“风险管理师”进入我国国家职业分类大典，风险管理成为一项专业技能。这为开展风险管理专业技能教育奠定了基础，也使风险管理专业愈加得到社会的认可。

然而，我国相关风险管理课程至今还没有完全进入大学课堂，风险管理还未形成完整的、成熟的理论体系。

本风险管理系列丛书第一批包括《风险管理基础知识》《风险评估》《风险应对》《风险管理体系建设》四册，后续将陆续出版配套辅导书和案例集。之所以是这样一个构成状况，主要考虑有三点：第一，风险管理基础知识是风险管理师必备的基础知识；第二，风险评估、风险应对和风险管理体系建设是风险管理师的三项核心技能；第三，风险管理基础知识和这三项技能在实践中已经形成了一些通识的成熟经验。

与其他学科相比，风险管理还是一个值得深入探究的学科。本系列丛书体现了以下几个特点：第一，涵盖的内容尽可能广，尽量把近年的实践成果总结进来；第二，语言尽可能通俗易懂，尽可能深入浅出；第三，基础知识尽量是大家已经达成通识的内容；第四，案例尽可能丰富一些，能够在实践中学以致用。

我国的风险管理还处在实践和探索之中。本丛书的编写和出版也只是一个起点。随着时间的推移，风险管理理论研究将不断深化，风险管理实践经验日益丰富和成熟，我们将对本系列丛书持续进行修订，继续更新和补充相关内容，使其日臻完善。

丛书编委会

2018 年 1 月于北京

序（一）

我一直非常关注高级风险管理师的培养及培训工作，其中印象颇深的是曾先后两次应邀出席了均为黄炜教授筹划的高级风险管理师培训或研修的开班仪式并作了主题演讲，之所以印象颇深，原因之一是它们都被冠以“首届”二字。

第一次“首届”是在2007年1月。当时，我在国务院国资委研究中心供职。出于岗位职责使然，我对国有企业尤其是央企的风险管控有着很强的探寻意愿，故欣然出席了中国首届注册高级企业风险管理师（CSERM）职业资格证书培训班的开班仪式。此后，还见证了在钓鱼台国宾馆举行的中国首批注册高级企业风险管理师的颁证仪式。

记得经济日报记者陈莹莹曾用《发挥企业风险管理师在企业发展中的作用》为题作了报道（刊登于2007年4月10日的《经济日报》）。正如报道所言，“首批136名高层管理人员获得注册高级企业风险管理师证书，自此，新职业企业风险管理师正式浮出水面。”据我所知，这136名注册高级企业风险管理师主要来自国有企业的中高层管理岗位，他们中的佼佼者为国有企业包括央企在2008年抵御由美国次贷危机引发的国际金融风波的进程中发挥了积极作用。他们作为中国风险管理实践的领军人才，在构建具有中国特色的风险管理体系中也担当了开拓者的重要角色！历史还将继续佐证这一开创中国风险管理人才培养的先河之举！

第二次“首届”是在2018年1月21日。此会以推进国家治理体系和治理能力现代化为主题，定名为首届高级风险管理师专业能力研修班。其主题以及课程设置都十分符合党的十九大精神，顺应时代发展的要求。在演讲中，我明确建议以后应多组织这样的研修班，也就是说，不能止于“首届”，而应一届接一届地搞下去。令我感慨的是，十多年过去了，昔日之“首批”已成为如今风险管理实践的一线指挥官，他们积累了经验，甚至上升为理论，以专家型授训者的身份登台讲课，有的还直接参与了这套基础教程丛书的编撰工作。然而，此“首届”与彼“首届”很大的一个区别是，参训人员中明显以来自民营企业、中小企业者居多。

风险管理是一项既有宏观作用又有微观意义的工作，必须在全社会各个层面深入推进。2009 年我到全国工商联工作，主要开展中国民营经济的专门研究，以推进其健康、可持续发展。其间，我深切感受到承担 80% 以上就业重任的民营企业也必须高度重视风险管理及危机应对。为此，我曾多次建议黄炜教授所带领的团队要把风险管理人才培养的重点更多地转向民营企业、中小微企业。培训课程模块也应更好地与中国当前的实际状况相吻合，课程内容要更接地气，最好能够为之提供一套可读性强、易于理解的通俗读本，以便培养出更多能够落地并具有完备风险管控专业能力的专门人才，为中国经济社会发展以及长治久安保驾护航。

2018 年 1 月 5 日习近平总书记在新进中央委员会的委员、候补委员和省部级主要领导干部学习贯彻习近平新时代中国特色社会主义思想和党的十九大精神研讨会开班式上，着眼党和国家事业发展全局，鲜明提出三个“一以贯之”的要求，即“坚持和发展中国特色社会主义要一以贯之，推进党的建设新的伟大工程要一以贯之，增强忧患意识、防范风险挑战要一以贯之”。这第三个“一以贯之”，足显防范风险在党和国家最高领导人心目中的地位，需要我们认真体会并坚决贯彻。

本套丛书的框架设计以“1 +3 模式”为特色，“1”为一本风险管理基础，“3”为三本专业能力分述，包括风险评估、风险应对和风险管理体系建设能力。这样的构思有利于最终形成一套便于系统学习的风险管理基础教程丛书，它不仅是专业培训机构培养风险管理专业人才的基础教材，也应该是填补了该领域系列培训教程的一项空白。知识 + 案例是本丛书各章节内容的基本结构。我相信广大风险管理从业人员将以此作为良好读本，为传播现代风险管理理念和风险管理专业知识与方法作出更多的贡献！

是为序。

国务院国资委研究中心原主任
国家经贸委经研中心原主任
全国工商联原副秘书长
中国民营经济研究会常务副会长兼秘书长
中国人力资源开发研究会风险管理分会名誉会长
丛书指导小组组长
王忠明
2018 年春节于杭州

序（二）

鉴于中国人力资源开发研究会（简称“中人会”）在职业研究、人才开发领域的专业性及风险管理分会在“风险管理”专业人才培训中的长期实践与专业水平，受国家发改委的委托，中人会积极承担了2015版《国家职业大典》修订工作。2011年1月中人会正式启动并积极开展了“风险管理师”作为新增职业纳入《国家职业分类大典》的组织申报工作，包括项目立项、职业信息采集、职业岗位主要工作活动描述及认证。在各方面的积极支持下，尤其是国家发改委就业与收入分配司与发改委社会发展研究所给予了全程支持。同时，在新职业立项与主要工作活动的调研期间，时任国家发改委就业与收入分配司主要领导与发改委社会发展研究所主要负责人给予了鼎力支持，借此机会一并表示衷心的感谢！

特别值得一提的是，在风险管理师作为新职业立项和该职业主要工作活动的描述信息采集、调研与认证过程中，中人会风险管理分会常务副会长黄炜教授所带领的团队充分发挥了他们在中国风险管理领域的专业优势，执着地开展并精准地完成了风险管理师新职业主要工作活动的职业描述信息采集、调研与认证工作。2011年8月申报报告通过了严格的行业评审认证，并通过了大典修订专家委员会答辩评审，2015年1月风险管理师作为新职业被正式编入2015年新版《中华人民共和国国家职业分类大典》。至此，风险管理师有了定职定编定岗的法定身份和权威依据。

2014年6月，受人社部委托，黄炜教授承担的《国家职业标准开发与工作机制建设》课题研究工作正式启动，《风险管理师国家职业标准开发和工作机制建设课题研究与实践》作为该项目的子课题正式列入研究计划。2014年7月，中人会成立“风险管理从业人员国家职业标准编写委员会”，该子课题通过科学的设计与翔实的调研，完成了以“风险管理师”为代表的新增职业的职业标准开发与工作机制研究，课题成果于2015年10月通过了人社部中国就业培训技术指导中心标准处组织的结题评审验收，标志着风险管理师国家职业标准开发的基本完成。

2016年3月，中人会完成了《风险管理师职业标准》在人社部职业技能鉴定中心标准处的备案申请工作，备案申请中明确了风险管理分会秘书处道合阶明咨询（北京）有限公司为风险管理师国家职业标准进一步开发、完善修正与认证的组织实施单位。

为了支持各行业各领域全面实施风险管理培训，促进各行各业风险管理从业人员专业水平，中人会决定正式以风险管理从业人员国家职业标准为基础，着力专项启动风险管理师专业能力教育与培训基础教程丛书的编撰工作。中人会及时下发文件即〔2017〕1号文件明确设立专项，并为此成立项目领导小组、项目开发指导小组及办事机构，以保障项目的顺利实施。文件还明确此项目的开发由中人会风险管理分会承担，项目开发的组织与经费筹措等具体工作由分会秘书处道合阶明咨询（北京）有限公司具体负责并组织实施。项目成果教育培训教材丛书将委托出版社正式出版，并作为风险管理师岗位及专业能力教育培训的公共模块教材使用，此教材的更新与再版相关工作亦由风险管理分会秘书处负责。

前不久很欣慰地获悉该丛书已经进入合稿统稿阶段，丛书总编黄炜教授约我写序。如此高的效率，令我由衷敬佩。我清楚地记得，在2017年3月本套丛书编写启动会上，我还与全体参编人员谈到，这套丛书在中国风险管理事业发展中具有里程碑意义，编写工作要规范有序地开展。以该丛书为基本载体，传播风险管理理念，培养并造就更多的各行各业风险管理人才，逐步形成风险识别、风险管控、风险处置的中国特色风险管理系统，无疑是保证新时代中国经济和社会持续稳定健康发展的重要基础。

从社会价值与意义层面上看，从风险管理师作为新职业正式入编《国家职业分类大典》，到风险管理从业人员职业标准的开发等工作，黄炜教授所带领的团队一直在努力推进并自觉积极地投入其中，可以无愧为中国风险管理研究与相关职业创建的先行者和开拓者。

本人长期从事投资研究和投资行业协会工作，深知投资始终是推动中国经济社会发展的重要动力。然而，投资就有风险，同时创新与创业也面临风险。无论是股权投资包括创业投资的从业者还是管理者，都需要具有科学的风险管理意识，不仅要重视投资前的风险评估，同时还要重视投资后的风险审计，确保投资的有效性和可持续发展。所以，在新时代社会与经济发展环境下，风险管理领域的从业人员应自觉学习、掌握风险管理的知识并不断提升专业能力，这是十分重要的。此套丛书的编撰完成与正式出版无疑是中国风险管理领域的一件幸事，确实可喜可贺！

中国人力资源开发研究会特邀副会长
中国投资协会副会长
中国投资协会股权和创业投资专业委员会会长
原国家发改委宏观经济研究院院长助理
中国人力资源开发研究会风险管理分会名誉会长
丛书编写领导小组组长
沈志群
2018 年 1 月

前　言

党的十九大报告明确提出："坚决打好防范化解重大风险、精准脱贫、污染防治的攻坚战。"作为"三大攻坚战"之首，防范化解重大风险是党和国家立足全局、着眼长远的战略性安排。习近平总书记也多次在各项工作中强调防范风险，增强忧患意识，坚持底线思维，着力防范化解政治、意识形态、经济、科技、社会、外部环境、党的建设等领域的重大风险，保持经济持续健康发展和社会大局稳定。面对国内外严峻的风险管理形势，在外部监管要求不断加强的情况下，中国行政及企事业单位应该按照依法治国要求建立风险防控体系，强化风险管理技能，不断提升风险管控水平。

风险管理作为研究风险发生规律和风险控制技术的一门管理科学，是指风险管理单位通过风险管理战略制定、风险评估、风险决策和风险应对等管理方式，对风险实施有效控制和妥善处理损失的过程。它是通过对风险的认识、衡量和分析，选择最有效的方式，主动地、有目的地、有计划地处理风险，以最小成本争取获得最大安全保证的管理方法。全球已有 160 多个国家与地区具有了风险管理专职人才，跨国公司和国际金融业超过 80% 的企业已经配置了首席风险官、风险总监等高级管理职位。

风险评估作为风险管理的重要环节，在风险防范过程中起着至关重要的核心及导向作用，它包括风险识别、风险分析和风险评价的全过程。本书从风险评估的概念出发，结合国内外政策和标准，系统介绍了风险评估的理论知识及实务经验，共分为风险评估基础、环境建立、风险信息的采集与统计分析、风险识别、风险分析、风险评价、风险评估报告共七章内容。

第一章：风险评估基础，主要包括风险评估概念、风险评估的过程、风险评估常见的工作流程等内容。

第二章：环境建立，主要包括建立环境的概念界定、建立环境与风险评估要素关系、风险管理方针、内部环境、外部环境等内容。

第三章：风险信息的采集与统计分析，主要包括风险信息采集原则、主要风险信息种类、风险信息采集方式、风险信息统计分析、信息沟通等内容。

第四章：风险识别，主要包括风险识别概念、风险评估的技术和方法的选择、常见风险识别技术、风险清单、其他风险识别方法等内容。

第五章：风险分析，主要包括风险分析基本概念、常用风险分析方法、其他风险分析方法、风险分析案例等内容。

第六章：风险评价，主要包括风险评价及其相关概念、风险准则、常用风险评价技术、风险矩阵（风险地图）、风险评价其他方法等内容。

第七章：风险评估报告，主要包括风险评估报告类型、风险报告管理、特点项目评估/风险事件报告案例、中央企业年度全面风险管理报告模板、信用风险管理分析报告模板、风险披露报告案例、××公司年度风险管理评审报告案例等内容。

本书贴近工作实际，具有较强的针对性、指导性和可读性。既可作为风险管理爱好者的自学教材，也可作为高等院校企业管理、公共管理、财务管理、金融分析、安全管理等专业相关课程的培训教材，还可作为风险实务工作者的建设标准和参考工具。本书在出版过程中，得到了风险管理分会第四届理事会副会长兼秘书长赵健先生、副秘书长（执行）李海燕女士的大力支持，在此一并表示感谢！由于时间仓促及编者水平有限，本书存在一些漏洞或不足之处在所难免，恳请各位专家、读者批评指正。

编著者

2020 年 1 月于北京

目　录

第一章 风险评估基础

党的十九大报告明确提出："坚决打好防范化解重大风险、精准脱贫、污染防治的攻坚战。"作为"三大攻坚战"之首，防范化解重大风险是党和国家立足全局、着眼长远的战略性安排。习近平总书记也多次在各项工作中强调防范风险，增强忧患意识，坚持底线思维。面对国内外严峻的风险管理形势，在外部监管要求不断加强的情况下，中国企业应该加快建立依法治企体系，加强风险管理能力建设，强化依法风险管理。

风险管理是研究风险发生规律和风险控制技术的一门管理科学，是指风险管理单位通过风险识别、风险衡量、风险评估和风险决策管理等方式，对风险实施有效控制和妥善处理损失的过程。它是通过对风险的认识、衡量和分析，选择最有效的方式，主动地、有目的地、有计划地处理风险，以最小成本争取获得最大安全保证的管理方法。全球已有 160 多个国家与地区具有了风险管理专职人才，跨国公司和国际金融业超过 80% 的企业已经配置了首席风险官、风险总监等高级管理职位。风险评估作为风险管理的重要环节，在风险防范过程中起着至关重要的导向作用。

第一节 风险评估概念

一、风险评估的定义

风险评估是风险管理的重要环节之一，尽管在不同的标准、准则或制度中，风险管理的概念有些不同，但风险评估的核心理念基本是相通的。下面分别就本书涉及的主要标准对风险评估的定义予以介绍。

（一）ISO31000[①]

ISO31000 标准将“风险评估”作为风险管理的术语，将其定义为：“风险评估是风险识别、风险分析和风险评价的全过程。”

按定义理解，风险评估是一系列活动形成的过程。实际上，风险评估是在风险事件发生之前或之后（但还没有结束），该事件给人们的生活、生命、财产等各个方面造成的影响和损失的可能性进行量化评估的工作，即风险评估就是量化测评某一事件或事物带来的影响或损失的可能程度。

按照 ISO31000 的框架和定义，风险评估是由风险识别、风险分析和风险评价所组成的。在风险管理领域中，当使用“风险评估”时，就意味着要实施“风险识别、风险分析和风险评价”这三个子过程，而且按照顺序执行这些子过程，形成风险评估的结论。

风险评估是在风险管理过程中极其重要的组成部分，对整个风险管理过程实施的有效性产生直接且重要的影响。为此，作为主标准的补充，ISO/IEC31010[②]提供风险评估技术的指南。

（二）COSO－ERM[③]

美国反虚假财务报告委员会下属的发起人委员会（简称 COSO）所发布的内控框架是国内外广泛采用认可的风险管理标准之一。在该文件中，将风险评估作为其五大要素之一。在 2013 年所发布的版本中，COSO 内控框架对风险评估提出了四项原则，其分别是：

（1）细分风险评估的目标，试点与其目标相关的风险可以被清晰地识别和评估。

（2）对影响其目标实现的风险进行全范围的识别和分析，找到风险因素，并以此为基础来决定如何管理风险。

（3）在评估影响其目标实现风险的过程中，评估舞弊风险。

（4）识别和分析可能对内控体系产生重大影响的变化。

（三）财政部等五部委企业内控规范

由财政部会同证监会、审计署、银监会、保监会制定的《企业内部控制基本

---

① ISO31000：2009《风险管理——原则与指南》标准由国际标准化组织于 2009 年 11 月 15 日发布。

② ISO/IEC 31010－2009 风险管理风险评估技术。

③ COSO 是全国反虚假财务报告委员会下属的发起人委员会（The Committee of Sponsoring Organizations of the Treadway Commission）的英文缩写。1985 年，由美国注册会计师协会、美国会计协会、财务经理人协会、内部审计师协会、管理会计师协会联合创建了反虚假财务报告委员会，旨在探讨财务报告中的舞弊产生的原因，并寻找解决之道。两年后，基于该委员会的建议，其赞助机构成立 COSO 委员会，专门研究内部控制问题。1992 年 9 月，COSO 委员会发布《内部控制整合框架》，简称 COSO 报告，1994 年进行了增补。ERM（企业风险管理框架）指 Enterprise Risk Management Framework。

规范》（以下简称五部委内控规范）中界定“风险评估”是组织建立与实施有效内部控制的五个要素之一，“风险评估是组织及时识别、系统分析经营活动中与实现内部控制目标相关的风险，合理确定风险应对策略”。

在风险管理的前期准备阶段，组织已经根据安全目标确定了自己的安全战略，其中就包括对风险评估战略的考虑。所谓风险评估战略，其实就是进行风险评估的途径，也就是规定风险评估应该延续的操作过程和方式。

风险评估是识别和分析那些妨碍实现经营管理目标的困难因素的活动，对风险的分析评估构成风险管理决策的基础。风险评估中的要素包括关注对整体目标和业务活动目标的制定和衔接、对内部和外部风险的识别与分析、对影响目标实现变化的认识和各项政策与工作程序的调整。有关风险的识别与评估的原则强调有效的内控系统需要识别和不断地评估有可能阻碍实现目标的种种物质风险。这种评估应包括公司（集团）所面对的全部风险，需要不断动态调整控制活动，以便恰当地处理任何新的或过去不加控制的风险。

（四）巴塞尔资本协定

新巴塞尔资本协定简称新巴塞尔协议或巴塞尔协议Ⅱ（英文简称 Basel Ⅱ），是由国际清算银行下的巴塞尔银行监理委员会（BCBS）所促成，内容针对 1988 年的旧巴塞尔资本协定（Basel Ⅰ）做了大幅修改，以期对国际上的风险控管制度标准化，提升国际金融服务的风险控管能力。新协议将对国际银行监管和许多银行的经营方式产生极为重要的影响。首先要指出的是，以三大要素（资本充足率、监管部门监督检查和市场纪律）为主要特点的新协议代表了资本监管的发展趋势和方向。

《有效银行监管核心原则》（Core Principles for Effective Banking Supervision），是巴塞尔银行监管委员会 1997 年 9 月 1 日发布并生效的国际银行监管领域里一份重要文献。《核心原则》和 Basel I 共同构成了银行风险性监管的基本规定。按照新版《有效银行监管核心原则（2012）》，银行应当建立与其规模和复杂程度相匹配的综合风险管理程序，商业银行风险管理的主要流程包括风险识别、风险计量、风险监测和风险控制四个主要步骤，其中风险识别、风险计量两项程序基本相当于 ISO31000 标准的风险评估。

二、风险评估的意义

（一）风险评估要回答的问题

按照各类风险管理标准的架构，通过实施风险评估，识别评估对象面临的各种风险、评估风险概率和可能带来的负面影响、确定组织承受风险的能力、确定风险消减和控制的优先等级、推荐风险消减对策。

按照解决问题的方式，风险评估要回答在组织风险管理中的以下问题：

（1）可能发生什么？为什么会发生？

（2）产生的后果是什么？

（3）这些后果在未来发生的可能性有多大？

（4）是否存在可以减轻风险后果、降低风险可能性的因素？

（5）风险等级是否是可容忍或可接受的？是否需要进一步应对？

以上第 1 个问题体现了风险的“事件性”，通过风险事件来提出；第 2、第 3 个问题是针对风险的两个突出特征，即后果与发生的可能性；第 4 个问题针对的是当前的风险控制；第 5 个问题则是针对风险的重要性划分，明确指出了“风险容忍”与“风险接受”。

（二）风险评估的目标

1. 改进组织对风险的认识、理解和应对

在实施风险评估过程前，组织对风险评估对象已有初步认识和理解。通过对每一轮的风险评估都会添加对风险对象的新认识，从而带来对风险对象更全面、深入、正确的理解。正是通过不断循环实施风险评估过程改进了组织对风险的认识、理解，从而使组织正确地制定风险应对决策。

2. 风险评估的实施是对目标的不断改进过程

风险管理是一个过程，在通常情况下，不会通过一次过程的运行而使过程的输出就达到预期，而是经过反复修改过程才能达到预期。因此，组织应对实施风险评估的频次做出系统安排，目的是使风险评估能体现“风险”对组织目标的影响。每一次风险评估活动都要围绕实现目标开展评估，并运用上一次的评估结果来评价应对是否有效或者存在的偏离情况，通过过程的螺旋式反复上升，实现更高层次的评估过程运转，从而不断改进评估过程。

（三）在风险管理中的作用

ISO31010 列举了风险评估在风险管理中的主要作用，其核心就是为应对特定风险及选择风险应对策略提供基于事实的信息和分析结果。

1. 认识风险及其对目标的潜在影响

通过风险评估的结果，组织或特定事项的管理者可能全面了解面临的风险状况、风险类型、风险等级、已有措施的效果，判断风险采用方法对组织或特定事项既定目标的影响方向及其影响结果。

2. 为决策提供实施依据

对组织拟决策的议题事先进行科学的定性识别分析评价，以识别和衡量决策事项的风险大小和重要性划分，借助量化模型实施科学分析、评价，并对实施的决策进行追踪，为组织正确决策和及时决策提供依据。

3. 为应对策略提供输入

风险评估要满足风险应对的输入要求，在风险管理过程中哪些风险需要应对、应对的优先顺序，选择和决策风险应对的方式，客观上均要求对风险进行度量，即量化处理并排序出风险的数值大小，从而划分出风险的重要性输入，为决策“哪些风险需要应对、应对的优先顺序”提供参考依据。

4. 改进风险管理的量化程度

为组织改进对风险的认识、理解、再认识、再理解的过程，除了对风险的定性认识和分析外，还需对风险的识别进行定量的分析，对风险的量化要求是评估控制措施是否妥当充分和有效的前提。因此，只有建立在“量化”基础上的风险评估才是有效和充分的。

5. 发现系统和组织的薄弱环节

风险评估能够使组织或特定事项的管理者了解在组织内部或特定事项的管理程序中有哪些主要的风险因素，或组织或事项流程存在的薄弱环节，这有助于组织或事项管理者明确需要优先采取的风险应对措施。

6. 满足监管要求

风险评估有助于组织或特定事项的管理者遵循相关的法律法规和监管要求，有针对性地部署和采取相应的风险应对措施，保证组织或特定事项活动的合规性。同时，监管机构通过事后调查来进行类似风险的预防。

（四）与其他管理工作的关系

在风险管理过程中，风险评估并非一项独立的活动，必须整合到风险管理过程的其他组成部分中。GB/T 24353—2009 中界定的风险管理过程包含明确环境信息、风险评估（包括风险识别、风险分析与风险评价）、风险应对、监督和检查、沟通和记录。

进行风险评估时尤其应该清楚以下事项：

（1）组织的环境信息和目标。

（2）组织可容忍风险的范围及类型，以及对于不可接受风险的处理方式。

（3）风险评估的方法和技术，及其对风险管理过程的促进作用。

（4）组织内部各部门和人员对于风险评估活动的义务、责任及权利。

（5）开展风险评估的可用资源。

（6）如何进行风险评估的报告及检查。

（7）风险评估活动如何整合到组织日常运行中。

第二节 风险评估的过程

ISO31000 提供了风险评估的一般性过程框架，其他风险管理标准虽然在表述方式和结构上有所差异，但核心技术思路是一致的。本书以 ISO31000 标准为主介绍。

风险评估过程是组织实施风险管理的重要组成部分，其直接影响着整个风险管理过程实施的有效性。ISO31000 要求，风险评估应以十一项风险管理原则为理论指导，并在具体实施过程中体现这些原则。

风险管理框架的建立及其内容对组织实施风险评估具有显著影响。实施风险评估的效果也将对风险框架的监测与评审、框架的持续改进具有促进作用。

一、风险评估的子过程

风险评估是由一系列相联系的子过程构成，典型的风险评估过程是包括风险识别、风险分析和风险评价的全过程。

（一）风险识别

风险识别是组织应识别风险源、风险影响的范围、相关事件（包含变化的情况）、原因以及潜在的后果。目的是要建立一个基于风险事件的全面风险清单，这些事件可能创造、加强、阻碍、降级、加速或延误目标的实现。识别与不需要追踪机会相关的风险十分重要。因为在这一过程中未被识别的风险将不会进行后续的风险分析，所以全面识别是关键。

即使风险源或风险原因是不明显的，风险识别也应包括无论风险源是否在组织控制之下的风险。风险识别应包括对特定后果连锁反应的测量，包括级联和累积效应。虽然风险源或原因可能并不明显，但是也应考虑其大范围的后果，就像识别可能会发生什么一样，考虑可能的原因和导致后果发生的事态是非常必要的。应考虑所有重要的原因和后果。

组织应采用与其目标、能力、所面对风险相适应的风险识别工具和技术。在识别风险过程中，相关与最新的信息十分重要，还应包括对可能地点的适当背景信息。适当专业知识的人员应参与识别风险。

（二）风险分析

风险分析是对辨识出的风险及其特征进行明确的定义描述，分析和描述风险发生可能性的高低、风险发生的条件。

风险分析是要建立对风险的理解。风险分析为风险评价、是否有必要进行风险应对和做出最恰当的风险应对战略和方法的决定提供输入。风险分析还可以对必须做出选择的决策提供输入，可选择的风险分析方法适用于不同种类和程度的风险。

风险分析要考虑风险发生的原因、风险源和它们的正面、负面后果，以及各种结果发生的可能性，识别影响风险产生后果和可能性的各种因素。风险分析就是要确定风险后果、发生的可能性以及风险的其他属性。某一事件可以有多个后果，可能会影响多个目标。现行的控制方法以及它们的效果和效率也应被考虑在内。

风险后果和可能性的表示方式以及两者结合所决定风险等级的方式应反映风险的类型、获得的信息、使用风险评估输出的目的，这些均应与风险准则相一致。同样重要的是应考虑不同风险和其风险源的相互依存。

在进行风险分析时，应考虑决定风险等级的信息以及风险等级对先决条件和假设条件的敏感性，并与决策者进行有效沟通，适当时可与其他利益相关方进行沟通。应阐述和高度关注有关因素，诸如：专家意见的分散程度、信息的不确定性、可用性、质量、数量以及持续的相关信息，或所选用模型的局限性。

风险分析应考虑分析的详细程度及变化、与风险本身的依赖性、分析的目的、信息、数据、可得到的资源。风险分析依据情况而定，可以是定性、半定量或定量的或它们的组合。

风险的后果及可能性的确定可通过对一个事件或一系列事件引发结果的模拟或通过实验研究以及可获得的数据外推。风险后果可能以有形的和无形的影响显示。在某些情况下，可能需要多个指标来确切描述不同时间、地点、类别或情形的后果和可能性。

（三）风险评价

风险评价是评估风险对组织实现目标的影响程度、风险的价值等。风险评价的目的是协助决策，决策基于风险分析的结果、就风险需要应对和实施应对的优先顺序进行决策。

风险评价包括风险分析过程中所发现的风险等级与在考虑所处环境后应建立的风险准则进行比较。以这种比较为基础，考虑应对的需要。

决策应考虑风险的广阔背景，还应考虑各方所提出的而不是从风险中获取益处的组织所提出的风险容忍度。所做决策应与法律法规及其他要求相一致。

在某些情况下，风险评价可能会导致开展进一步分析的决定；风险评价也可能导致不进行任何风险应对的决定，而是维持现有的控制措施。决策受组织的风险态度和已经建立的风险准则的影响。

二、COSO/五部委内控规范

相比 ISO31000 标准的广泛适用性，COSO - ERM 和五部委内控规范及其相关指引，对于评价评估过程的描述更细致和更具体，风险管理实务中操作方式也更趋于一致。五部委内控规范认为内部控制中的风险评估是一个比较宽泛的概念，内部控制涉及风险管理的全过程，包括设置目标、风险识别、风险分析、风险应对四个子过程。

其中设置目标是指组织在开展风险评估时，应当准确识别与控制目标相关的内部和外部风险，并确定相应的风险承受度。在风险识别过程中，要收集有关损失原因、危险因素及其损失暴露等方面的信息，由于组织资源是有限的，风险识别中更应当关注引起风险的主要因素。应当准确识别与实现控制目标有关的内部风险和外部风险。风险分析是指组织采用定性与定量相结合的方法，按照风险发生的可能性及其影响程度等，对识别的风险进行分析和排序，确定关注重点和优先控制的风险。风险应对就是在风险识别和风险分析的基础上，组织结合自身的实际情况，选择合适的风险应对策略。可以看出，在五部委内控规范中涉及的风险管理过程与 ISO31000 提出的风险管理框架是一致的。

三、Basel 新资本协议风险评估的特点

Basel 新协议的风险评估流程，主要体现在《有效银行监管核心原则（2012）》中。该原则认为，风险识别包括感知风险和分析风险两个环节：感知风险是通过系统化的方法发现商业银行所面临的风险种类和性质；分析风险是深入理解各种风险的成因及变化规律。风险识别应采用科学的方法，通过信息系统自动捕捉和分析风险因素，如利率和汇率的波动；更重要的是，识别那些难以被捕捉或准确量化的风险因素，如 GDP、CPI、失业率等会对某些金融产品的价格以及多数信贷业务产生直接或间接的影响指标。

商业银行除了以风险清单法作为风险识别最基本、最常用的方法外，还经常按照资产财务状况分析法、失误树分析方法、分解分析法的流程，对复杂的风险因素进行识别与分析。风险因素考虑得越充分，风险识别与分析也会越全面和深入。但随着考虑的风险因素增加，风险识别与分析复杂程度呈几何倍数增长，所产生的边际收益呈递减趋势，因此商业银行必须平衡风险评估的成本和收益。

准确有效地计量商业银行自身的风险，并与银行的收益水平相衔接，体现了商业银行长期发展的一项核心竞争优势。《巴塞尔新资本协议》鼓励商业银行采用高级风险量化技术，因而国际先进银行不断开发出针对不同风险种类的量化技术和方法。准确的风险评估结果建立在卓越的风险模型基础上，为满足商业银行

风险管理需要，开发一系列准确的能长期使用的数量模型任务相当艰巨。开发风险评估模型的难度不仅在于所应用的数理知识准确有效，还在于开发所采用的数据要具有高度的客观性、准确性和充足性，才能保证最终模型可以较准确反映商业银行的风险状况。

第三节　风险评估常见的工作流程

风险评估在风险管理发展的各领域的标准中都是作为风险管理或全面风险管理的重要步骤，如组织风险管理、银行业风险管理、安全生产管理、组织内部控制、质量管理等。主要风险管理标准基本都对风险评估的流程、主要关注点进行了说明。一些标准还对主要评估方法（或风险评估工具）进行了列示。

风险评估的工作流程由组织的业务性质、风险管理战略、管理架构和可动用资源等因素决定。业务性质要求组织考虑在有限的人力、物力和财力资源条件下，风险评估覆盖的业务或管理范围、风险评估的组织方式、与组织管理的嵌入等因素，并能满足根据组织战略制定的风险管理战略目标。按照 ISO31000 给出的风险管理框架，一个典型的风险评估及其相关工作步骤如图 1－1 所示。

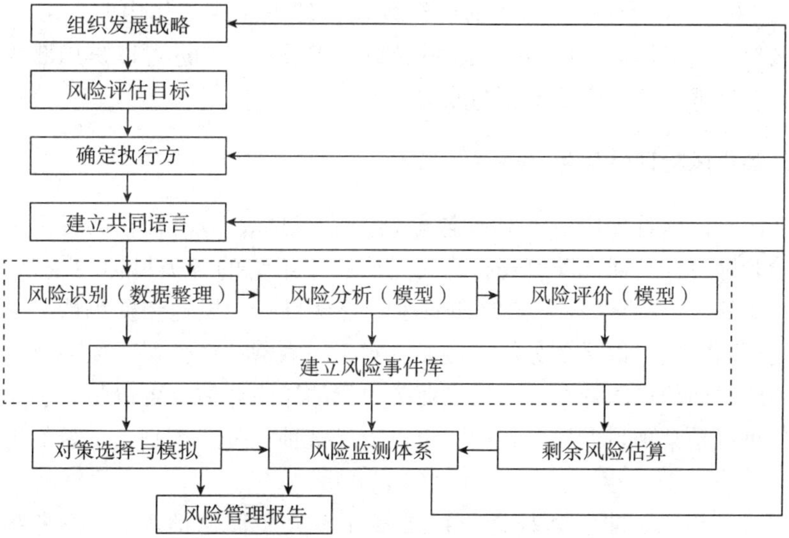

图 1－1　典型的风险评估及其相关工作步骤

（1）确认组织发展战略（事件定位、事项目标）。

（2）根据组织战略确立风险管理（风险评估）的目标。

（3）确定风险评估的执行方。

（4）建立风险评估的共同语言基础（评估范围、风险描述、风险计量、风险准则、风险承受能力）。

（5）风险识别（基础数据的搜集、整理，识别组织现存的风险和影响）。

（6）建立风险管理的信息库（风险事件库等）。

（7）分析、评价各类风险（按需要采用定量、定性或两者相结合的方法，按需要应用风险评价模型，对于风险分析、风险评价结果充实到风险事件库中）。

（8）根据风险评估结果（基于风险事件库，并按需要对组织层面及其分支和部门重大风险排序、对重大事件、特定事项的风险进行排序）。

（9）建立风险监测体系等。

（10）提出供选择对策（重大风险及其对策影响模拟分析）。

（11）可能是估算组织的整体风险和剩余风险。

（12）根据需要形成（定期或不定期）风险评价报告。

（13）依据持续改进的周期设定，定期从第（3）、第（4）、第（5）项开始进行循环。

（14）组织战略发生重大变化后从（1）开始大循环。

图1－1中步骤虚线框内的程序是按照ISO31000标准定义的风险评估的基本子过程及其输出，第（1）至第（9）是风险评估的前提条件或程序，第（10）至第（13）是以风险评估为输入的后续风险管理程序或工作内容。第（14）则体现了风险管理工作是一项不断完善的持续改进过程，改进可以是局部或某项程序，也可能是整体性的全面更新与改进。

一、确定风险评估目标

实施风险评估首先应清晰地确定风险评估的目标。风险评估的目标是服从组织的风险管理目标，而风险管理目标又是服务于组织的各类目标（战略、经营、报告、效率等）。根据组织一定时期的风险管理目标、规划和资源情况，风险评估可以是全面的也可以是部分的。例如，对于一家营利性公司，风险评估的定位可以是组织层面的风险评估，可以是业务单元的风险评估，可以是某一类别的风险评估，可以是某项目的风险评估，也可以是某种业务、类别、项目的组合风险评估等。

组织（如组织、非营利基金会）或事件（大型促销活动）、特殊事项（信访）的战略目标（或工作目标、管理目标）是进行风险评估的前提，风险评估的策划是未来实现或保障战略目标或工作目标顺利实现的基础。根据风险的概念，风险本身的确认也是相对于各类目标的。因此，没有战略目标或管理目标，或目标不明确，就无法进行风险评估。

（一）组织常见风险评估目标

目标的设定应反映组织内、外环境即组织的全部活动的现实情况，并伴随着环境和条件的变化不断修订和完善风险评估的目标，风险评估目标的完善过程对组织的风险管理起到促进作用。一个组织风险评估相关的常见目标包括以下七个方面。

（1）战略目标。组织从战略的高度出发，建立统一的风险度量机制，建立风险预警机制和应对策略，以促使组织的风险管理服务与组织战略目标的达成。当战略目标发生变化时，应当及时调整风险评估的目标，进而调整风险评估的相关程序和内容。

（2）经营目标。以组织或组织的部门、分支、专项业务的各层面的经营目标为基础，确定拟进行风险评估层面的风险管理职责，保证风险管理体系的落实，如质量目标、可持续发展目标、资产保护目标、投资回报目标等。

（3）报告目标。对风险管理情况进行报告的要求可能来自多个方面，如股东、会员、业务活动关联方（供给方、需求方、消费者）、监管机构或其他利益相关方。风险管理报告的重点也不尽相同，如为财务报告、资产管理报告、社会责任报告、可持续发展报告、合规性报告等各种目的服务的风险管理报告。根据报告目标的重点形成的风险信息收集、风险评估、报告系统，可以为满足报告目标提供相应的支持依据。

（4）效率目标。直接以有效地规避或减轻可能给组织造成重大损失的风险，保证组织战略的实现为风险管理的目标。以这类目标作为风险评估的目标，更多的以本组织或同类组织历史上发生的风险为参考，对组织现有风险管理中存在的风险进行评估。采取相应对策直接降低或规避组织可能面临的重大风险。

（5）监督目标。使利益相关者能够了解组织的风险，满足管理者及监管机构的要求。

（6）运行目标。形成一套自我运行、自我完善不断改进的风险管理机制。

（7）价值目标。管理风险，创造价值。

组织应该从战略的高度出发，建立统一的风险评估、度量机制，以便于建立风险预警机制和应对策略，使组织的风险管理服务于组织战略目标的达成。当战略目标发生变化时，应当及时调整风险评估的目标，进而调整风险评估的相关程序和内容。

（二）设定风险评估范围

在实践中，风险评估的目标决定了风险评估的范围。同时，风险评估的范围及其输出，还需要满足同样由组织发展战略确定的风险管理原则、风险应对策略，以及与风险管理部门的职能设置与其他现存管理体系之间的关系等一系列重要的安排相适用。

（1）战略目标。当风险评估的目的是服务于组织的战略目标时，风险评估的范围一般覆盖组织的业务和管理的全过程。对于一个组织来说，这时的风险评估范围是组织的各项业务线及其对应的流程，涉及的内部全部机构（部门、分支），风险点可能涉及组织的全体员工。对于非营利组织如行业协会，这时的风险评估范围应该涉及行业整体状况（行业处境、政策环境、业务环境、发展前景）、会员（单位或个人）、其他利益相关方的各种诉求等。

当然，组织应该根据拥有的资源情况（人力、物力、财力），有重点地确定风险评估范围内各种、各类风险评估工作的详略程度，以提高整个风险管理的效率。

（2）经营目标。当风险评估是服务于组织的经营目标时，则风险评估的范围是已确定的经营目标涉及的范围，如质量目标、可持续发展目标、资产保护目标、投资回报目标等。

（3）报告目标。当风险评估的目标是满足组织各类报告义务时，风险评估的范围则是该类报告涉及的业务或事项的范围，如为财务报告、资产管理报告、社会责任报告、可持续发展报告、合规性报告等各种目的服务的风险管理报告。

（4）效率目标。直接以有效地规避或减轻可能给组织造成重大损失的风险，保证组织战略的实现为风险管理的目标。以这类目标作为风险评估的目标，更多的是以本组织或同类组织历史上发生的风险为参考，对组织现有风险管理中存在的风险进行评估。采取相应对策直接降低或规避组织可能面临的重大风险。

（5）监督目标。使利益相关者能够了解组织的风险，满足管理者及监管机构的要求。

（6）运行目标。形成一套自我运行、自我完善不断改进的风险管理机制。

（7）价值目标。管理风险，创造价值。

以审计风险评估为例，就风险评估的目标：识别、分析、评价注册会计师年度审计项目的风险进行说明。

风险评估的范围：设定目标后确定审计范围。

（1）战略目标。审计目标是期望通过审计实践活动达到的最终结果，或者说是指审计活动的目的与要求。一般来说，各类审计目标都必须满足其服务领域的特殊需要，无论是国家审计、内部审计还是社会审计，它们都具有各自相对独立的审计目标。

（2）经营目标。是识别、评价被审计方提供的反映其履行受托经济责任情况的会计资料和其他有关文件资料的真实性、公允性，查明这些资料是否如实地、恰当地反映被审方财务收支及其结果以及经济活动的真实状况，尽可能地防止舞弊情况的发生。

（3）报告目标。在完成财务报表所有循环的进一步审计程序后，还应当按照有关审计准则的规定做好审计完成阶段的工作，并根据所获取的各种证据，合理运用专业判断，形成适当的审计意见，编制审计报告等。

（4）效益目标。审计是评价被审方的财务收支及其有关经营管理活动的合理性、效益性，以评价被审方受托管理经济资源的经营管理是否符合经济性原则、节约原则：受托经济资源的运用是否有效率，计划、预算或经营目标的实现程度，以防止损失、浪费的发生。

（5）监督目标。审计的另一目标是评价被审方财务收支及其有关经营管理活动的合法性和合规性，借以评价其财务收支及其有关的经营活动是否符合法律、法规、会计准则、经济合同的规定，防止违法、违规、违纪行为的发生。

（6）价值目标。审计在参与价值创造的同时，要向世人昭示其在价值创造过程中的贡献，让公司的管理部门、董事会及其他利害关系人了解其存在的必要性和重要性，这样才能保持和提高职业地位。但需要注意的是，不应把成本降低的幅度或效率增长的幅度等作为衡量审计工作绩效的标准，这样做会削弱其工作的客观性。

（7）运营目标。审计机构有义务和责任对组织的各项经营活动提供政策咨询服务，将自身特有的专业优势融入组织经营管理的各个方面，在工作中发现问题，对制度、管理和经营控制等方面有针对性地提供咨询服务，预防出现大的经营波动和管理漏洞。同时，还可以开展一些包括顾问、建议、协调、流程设计和培训等工作，为组织各管理层提供扎扎实实的服务。

明确了审计目标后如何实现审计目标呢？必须做好该项审计风险的评估，具体包括以下几个方面。

1. 审计风险的识别

业务委托的风险识别：在接受委托前，注册会计师应当初步了解审计业务环境，包括业务约定事项、审计对象特征、使用的标准、预期使用者的需求、责任方和环境的相关特征，以及可能对审计业务产生重大影响的事项、交易、条件和惯例等其他事项。

分析承接业务应具备的能力：只有在了解后认为符合专业胜任能力、独立性和应有的关注等职业道德要求，并且拟承接的业务具备鉴证业务的所有特征，注册会计师才能将其作为鉴证业务予以承接，接受业务委托阶段的主要工作包括了解和评价审计对象的可审性、决策是否考虑接受委托、商定业务约定条款、签订审计业务约定书等。

评价审计项目的风险：实施风险评估程序了解被审计单位及其环境并识别和评估财务报表层次以及各类交易、账户余额、列报认定层次重大错报风险的程序。包括确定需要特别考虑的重大错报风险（即特别风险）以及仅通过实质性程序无法应对的重大错报风险等。这为注册会计师在许多关键环节做出职业判断提供了重要基础。

2. 设定目标后应确定审计范围

（1）询问被审计单位管理层和内部其他相关人员，考虑向管理层和财务负责人询问下列事项。

1）管理层所关注的主要问题，如新的竞争对手、主要客户和供应商的流失、新的税收法规的实施以及经营目标或战略的变化等。

2）被审计单位最近的财务状况、经营成果和现金流量。

3）可能影响财务报告的交易和事项，或者目前发生的重大会计处理问题，如重大的并购事宜等。

4）被审计单位发生的其他重要变化，如所有权结构、组织结构的变化，以及内部控制的变化等。

还应当考虑询问内部审计人员、采购人员、生产人员、销售人员等其他人员，并考虑询问不同级别的员工，以获取对识别重大错报风险有用的信息。

（2）实施分析程序。通过研究不同财务数据之间以及财务数据与非财务数据之间的内在关系，对财务信息作出评价。分析程序还包括调查识别出的、与其他相关信息不一致或与预期数据严重偏离的波动和关系，从而预估可能存在的合理关系，并与被审计单位记录的金额、依据记录金额计算的比率或趋势相比较，如果发现异常或未预期到的关系，从而识别出重大错报风险。例如，被审计单位存在很多产品系列，各个产品系列的毛利率存在一定差异。对总体毛利率实施分析程序的结果仅可能初步显示销售成本存在重大错报风险，注册会计师需要实施更为详细的分析程序。例如，对每一产品系列进行毛利率分析，或者将总体毛利率分析的结果连同其他信息一并考虑。

（3）观察和检查。该程序可以印证对管理层和其他相关人员的询问结果，并可提供有关被审计单位及其环境的信息，注册会计师应当实施下列观察和检查程序。

1）观察被审计单位的生产经营活动。

2）检查文件、记录和内部控制手册。

3）阅读由管理层和治理层编制的报告。了解自上一审计结束至本期审计期间被审计单位发生的重大事项。

4）实地察看被审计单位的生产经营场所和设备。

5）追踪交易在财务报告信息系统中的处理过程（穿行测试）。通过追踪某笔或某几笔交易在业务流程中如何生成、记录、处理和报告，以及相关内部控制如何执行，确定被审计单位的交易流程和相关控制与之前通过其他程序所获得的是否一致，并确定相关控制是否得到执行。

除了采用上述程序从被审计单位内部获取信息以外，如果根据职业判断认为从被审计单位外部获取的信息有助于识别重大错报风险，注册会计师应当实施其他审计程序以获取这些信息。例如，询问被审计单位聘请的外部法律顾问、专业评估师、投资顾问和财务顾问等。

3. 其他审计程序和信息来源

阅读外部信息包括证券分析师、银行、评级机构出具的有关被审计单位及其所处行业的经济或市场环境等状况的报告、贸易与经济方面的期刊、法规或金融出版物以及政府部门或民间组织发布的行业报告和统计数据等。

考虑在承接客户或续约过程中获取的信息，以及向被审计单位提供其他服务所获得的经验是否有助于识别重大错报风险。

二、确定风险评估执行方

（一）常见风险评估执行方

1. 组织内部机构

组织内部可以建立常设的风险管理机构，负责本组织内部的风险评估。以公司制组织为例，公司最高管理层可以从多种角度强化组织利益相关各方对组织风险管理的关注程度，进而决定是否由内部或外部人员进行公司的风险评估。

2. 政府监管要求

政府作为维护市场公平竞争、调节社会福利公平、保护国家主权安全和人类命运共同体利益的代表，可以对不同的管理领域，制定不同的政策和措施，确定相关风险评估的执行方。

（1）对于营利组织的经营性风险，应由组织自主决定如何进行风险评估。

（2）对于涉及公众利益的安全风险、环境风险等，可以要求有相应资质的、独立的第三方执行风险评估。

（3）对于国家鼓励或特许的非营利组织各类活动的风险评估，可以要求独立第三方执行，并向社会公开，接受监督。

（4）对于涉及国家各种主权及安全的风险，可以指定相应机构进行内部风险评估。

（5）对于长期的经营活动或服务，可以要求进行定期的风险评估；对于一次性的大型活动，可以要求进行某方面特有的风险评估，如大型娱乐活动的安全风险评估等。

3. 第三方评估机构

在当今风险社会的环境下，大量的风险评估需求将催生一批第三方的专职评估机构，为营利性组织、非营利性组织、政府部门，直至家庭和个人，提供风险评估的专业服务。

4. 第二方要求

现代经济活动越来越多地依赖专业分工，无论是营利性组织（如组织），还是非营利性组织（如社团）、政府，最可能采购外部服务。这时，为保证本组织的风险可控，上述组织都可能要求服务提供方进行特定的风险评估，这些风险评估的执行方可能是服务提供方内部的，也有可能要求独立第三方进行。

（二）营利性组织

营利性组织是指以营利为目的，从事经济活动的经济组织。它拥有独立的财产，独立承担法律责任，独立核算，自负盈亏。一般包括各种组织形式（所有制形式）的生产性、服务性、研究性、咨询性组织等。

营利性组织面对的风险包括来自内、外部的一切风险，也包括政治、经济、社会、管理等风险。内、外部风险具有不同的评估方法和应对机制，因此如何把控内、外风险是营利组织的关键所在。

一是组织的监管角度，从保护投资者和公众的角度越来越强化对投资风险和组织管控风险水平状况的披露程度；二是从股东的角度，股东越来越希望从加强法律监管保护、加强与组织的沟通和加强对组织风险报告的索取等角度来了解组织的风险；三是从组织董事会的角度，董事会在职能方面越来越常规化、科学化地关注风险和履行对组织风险管控水平的日常监管职责，如成立在董事会直接领导下的风险管理委员会，从而代表董事会管理和监督组织风险管理日常职能；四是从经营层角度，经营层成立风险管理部以代表经营层具体执行就组织风险管理的日常执行落实工作；五是从风险管理的岗位设置，组织设置首席风险官、风险经理和风险责任人等专职或兼职岗位，从岗位的角度保障组织风险管理的落实与有效执行。

营利性组织是现代社会最重要、最基本的经济组织，其利益相关方包括组织自身、组织的关联组织、政府监管部门和社会监督方。广泛存在的利益相关方，使得营利性组织的风险评估执行方可以由多方面行使，例如：

（1）组织内部；

（2）按监管方要求；

（3）聘请第三方机构；

（4）接受第二方安排。

（三）非营利性组织

非营利性组织是指那些不以营利为主要目的，而是旨在通过努力，完成某项事业或使命的组织。在我国，非营利组织主要有两大类：一类是群众团体组织，如专业学术团体、业余爱好者协会、消费者协会、个体经济协会、工会、妇女权益保护协会、退休人员协会、退伍军人协会、宗教协会、校友会、同乡会等，这类团体数量多、分布广、社会影响大；另一类是事业性组织，包括学校、医院、图书馆、新闻媒体、出版社、文艺团体、科研院所、体育机构等。

在国外，非营利性组织是一支很重要的社会力量。在美国，有超过750000个服务于公众的非营利组织，还有近400000个服务于会员的非营利性组织，每年营利部门预算超过3500亿美元（相当于美国GNP的6.3%）。仅在华盛顿特区，就有2500个行业和专业协会设立了总部，使协会成为美国首都继政府、旅游业之后第三大产业。尽管非营利性组织种类繁多，性质各异，但他们都有一些共同的特征。

（1）组织性。作为一个非营利组织，必须是一种机构性实体。因此，这个组织必须有一个组织章程、组织运行规则、工作人员或其他一些相对持久的指标。正如作为营利组织的公司在设立时必须有公司章程、固定经营场所、最低限额的注册资金等。

（2）独立性（自治性）。非营利组织一般是独立于政府部门之外的自我管理和控制自身活动的组织，不是政府的下属机构，一般不受政府控制，有自己的董事会，独立地完成组织的使命。

（3）自愿性。这种组织使命的完成通常是团体成员（会员）自愿参与的结果，特别是一些公益服务组织，其会员、成员从事服务时，通常是义务的、无偿的、自觉的。

（4）不分配利润。非营利组织并不意味着组织不能靠自己的经营行为创造收入、创造利润，而是不能把利润分配给那些管理和经营这个行业的成员或会员。事实上，在很多国家，从提供服务中获得的收入是非营利组织最重要的收入来源。这个收入占总资金来源比例在美国是52%，英国是48%，意大利是53%，也就是说，非营利组织意味着不为业主或管理者个人谋利，而是把多余的收入也用在完成组织的使命上。

上述特点决定了非营利性组织的风险评估，一般由非营利性组织根据自身的决策机制，选聘独立第三方机构执行风险评估。风险评估结果应向组织的全体成员或公众予以公开，让全体成员了解组织的风险状况和相关措施，接受组织成员或社会对于组织管理机构风险管理情况的监督。

（四）政府机构

现代社会是一个充满风险的社会，风险是现代性的基本要素，风险社会有其现代性的重要特征。社会风险是一种导致社会冲突，危及社会稳定和社会秩序的可能性，更直接地说，社会风险意味着爆发社会危机的可能性。一旦这种可能性变成了现实性，社会风险就转变成了社会危机，对社会稳定和社会秩序都会造成灾难性的影响。

当前，中国社会风险的累积对社会稳定和社会秩序构成了潜在的、相当大的威胁，从而也对构建社会主义和谐社会形成了严峻的挑战。当前社会风险多发的主要原因有：

（1）人口增长与自然环境矛盾。

（2）人类赖以生存的资源枯竭。

（3）人口老化、人口结构不合理。

（4）人口素质与经济增长的矛盾。

（5）各种疾病特别是多种现代疾病难以得到较好的治愈和安抚。

（6）法治、人治等制度尚不健全，贪污腐败严重。

（7）民族矛盾、种族冲突、贫富差距大。

（8）社会信任危机等。

不同原因给社会发展和人们生活带来的负面影响各不相同，但其影响是多方面的、深远的。从上述社会风险的原因和社会风险变成社会危机后的可能后果的特殊性看，社会风险评估是一项具有技术性、政策性、社会性的综合性专业工作，一般需要具有专业能力的政府工作人员或独立第三方进行。

三、建立共同语言

“建立共同的风险沟通语言”是风险评估目标实现的重要工作指南，这其中包括了内部风险沟通和外部风险沟通。例如，在组织内部：“共同的风险责任”把员工的风险、利益和业务单位、部门及组织的风险和利益连在一起。在风险、利益的共同语言下，组织的整体沟通变得相对容易，员工之间、管理层之间的相互支持和协作增加了默契，增进了员工在风险意识下的责任心，其结果是有利于变被动风险为主动风险管理，并将风险语言融入组织的风险文化中。

又如在组织外部：组织管理层与组织利益相关方进行有效的风险沟通，能增加组织对利益相关方期望与忧虑的理解，同时更能增加利益相关方对组织风险行为的理解。实践证明组织如能有效地与利益相关方沟通，对组织成功获取投资者的支持、成功中标或成功承接订单均大有裨益。

组织风险管理语言的建立或许首先从组织高层认识到什么是组织最关键性风险开始，其次业务单位负责人进一步增加细节，找出本业务单位的主要风险，最后全体员工进一步增加细节找出每一位员工工作岗位相关的所有风险，这便是在同一框架下全员参加的组织风险整体层面的识别，员工了解了本岗位的风险与风险管理在整个组织层面的意义，也更了解了自身岗位职责的重要意义，促进了员工将自身岗位职责与组织目标的实现相结合。组织不同的管理层、不同的工作职能和不同的岗位员工之间的共同语言就是要保质保量、负责任或不超出风险限度地完成本岗位工作职责和任务。组织全面风险管理的实施，促使了在风险共同语言下，组织一个单位/部门的工作对另一个单位/部门工作的理解和支持。例如，组织全面风险管理增进了组织财务管理部门对信息管理部门、安全管理部门或质量管理部门以及对各业务单位在风险岗位管理方面的理解，进而主动参与原本看似关联度不大的部门之间的协调和支持，共同为降低组织整体风险而努力。

有效的组织风险沟通讲求：建立沟通文化，制定沟通计划。

风险沟通的共同语言基础：责任、义务、热心、协调、报告。

另外，有效风险沟通还应考虑和讲求：沟通意识、沟通语言、沟通渠道、沟通方式、沟通态度、沟通心理、沟通技巧、沟通效果、沟通障碍、沟通风险、沟通危机、沟通评价。

（一）评估范围

主要在识别阶段，在识别时间后果的基础上，识别可能影响的范围，其中包括影响范围的大小、整体的或是局部的。

按工作职能分：可能影响的业务单元、部门、层次、人员等。

按空间划分：可能影响区域、地点等，如国内或国外，北京及外埠等。

按时间分：影响时间期限。

应识别可能影响到组织的各种利益相关方，尤其需关注对外部利益相关方的影响。

（二）评估标准

不同的风险评估标准可能具有不同的程序、技术路径和方法，某些标准之间风险评估的思路可能差异很大，如 ISO31010《风险评估——技术与方法》中给出的方法与 COSO－ERM 框架、巴塞尔资本协议的方法重合度很小。组织应根据实际情况，选择一种或多种评估标准作为本组织风险评估的基础标准。

风险评估标准包括风险评估的方法、风险准则、参数、输入输出标准等。

（三）评估方法

风险评估方法在不同标准中也是不相同的，如常见的风险识别方法有目标导向识别法、业绩分析法、流程分析法、自我评估控制法、损失归类法等。

按风险分析是否能量化，可以将风险分析方法分为定性分析法、半定量分析法、定量分析法、概率技术等。

四、沟通与反馈

组织应按照所策划的措施对风险和机遇进行管控，风险和机遇的管控通常包括规避风险、接受风险、降低风险、分担风险、平衡机遇等。组织可选择适当的方法和技术来检查、评价管控措施实施的效果和有效性。根据各类风险管理标准的实质来看，先要建立必要的程序和过程，对风险评估过程的有效性进行沟通与反馈。其包括对于选择风险评估执行方、建立风险评估共同语言、评价风险识别的有效性等过程的实施效果进行分析与评价，定期或实时完善流程中的不足，保证风险事件库的及时、准确、有效地记载组织面临的主要风险。

风险管理体系运行的效果还可以通过风险监测体系的结果进行评价，去修正包括组织战略在内的组织目标（或公共管理目标、专项活动目标）。用于监测评价风险管理效果的主要方法和技术包括统计技术、监视和测量结果的比较，以及预期的绩效水平等。一些法律法规要求可明确对一些控制措施绩效能力和实际绩效的确认与验证的需求。组织应采取纠正措施和改进措施，校正偏离，总结并吸取经验教训，避免因措施实施不当而造成新的风险，进而实现持续改进。五部委内控规范的工作流程，在资金、采购、存货、销售、工程项目、固定资产、无形资产、长期股权投资、筹资、预算、成本费用、担保、合同协议、业务外包、对子公司的控制、财务报告编制与披露、人力资源政策、信息系统一般控制、衍生工具、组织并购、关联交易、内部审计 22 个方面，对组织内部控制进行了更加广泛和详细的规范，被称为“中国的萨班斯法案”。

上面主要介绍了 ISO31000 框架中风险评估的主要工作流程及其之间的联系，许多组织更多是按照五部委内控规范进行风险评估工作。

五、内控规范中的风险评估类型

五部委内控规范指出，风险评估的操作范围可以是整个组织，也可以是组织中的某一部门，或者独立的信息系统、特定系统组件和服务。影响风险评估进展的某些因素，包括评估时间、力度、展开幅度和深度，都应与组织的环境和安全要求相符合，组织应该针对不同的情况来选择恰当的风险评估途径。

风险评估是管理层识别确认和分析实现目标过程中的相关风险，是形成管理各种风险的依据。它随经济、行业、监管和经营条件而不断变化，需建立一套机制来辨认和处理相应的风险。

按照五部委内控规范的原则，实际工作中经常使用的风险评估工作流程主要有基线评估、详细评估和组合评估三种。

（一）基线评估

如果组织的商业运作不是很复杂，并且组织对信息处理和网络的依赖程度不是很高，或者组织信息系统多采用普遍且标准化的模式，基线风险评估（Baseline Risk Assessment）就可以直接而简单地实现基本的安全水平，并且满足组织及其商业环境的所有要求。

采用基线风险评估，组织根据自己的实际情况（所在行业、业务环境与性质等），对信息系统进行安全基线检查（与现有的安全措施与安全基线规定的措施进行比较，找出其中的差距），得出基本的安全需求，通过选择并实施标准的安全措施来消减和控制风险。所谓的安全基线是在诸多标准规范中规定的一组安全控制措施或者惯例，这些措施和惯例适用于特定环境下的所有系统，可以满足基本的安全需求，能使系统达到一定的安全防护水平。组织可以根据以下资源来选择安全基线：

（1）国际标准和国家标准，如 BS7799 -1、ISO13335 -4；

（2）行业标准或推荐，如德国联邦安全局 IT 基线保护手册；

（3）来自其他有类似商务目标和规模的组织的惯例。

当然，如果环境和商务目标较为典型，组织也可以自行建立基线。

基线评估的优点是需要的资源少，周期短，操作简单，对于环境相似且安全需求相当的诸多组织，基线评估显然是最经济有效的风险评估途径。当然，基线评估也有其难以避免的缺点，比如基线水平的高低难以设定。如果过高，可能导致资源浪费和限制过度；如果过低，可能难以达到充分的安全。此外，在管理安全相关的变化方面，基线评估比较困难。

基线评估的目标是建立一套满足信息安全基本目标最小的对策集合，它可以在全组织范围内实行，如果有特殊需要，应该在此基础上，对特定系统进行更详细的评估。

（二）详细评估

详细风险评估要求对资产进行详细识别和评价，对可能引起风险的威胁和弱点水平进行评估，根据风险评估的结果来识别和选择安全措施。这种评估途径集中体现了风险管理的思想，即识别资产的风险并将风险降低到可接受的水平，以此证明管理者所采用的安全控制措施是恰当的。

详细评估的优点在于以下两个方面。

（1）组织可以通过详细的风险评估而对信息安全风险有一个精确的认识，并且准确定义出组织目前的安全水平和安全需求。

（2）详细评估的结果可用来管理安全变化。当然，详细的风险评估可能是非常耗费资源的过程，包括时间、精力和技术，因此组织应该仔细设定待评估的信息系统范围，明确商务环境、操作和信息资产的边界。

（三）组合评估

基线风险评估耗费资源少、周期短、操作简单，但不够准确，适合一般环境的评估；详细风险评估准确而细致，但耗费资源较多，适合严格限定边界的较小范围内的评估。基于此，在实践中，组织多是采用两者结合的组合评估方式。

为了决定选择哪种风险评估途径，组织先对所有的系统进行一次初步的高级风险评估，着眼于信息系统的商务价值和可能面临的风险，识别出组织内具有高风险的或者对其商务运作极为关键的信息资产（或系统），这些资产或系统应该划入详细风险评估的范围，而其他系统则可以通过基线风险评估直接选择安全措施。

这种评估途径将基线和详细风险评估的优势结合起来，既节省了评估所耗费的资源，又能确保获得一个全面系统的评估结果，而且组织的资源和资金能够应用到最能发挥作用的地方，具有高风险的信息系统能够被预先关注。当然，组合评估也有缺点：如果初步的高级风险评估不够准确，某些本来需要详细评估的系统也许会被忽略，最终导致结果失准。

第二章　环境建立

风险评估中“建立共同语言”在各类风险管理的标准和规范有不同的名称，“建立环境”“环境建立”“交流与沟通”等是其中常用的提法。本章以ISO31000为主，详细讨论“建立环境”的主要内容。

通过明确环境信息，组织可明确其风险管理的目标，确定与组织相关的内部和外部参数，并设定风险管理的范围和有关风险准则。

风险准则是组织用于评价风险重要程度的标准，因此风险准则需体现组织的风险承受度，应反映组织的价值观、目标和资源。组织应根据所处环境和自身情况，合理制定本组织的风险准则。

在进行具体的风险评估活动时，明确环境信息应包括界定内、外部环境、风险管理环境并确定风险准则。在此过程中，应确定组织的风险准则、风险评估目标及风险评估程序。

第一节　建立环境的概念界定

在ISO31000中，“建立环境”是风险管理领域的重要术语，其定义为：“组织在管理风险，以及为风险管理方针确定范围和风险准则时，确定需要考虑的内、外部参数。”

术语将建立环境定义为组织在实施风险管理是需要考虑的内、外部参数，并明确指出了一个时间限定：是在为风险管理方针确定范围和风险准则时。

“风险管理方针”也是风险管理领域的术语，是指组织在风险管理方面的总体意图和方向的表述。组织的风险管理方针应包含：组织管理风险的依据；组织的目标、方针与风险管理方针的联系；管理风险的责任和职责；处理利益冲突的方式；承诺向对管理风险负有责任和履行职责的人员提供必要的资源；测量和报告风险管理绩效的方式；承诺定期评审和改进风险管理方针和框架以及对事件或变化情况的响应七项内容。

组织的内、外部参数是一个比较广泛的概念，在实际应用中，任何影响组织风险管理的内、外部因素都可以算为“内、外部参数”。

建立环境作为实施风险管理的第一过程，组织应考虑建立以下四方面内容。

一、建立外部环境

“外部环境”是ISO31000术语，其定义为：“组织追求其目标实现时所处的外部条件。”外部环境以组织的广阔背景为基础，主要依赖于组织的业务、服务或存在背景。通常包括社会、文化、政治、法律、法规、金融、技术、自然环境和竞争环境，无论是国际的、国内的，还是区域的、局部的，如作为一个从事服装和鞋类国际贸易为主的公司，其风险评估的外部环境涉及各类环境因素和贸易壁垒。

1. 政治环境

尽管WTO主张关税减让反对非关税壁垒，但各国为保护自身民族工业，仍然在WTO的框架内采用各种贸易壁垒。目前，中国鞋类行业在国际贸易中所遇到的主要贸易壁垒包括组织社会责任标准和技术壁垒。

（1）组织社会责任标准。

其中SA8000是目前国际上影响力较大的一个社会责任道德规范标准。SA8000是社会责任标准“Socialaccount - Ability8000”的简称，其要素引自国际劳工组织（ILO）关于禁止强迫劳动、结社自由的有关公约及其他相关准则。SA8000标准有一套审核标准和独立审核评判的基本原则。虽然目前SA8000还只涉及人身权益以及与健康、安全、机会平等核心要素有关的初始审核，且尚未转化为ISO国际标准，但它已经得到国际上的广泛认可。对中国鞋类行业来说，在经济发展水平还比较低的状况下，如果SA8000标准的实施范围扩大，将在一段时间内对中国鞋类行业国际竞争力带来不利的影响。其部分公司已经将组织社会责任标准扩展到“反恐安全”，要求组织改装车间、增添设备、改变流程等来满足他们的“反恐安全”标准。

（2）技术壁垒。

技术壁垒体系主要由技术法规、标准和合格评定程序构成。纺织品和鞋类是各国设置技术壁垒最多的领域之一，如绿色壁垒，它作为一种非关税贸易壁垒方式，是指在国际贸易中，世界各国为防止破坏生态环境和人类健康而采取的一些措施。它是随着人们对生态环境问题的日益关注以及对鞋类产品在穿着使用过程中安全性的更高要求而出台的，是受到保护和鼓励的，并且已成为国际贸易非关税贸易壁垒的重要组成部分，且在国际贸易中发挥着重要作用。此外，如原产地规则。原产地规则（Rules of Origin），是指任一国家（地区）为确定货物原产地而实施的普遍适用的法律、规章和行政命令。换句话说，原产地规则就是确定货物原产地的法规，是商品的“经济国籍”。

2. 经济环境

金融环境下汇率的变化对鞋类出口组织影响巨大，随着近年人民币的不断升值，鞋类产品出口受到的负面影响是根本性的。我国是全球第一大鞋类出口国，据有关部门统计，中国鞋年产量超过100亿双，2008年出口为800.2亿双，金额达288亿美元。在经历金融危机的2009年，我国鞋类产品累计出口金额也达到280.1亿美元。但鞋类产品出口多数是建立在劳动力成本和价格优势之上的，其利润率不高。人民币升值对行业的影响深远。升值使外贸依存度高的鞋类行业受损相当大。根据证券部门有关研究显示，人民币每升值1%鞋类行业销售利润率将下降2%~6%。我国以出口为主的鞋类组织数量众多，且多以OEM为主，占据鞋类供应链中附加值最低的制造环节，往往以跑量的方式赚取微薄的利润。人民币升值，使以美元结算的鞋类组织的成本提高，利润率进一步下降，这种利润的下降势必会淘汰一些不适应变化的组织，迫使鞋类组织加速提升产品的附加值、树立品牌观念、提高组织核心竞争力。

3. 国际产业环境

国际鞋类产业正在进行新一轮转移。近代鞋类产业的发展是起源于欧洲，以后发展到美国，成为西方工业革命最重要的推动力。第二次世界大战以后，由于鞋类的技术进步速度放慢，革命性的技术创新越来越少，鞋类产业开始向战后的日本、中国台湾等地区转移。20世纪60年代以后又开始大规模地向亚洲“四小龙”转移。20世纪90年代后开始向中国内地大规模转移。鞋类行业经过近20年的飞速发展，已经成为中国出口创汇的主要产业。可以说中国的鞋类行业极大地带动了国内经济的发展，造就了一批最早富裕的私营企业主。但是就在国内的企业准备大展宏图时新一轮的转移已悄悄地开始进行。中国随着经济的发展，原本最大的竞争优势——廉价的劳动力和便宜的原材料已经慢慢失去。劳动力的成本已经迅速上升，而更多纺织原料开始依赖进口。因此印度、孟加拉、东盟一带已经成为中国的主要竞争对手。特别是近几年，印度、印度尼西亚、孟加拉的鞋类产业，其组织生产规模之大、劳动力之廉价正使原来中国的优势相形见绌。因此鞋类产业向印度、孟加拉、东盟的新一轮转移已经在不知不觉中进行了。

4. 技术环境

客观地分析这个行业，中国只是鞋类生产的大国而并不是强国。最明显的表现是鞋类生产的最先进的技术并不掌握在中国人自己的手里。鞋类技术发达的国家在技术的开发和占有方面处于领先水平，前沿技术的开发和一流技术的占有主要掌握在意大利、日本、德国、美国等国家，这些国家各自在某些领域引领着世界鞋业技术潮流，世界鞋业前沿技术的开发者主要由这些发达国家的大学和大型企业研发部门组成。大学类如日本信州大学、静冈大学、美国北卡罗来纳大学等。企业类如美国杜邦公司、日本帝人、东丽等组织以及意大利伦巴第大区的科莫地区以及德国的大型公司。因此，我国如果要从鞋类大国向鞋类强国转变，提高鞋类产品的科技含量和品牌附加值，以先进科技提高鞋类的核心竞争力就显得尤为重要。

（1）对组织目标有影响的关键驱动和趋势。

如作为社区医疗卫生管理部门，应识别和发现下列趋势：

1）健全社区卫生服务机构网络。综合考虑区域内卫生计生资源、服务半径、服务人口以及城镇化、老龄化、人口流动迁移等因素，制定科学、合理的社区卫生服务机构设置规划，按照规划逐步健全社区卫生服务网络。在城市新建居住区或旧城改造过程中，要按有关要求同步规划建设社区卫生服务机构，并鼓励与区域内养老机构联合建设。对流动人口密集的地区，应根据服务人口数量和服务半径等情况，适当增设社区卫生服务机构。对人口规模较大的县和县级市政府所在地，应根据需要设置社区卫生服务机构或对现有卫生资源进行结构和功能改造，发展社区卫生服务。在推进农村社区建设过程中，应因地制宜地同步完善农村社区卫生服务机构。在城镇化进程中，村委会改居委会后，各地可根据实际情况，按有关标准将原村卫生室改造为社区卫生服务站或撤销村卫生室。

2）充分发挥社会力量办医的积极作用。城市社区卫生服务网络的主体是社区卫生服务中心和社区卫生服务站，诊所、门诊部、医务室等其他承担初级诊疗任务的基层医疗卫生机构是社区卫生服务网络的重要组成部分。各地应当积极创造条件，鼓励社会力量举办基层医疗卫生机构，满足居民多样化的健康服务需求。鼓励各地积极探索通过政府购买服务的方式，对社会力量举办的基层医疗卫生机构提供的基本医疗卫生服务予以补助。

3）改善社区卫生服务环境。社区卫生服务机构要为服务对象创造良好的就诊环境，规范科室布局，明确功能分区，保证服务环境和设施干净、整洁、舒适、温馨，体现人文关怀。预防接种、儿童保健、健康教育和中医药服务区域应当突出特色，营造适宜服务氛围；挂号、分诊、药房等服务区域鼓励实行开放式窗口服务。鼓励使用自助挂号、电子叫号、化验结果自助打印、健康自测等设施设备，改善居民就诊体验。规范使用社区卫生服务机构标识，统一社区卫生服务机构视觉识别系统，统一工作服装、铭牌、出诊包等，机构内部各种标识须清晰易辨识。保护就诊患者隐私权，有条件的应当做到一医一诊室。完善机构无障碍设施，创造无烟机构环境，做到社区卫生服务机构内全面禁止吸烟。

4）加强与公立医院上下联动。支持社区卫生服务机构与公立医院之间建立固定协作关系，探索推动医疗联合体建设。协作医院应当为社区卫生服务机构预留一定比例的门诊号源，开通转诊绿色通道，优先安排转诊患者就诊。鼓励公立医院医生到社区卫生服务机构多点执业，通过坐诊、带教、查房等多种方式，提升社区卫生服务能力。

5）落实社区公共卫生服务。充分利用居民健康档案、卫生统计数据、专项调查等信息，定期开展社区卫生诊断，明确辖区居民基本健康问题，制订人群健康干预计划。实施好国家基本公共卫生服务项目，不断扩大受益人群覆盖面。严格执行各项公共卫生服务规范和技术规范，按照服务流程为特定人群提供相关基本公共卫生服务，提高居民的获得感。加强社区卫生服务机构与专业公共卫生机构的分工协作，合理设置公共卫生服务岗位，进一步整合基本医疗和公共卫生服务，推动防治结合。在稳步提高公共卫生服务数量的同时，注重加强对公共卫生服务质量的监测和管理，关注健康管理效果。合理配置社区卫生服务机构人员岗位结构，加强以全科医生、社区护士为重点的社区卫生人员队伍建设。

6）做好流动人口社区卫生服务。要将农民工及其随迁家属纳入社区卫生服务机构服务范围，根据实际服务人口合理配置卫生技术人员，方便流动人群就近获得医疗卫生服务。流动人口按有关规定与居住地户籍人口同等享受免费基本公共卫生服务。要深入流动人口集中区域，采取宣讲、壁报、发放材料、新媒体等多种形式开展宣传，使其了解国家基本公共卫生服务项目的服务对象、内容、流程等。针对流动人口的特点，应当重点加强健康教育、传染病防控、预防接种、孕产妇保健等公共卫生服务。

7）延伸社区卫生服务功能。根据社区人群基本医疗卫生需求，不断完善社区卫生服务内容，丰富服务形式，拓展服务项目。鼓励社区卫生服务机构与养老服务机构开展多种形式的合作，加强与相关部门配合，协同推进医养结合服务模式。鼓励社区卫生服务机构面向服务区域内的机关单位、学校、写字楼等功能社区人群，开展有针对性的基本医疗卫生服务。引导社区居民参与社区卫生服务，通过开展慢性病患者俱乐部或互助小组、培训家庭保健员等形式，不断提高居民自我健康管理意识。

（2）与外部利益相关方的关系以及他们的感知和价值观。

如对于修建城市轨道交通①的规划项目，应当考虑到：

房地产开发商是城市地铁的最大获益群体之一。地铁的魔力棒所到之处，地

① 参见腾讯新闻《中国地铁“大跃进”：造福了哪些人?》（https：//news. qq. com/a/20101119/000843. htm），转载自南方新闻网。

段似乎立刻变得繁华，一个商业圈随之形成，房价也会立竿见影地上涨。许多城市居民也期待地铁带给他们出行的便利，希望地铁路线经过他们的居住区，甚至把地铁站设在家门口。当然，也有人不愿意地铁站就在家门口。于是，他们也会以各类名义介入城市规划。

地铁的合法性是来自它的公共性，它只能建立在满足多数市民共同利益的基础之上。它可能造福某些人的利益，也可能损害某些人的利益。如此看来，地铁的利益之争更像是公共政策博弈的演练场。

除了修建时投资巨大，地铁还因其公共属性，基本属于赔本买卖。几乎全世界的地铁运营都在亏本，北京市每年补贴地铁运营亏损就在 20 亿元左右，深圳地铁的负责人曾诉苦说，深圳地铁亏损已达近 10 亿元，2012 ~ 2016 年预计地铁折旧和利息亏损额约 220 亿元。世界银行在 2009 年的一份报告中指出，城市轨道交通是花费巨大且风险很大的项目，在大多数城市中，可支付能力已经是或者将会是一个问题，不好的地铁项目可能会耗尽经济。地铁与其他轨道交通相比，建设成本相差太大了。轻轨的建设成本约在每公里 2 亿元以上，不到地铁的一半，有轨电车的建设成本则为每公里 2000 万 ~ 3000 万元。

地铁等公共交通的规划和建设，需要有一个成熟的、民众参与性高的机制。有关公共交通规划建设的信息应及时公开，每一项变动都公告利益相关人；政府相关部门和专家不再是“隐身人”，政府和民众应建立起公开的对话通道，公众诉求不容忽视；一切都应有规范的程序，比如每一条地铁线路建设前都应召开听证会，听取各方意见，最大程度避免相关利益集团对公共规划的侵扰。

二、建立内部环境

“内部环境”也是 ISO31000 术语，其定义为：“组织追求其目标实现时所处的内部条件。”通常，在谈及内部环境时，应该包含八个方面内容。

1. 组织内部的治理、组织结构、角色和责任

《组织内部控制应用指引第 1 号——组织架构》指出，组织架构是指组织按照国家有关法律法规、股东（大）会决议、组织章程，结合本组织实际，明确董事会、监事会、经理层和组织内部各层级机构设置、职责权限、人员编制、工作程序和相关要求的制度安排。其中，核心是完善公司治理结构、管理体制和运行机制问题。

内部机构的设计是组织架构设计的关键环节。只有切合组织经营业务特点和内部控制要求的内部机构，才能为实现组织发展目标发挥积极促进作用。

（1）组织应当按照科学、精简、高效、透明、制衡的原则，综合考虑组织性质、发展战略、文化理念和管理要求等因素，合理设置内部职能机构，明确各

机构的职责权限，避免职能交叉、缺失或权责过于集中，形成各司其职、各负其责、相互制约、相互协调的工作机制。

（2）组织应当对各机构的职能进行科学合理的分解，确定具体岗位的名称、职责和工作要求等，明确各个岗位的权限和相互关系。

在内部机构设计过程中，应当体现不相容岗位相分离原则，努力识别出不相容职务，并根据相关的风险评估结果设立内部牵制机制，特别是在涉及重大或高风险业务处理程序时，必须考虑建立各层级、各部门、各岗位之间的分离和牵制，对因机构人员较少且业务简单而无法分离处理某些不相容职务时，组织应当制定切实可行的替代控制措施。

（3）组织应当制定组织结构图、业务流程图、岗（职）位说明书和权限指引等内部管理制度或相关文件，使员工了解和掌握组织架构设计及权责分配情况，正确履行职责。值得特别指出的是，就内部机构设计而言，建立权限指引和授权机制非常重要。有了权限指引，不同层级的员工就知道该如何行使并承担相应责任，也利于事后考核评价。“授权”表明的是，组织各项决策和业务必须由具备适当权限的人员办理，这一权限通过公司章程约定或其他适当方式授予。

组织内部各级员工必须获得相应的授权，才能实施决策或执行业务，严禁越权办理。按照授权对象和形式的不同，授权分为常规授权和特别授权。常规授权一般针对组织日常经营管理过程中发生程序性和重复性的工作，可以在由组织正式颁布的岗（职）位说明书中予以明确，或通过制定专门的权限指引予以明确。特别授权一般是由董事会给经理层或经理层给内部机构及其员工授予处理某一突发事件（如法律纠纷）、作出某项重大决策、代替上级处理日常工作的临时性权力。

从内部机构层面看，应着力关注内部机构设置的合理性和运行的高效性。从合理性角度梳理，应重点关注：内部机构设置是否适应内、外部环境的变化；是否以发展目标为导向；是否满足专业化的分工和协作，有助于组织提高劳动生产率；是否明确界定各机构和岗位的权利和责任，不存在权责交叉重叠，不存在只有权利而没有相对应的责任和义务的情况等。从运行的高效性角度梳理，应重点关注：内部各机构的职责分工是否针对市场环境的变化作出及时调整。特别是当组织面临重要事件或重大危机时，各机构间表现出的职责分工协调性，可以较好地检验内部机构运行的效率。此外，还应关注权力制衡的效率评估，包括机构权力是否过大并存在监督漏洞、机构权力是否被架空、机构内部或各机构之间是否存在权力失衡等。梳理内部机构的高效性，还应关注内部机构运行是否有利于保证信息的及时顺畅流通，在各机构间达到快捷沟通的目的。评估内部机构运行中的信息沟通效率，一般包括：信息在内部机构间的流通是否通畅，是否存在信息阻塞；信息在现有组织架构下流通是否及时，是否存在信息滞后；信息在组织架构中的流通是否有助提高效率，是否存在沟通舍近求远。

2. 组织的方针、目标及确定实现它们的战略

战略也称“军事战略”，是对军事斗争全局的策划和指导。基本含义是战略指导者基于对军事斗争所依赖的主客观条件及其发展变化的规律性认识，全面规划、部署、指导军事力量的建设和运用，以有效地达成既定的政治目的和军事目的。

组织战略是一个自上而下的整体性规划过程，并将其分为公司战略、职能战略、业务战略及产品战略等几个层面的内容。组织战略是对组织各种战略的统称，其中既包括竞争战略，也包括营销战略、发展战略、品牌战略、融资战略、技术开发战略、人才开发战略、资源开发战略等。组织战略是层出不穷的，如信息化就是一个全新的战略。组织战略虽然有多种，但基本属性是相同的，都是对组织的谋略，都是对组织整体性、长期性、基本性问题的计谋。例如：组织竞争战略是对组织竞争的谋略，是对组织竞争整体性、长期性、基本性问题的计谋；组织营销战略是对组织营销的谋略，是对组织营销整体性、长期性、基本性问题的计谋；组织技术开发战略是对组织技术开发的谋略，是对组织技术开发整体性、长期性、基本性问题的计谋；组织人才战略是对组织人才开发的谋略，是对组织人才开发整体性、长期性、基本性问题的计谋。以此类推，都是一样的。各种组织战略有同也有异，相同的是基本属性，不同的是谋划问题的层次与角度。总之，无论哪个方面的计谋，只要涉及的是组织整体性、长期性、基本性问题，就属于组织战略的范畴。

战略执行体系由战略（方向）、策略（组织）、战术及战力四个层次构成，这四个层次缺一不可。但在实际操作中，组织一谈战略执行，就是定指标、配资源，超越了策略层直接跑到具体的战术、计划层、执行层上去了。

所谓策略，就是如何来组织资源来落实战略。如何把策略落实下去，就需要形成计划。小组织一般可以合二为一，但是集团化战略规划，一定要分两步来做，一定是要先形成策略。

在策略层级最为关键的是组织。战略决定组织，组织传承战略，决定因素在组织上，落实在组织上。需要强调的是，这里的组织不仅仅是我们通常所说的组织结构，更多是指组织状态与布局，组织结构只是组织状态与布局最后的一个载体、一个框架。

3. 能力对资源和执行的理解

如资本、时间、人员、过程、系统、技术等。

4. 与内部利益相关方的关系，以及他们的感知和价值观

是指组织内部与组织有利益或利害关系的一组群体。如组织内部销售部门的相关方，也包括组织内的各部门及其各级员工等。在建立内部环境时，应考虑到

他们的感知并得到他们的价值观认同。

5. 组织的文化

组织的价值观是组织文化的核心，决定组织的命脉，关系组织的兴衰。以组织为例，组织文化建设的内容主要包括物质层、行为层、制度层和精神层四个层次的文化。学习型组织的塑造是组织文化建设的宗旨和追求的目标，从而构成组织文化建设的重要内容。组织文化是组织长期生产、经营、建设、发展过程中所形成的管理思想、管理方式、管理理论、群体意识以及与之相适应的思维方式和行为规范的总和，是组织领导层提倡、上下共同遵守的文化传统和不断革新的一套行为方式，它体现为组织价值观、经营理念和行为规范，渗透于组织的各个领域和全部时空。其核心内容是组织价值观、组织精神、组织经营理念的培育，是组织职工思想道德风貌的提高。

6. 信息系统和决策过程

信息就是一个具有普适性的影响管理决策的变量，它贯穿于管理决策过程始终，信息不及时、不准确、不全面是危机决策者经常面临的首要困境。从信息运动的角度看，信息是管理决策的核心要素，决策是将信息转换为行为的过程，管理决策的过程也是决策者收集、分析、处理信息，进而在此基础上实施决策和处置行为的过程。因此，信息是管理决策的重要基础和核心要素，管理决策是一个信息处理和交流的系统，是对信息的综合判断和运用，管理决策过程也是信息的输入、处理、输出的过程。

7. 组织所采用的标准、指南和参考模型

例如，ISO13335 就提供了一个风险管理模型，这个标准的主要目的就是要给出如何有效地实施 IT 安全管理的建议和指南。该标准目前分为五个部分：第一部分，IT 安全的概念和模型（Concepts and Models for IT Security）；第二部分，IT 安全的管理和计划（Managing and Planning IT Security）；第三部分，IT 安全的技术管理（Techniques for the Management of IT Security）；第四部分，防护的选择（Selection of Safeguards）；第五部分，网络安全管理指南（Management Guidance on Network Security）。

8. 合同关系的种类

合同是当事人或当事双方之间设立、变更、终止民事关系的协议。依法成立的合同，受法律保护。其包括民法上的民事合同、行政法上的行政合同、劳动法上的劳动合同、国际法上的国际合同等。

三、建立风险管理过程的环境

上述的外部和内部环境都是组织所处的“一般”环境，这里所说的组织建立“风险管理过程的环境”是指组织在具体业务过程中，从风险、风险管理的角度考虑所具有的条件、状况、背景等。在这个环节中，组织重点需要关注到以下几个方面。

1. 确定风险管理活动的目的和目标

例如：税务风险的管理，也就是组织内部控制中对于税务一方面的管理。税务风险表现形式为因没有遵循税法可能遭受的法律制裁、财务损失或声誉损害。组织税务风险主要包括两方面：一方面是组织纳税行为不符合税收法律法规规定，应纳税而未纳税、少纳税，从而面临补税、罚款、加收滞纳金、刑罚处罚及声誉损害等风险；另一方面是组织经营行为适用税法不准确，没有用足有关优惠政策，多缴纳了税款，承担了不必要税收负担。

2. 确定风险管理过程的职责

对参与风险管理的部门和人员，明确其在风险管理活动中的角色、权利和义务，从部门职责、岗位职责的形式予以明确。

3. 确定具体开展风险管理活动的范围、深度和广度

以税务风险为例，我国许多大组织管理税务风险多在机构设置和人员配备、税收法律法规的收集和研究、重要业务流程细节的涉税控制、信息技术的应用、风险管理意识和纳税观念、税务内控监督和反馈机制等方面存在问题，风险管理活动应予以覆盖。

4. 确定风险评估方法

例如，在税收风险管理方面，美国税务局设计了一些专门的有关方法。

有限度的检查（LIFE）：这是一个小范围的审计程序，它采用了重要性原则以及通过全面的风险分析而发现的要点，缩小了审计的范围。这个程序也鼓励纳税人积极参与、分担责任以保证检查及时完成。同时，它也确立了一些有关重要性的标准来控制检查范围的扩大。

申报前协议（PFA）：这是美国税务局和纳税人通过双方的合作，在正式申报前就有关问题达成某种安排的方法。可以达成 PFA 的问题通常是实际发生的且有法律明文规定的。

行业问题解决方案（IIR）：这个方法主要是通过出版指南，解决影响一大批纳税人经常发生争议的、纷繁复杂的税务问题。

快速和解（FTS）：这个方法给纳税人提供了在检查过程中处理审计问题的途径。通过与大组织管理局和上诉法院合作，纳税人在缩短总体审计过程时可以利用上诉法院的庭外和解权利和民事调解技巧。FTS 的引入，将大组织管理局的上诉程序最少缩短了两年。

5. 所需采用的识别方法

包括但不限于说明生产流程分析、风险调查列举、资产状况分析、分解分析法、失误树分析法等。

6. 组织的特定项目或活动与其他项目或活动之间的关系等

在实际应用过程中，风险评估方法的确定、识别方法的采用、识别并确定特定项目或活动与其他项目或活动之间关系等并非易事。这些过程高度受到组织当前对风险管理的认知、已有的信息和经验、内部沟通、职责分工以及组织协调人员的能力等方面的影响。风险评估专业人员对风险评估方法等方面的技能学习和掌握，可以帮助组织提升风险管理过程的管理能力。

例如：Microsoft 公司视消费者的安全问题为公司的头等大事。Microsoft 公司致力于整合软件、服务和最佳实践来保护消费者的系统。得益于稳固的系统，消费者尽可放心享受科技与互联网所带来的最大效益。Microsoft 安全风险管理流程考虑了主动防御新兴安全和网络安全威胁所进行的创新，其不仅强化了现有产品，更添加了全新特性，使消费者可以控制自己的防护和安全级别。这样一来，用户尽可体验技术优势，放心使用互联网资源，因为他们的系统已经受到保护。

四、建立风险准则

风险准则可以简单理解为组织度量风险等级的计量仪。在建立环境阶段组织就需要先行明确在评估过程中需要采用到哪些计量仪，并确定它们的刻度。

按照 ISO31000 标准的定义，风险准则是“评价风险重要性的依据”。这种判断的依据与进行风险评估组织（或活动、事项）的目标，以及该组织、活动或事项所处的环境条件（外部环境、内部环境）密切相关，如初创性科技组织与稳定的制造组织所面对的政策环境、用户需求、利益相关者等可能有很大不同，决定了两个组织的战略目标、风险管理目标、风险偏好大不相同，因而确定的风险等级判断标准也大不相同。

另外，组织、活动或事项的风险准则可能是由相关的国际标准、国家标准、行业标准甚至组织的标准确定的。法律、政策和其他监管要求也可能构成风险准则，如我国对于大型活动的安全评估要求，就形成了该类活动风险评估中的风险准则。

如前文对“过程”的表述，建立环境作为实施风险管理过程的第一子过程，通过建立外部环境、内部环境、风险管理过程的环境和确定风险准则等活动进行展开。组织通过建立环境的过程，回顾其风险管理方针、落实管理职责、聚焦组织目标，统一风险管理的语言。组织通过记录这些内容，并作为后续进入风险评估过程的输入，如工商组织的风险管理实践中，通常会形成《风险评估策划书》。

虽然建立环境是第一子过程，但沟通与咨询、监测与评审是贯穿始终的。特别是风险评估方法、具体需要采用的识别方法、风险准则中的内容，很有可能会根据沟通和对其有效性的再评价而发生变化。因此《风险评估策划书》（见图2－1）也需要随之调整。这也充分体现了风险管理以最可利用的信息为基础，是动态的、往复的，并对变化保持响应的特点。

《××公司××年度综合风险评估策划书》

Ⅰ、应对目标

Ⅱ、内外部要求

Ⅲ、具体工作安排

1 目的

2 实施范围与基础

3 主要职责分工

3.1 董事会及下属审核委员会

3.2 CEO及管理层

3.3 风险管理办公室

3.4 各风控单元

4 所处的外部环境、内部环境

5 风险准则

5.1 后果及可能性准则

5.2 变化情况

5.3 结合方式

6 风险评估的方法选择及原因说明

7 关键步骤及时间要求

8 实施的载体及各类报告模板

9 内部咨询及重要调整的沟通及联系方式

图2－1 风险评估策划书模板

第二节 建立环境与风险评估要素关系

通过建立环境，组织清楚地表达其目标，确定内、外部参数，这是当管理风险和为维持风险管理过程而确定范围、风险准则时所必须考虑的。当这些参数与风险管理框架设计（见 ISO31000）时所考虑的参数相似时以及为风险管理过程建立环境时，需要更加细致地考虑这些参数，尤其是这些参数如何与特定风险管理过程的范围相关。

一、建立环境应反映组织战略目标

全面风险管理要努力实现以下风险管理总体目标：

（1）确保将风险控制在与总体目标相适应并可承受的范围内。

（2）确保内外部，尤其是组织与股东之间实现真实、可靠的信息沟通，包括编制和提供真实、可靠的财务报告。

（3）确保遵守有关法律法规。

（4）确保组织有关规章制度和为实现经营目标而采取重大措施的贯彻执行，保障经营管理的有效性，提高经营活动的效率和效果，降低实现经营目标的不确定性。

（5）确保组织建立针对各项重大风险发生后的危机处理计划，保护组织不因灾害性风险或人为失误而遭受重大损失。

如 COSO 内部控制，早期的内控制度一般只强调两项目标：一是财务报告的可靠性目标，二是合规性目标。COSO 报告在此基础上对组织内部控制的目标进行了完善。

COSO 内控制度的首要目标是为了合理确保经营的效果和效率（基本经济目标，包括绩效、利润目标和资源的安全），其后才是保证财务报告的可靠性（与对外公布的财务报表编制相关的，包括中期报告、合并财务报表中选取数据的可靠性）和遵循相应的法律法规这两个传统的内控目标。

二、建立环境能明确风险评估工作范围

风险评估的工作范围可以是全组织范围，也可以是组织内特定部门、业务或服务领域，还可以是针对特定活动与事件。

组织所处环境（包含环境状况）的其他内、外部问题，以及其他相关方的

需求和期望，这些都可能会影响组织实现其预期结果的能力，给组织带来风险和机遇。确定风险评估范围时，应善于发现这些环境的影响。例如：

（1）由于员工文化或语言的障碍，未能理解当地的工作程序，从而导致的化学品泄漏。

（2）因气候变化而导致洪涝灾害的增加，可能会对组织的建筑物、经营场地产生不利影响。

（3）因气象条件改变，静风天数增加，影响组织排放大气污染物的扩散能力，从而增加了因大气污染物排放给环境造成的不利影响。

（4）由于资金约束，导致缺乏相应的资源来保持环境管理体系的有效运行。

（5）通过政府的财政支持，采用更先进的脱硫、脱硝、除尘、除汞等大气污染物控制技术和装备，从而减少烟尘、二氧化硫、氮氧化物和汞的排放，提升组织的环境绩效。

（6）天气干旱，水体水位下降，造成水体对污染物的自净能力下降，从而加剧了组织所排污水对水体水质的不利影响。

（7）市场需求的变化会给组织带来风险和机遇。

（8）客户需求要求组织能力的快速增长，但其增长的同时员工的技能并没有得到相应的增强，因此可能会在操作中出现错误导致环境危害。

（9）社区居民要求组织公布其大气污染物的排放情况，会给组织带来风险。风险和机遇对组织的影响涉及多个方面，例如：经营、声誉、形象和收益方面的影响，以及对实现环境管理体系预期结果的能力、对预防或减少不期望的影响（包括外部环境状况对组织的潜在影响）和持续改进能力的影响等。如果不管理其风险和机遇，组织可能无法达到其预期的结果，也不能对环境状况，包括事件可能带来的不利环境影响进行预防并做出响应，更难以实现真正的持续改进。

三、建立环境是统一风险评估“语言”

“建立共同的风险沟通语言”是 ERM 时代所特有的期权沟通文化建设的新行为指南，这其中包括了内部风险沟通和外部风险沟通。例如，在组织内部：“共同的风险责任”把员工的风险/利益和业务单位/部门的以及组织的风险/利益连在了一起。在风险/利益的共同语言下，整体组织的沟通变得相对容易，员工之间的相互支持和相互协作增加了默契，提升了员工在风险意识下的责任心。其结果是有利于变被动风险管理为主动风险管理，并将风险语言融入组织的风险文化中。又如在组织外部：组织管理层与组织利益相关者进行有效的风险沟通，能增加组织对利益相关者期望与忧虑的理解，同时更能增加利益相关者对组织风险行为的理解。实践证明组织如能有效地与利益相关方沟通，对组织成功获得投资者的支持、成功中标或成功承接订单均大有意义。

组织风险管理语言的建立或许首先应从组织高层认识到什么是组织的最关键性风险开始，其次业务单位负责人进一步增加细节，找出本业务单位的主要风险，最后全体员工进一步增加细节找出每一个岗位相关的所有风险。这便是在同一框架下全员参加的组织风险整体层面的识别，员工了解了本岗位的风险与风险管理在整个组织层面的意义，也更了解了自身岗位职责的重要意义，从而使员工将自身岗位职责与组织目标的实现相结合。组织不同的管理层、不同的工作职能和不同的岗位员工之间的共同语言就是要保质保量、负责任或不超出风险限度地完成本岗位的工作职责和任务。组织全面风险管理的实施，促进了在风险共同语言下，组织一个单位/部门的工作对另一个单位/部门工作的理解和支持。例如，组织全面风险管理增进了组织财务管理部门对信息管理部门、安全管理部门或质量管理部门以及对各业务单位在风险岗位管理方面的理解，进而主动参与原本看似关联度不大的部门之间的协调和支持，共同为降低组织整体风险而努力。

四、建立环境要考虑与组织管理体系（系统）的嵌入

在不可能实施“体系”性的管理风险情况下（无论是“发展阶段”所致，还是风险的“内秉性质”所致，这就是现状），组织应该如何实施管理风险呢？

ISO31000：2009《风险管理——原则与指南》标准向组织推荐了一个“风险管理框架”，组织实施风险管理应该建立一个“风险管理框架”。“风险管理框架”术语指出：“风险管理框架嵌入到组织的整体战略、运营政策以及实践中。”这里提出了一个十分重要的概念：“嵌入”（在ISO31000：2009标准的其他地方多次出现“嵌入”一词），对“风险管理框架”提出要求，要“嵌入”到组织的整体战略、运营政策以及实践中。

正确、深入、全面认识和理解并实现风险管理的“嵌入性”已成为当前组织实施风险管理的重大课题。可以说，实现风险管理的“嵌入性”是提高风险管理有效性的唯一途径，没有风险管理的“嵌入性”，就不会有风险管理的有效性。

“风险没有自身的生产过程”这一风险的“内禀”特性，是认识风险管理“嵌入性”的基础，是理解风险管理“嵌入性”的根本所在。既然风险产生于组织特定的业务过程中，那么组织所管理的风险就是管理组织特定业务过程中的风险，这在客观上就要求风险管理一定是“嵌入性”的管理，以为实现特定业务过程的“目标”提供保证。这里应明确，“风险”术语定义“不确定性对目标的

影响”中的“目标”是指组织业务过程或活动的“目标”，而不是指“风险管理的目标”。

（一）人员

在组织风险管理能力构成要素中，人员的能力是一个关键要素也是最活跃的要素。这其中包括了相关人员本身的专业素质，也包括职业道德和对其岗位的胜任能力。另外，组织风险管理能力还包括组织规范相关人员或全体员工充分发挥风险管理的参与作用和履行岗位职责的制度水准本身。显然，人员的“素质”与“规则”水准是展示组织风险管理能力水准的突出要素。

为实施组织设计的风险管理能力，首先组织应该具备一组或一批懂得风险管理专业知识的专业人员，这些人员可能在行政上集中办公并分工负责组织的风险管理行政归口管理工作，或者这些人员分散到组织的业务单位前线中工作。这些专职训练的专业人员需推导、指导和监督组织过程负责人、风险负责人和其他组织风险管理相关工作。根据岗位和分工的不同，这些专业人员中有以组织首席风险官为代表的对组织整体运作非常熟悉，并在组织风险管理工作方面经验丰富的组织高级专业管理人员；有处在组织义务单位的风险经理；有非常熟悉管理组织某种特定风险的风险责任人。一般来讲，组织首席风险官为组织的整体层面的风险管理水平发展负责，组织义务单位的风险经理对其义务单位层面的风险管理水平负责，风险责任人对他们所负责领域的风险事件负责。在组织风险管理部门的指导下，风险责任人对他们所负责领域的风险事件负责。在组织风险管理部门的指导下，风险责任人往往对其所负责领域的相关人员的责任实施进一步的划分。依次，逐级实施风险管理的岗位责任制，没有风险管理的岗位责任制和相应的奖惩措施，组织的风险管理过程将会是无效的。

（二）信息

“在组织层面的风险管理进化过程中技术起着非常重要的作用。如果没有技术进步，ERM 甚至可能不会应用于实际（詹姆斯·德阿克）。”

系统和数据是信息化时代并存的双胞胎，信息化时代到来之前是有数据（或有一定量的数据）而没有系统，因而数据得不到有效利用、分析和传递。然而信息系统建立之后，如果有系统少数据（或对数据缺乏科学性的管理）也会令系统无法正常地运作那些已客观存在的数据，这使信息系统缺少了应有的意义。当然，信息时代不是说每一个组织都必须尽快地建立一个庞大的信息系统，信息系统的适度程度要与组织本身商务的属性、规模和资源可得性相匹配。但必须承认，配备一套先进的、可靠的和自动化程度颇高的风险管理信息系统对提升组织风险管理能力具有重要的作用和意义。风险管理信息系统的建设从根本上令组织做到了一些在没有这套系统之前根本无法做到的事情。由于风险管理信息系统具有在报告、监控继而提供只有在系统环境中方可运作相关工具的功能特点，事实上信息系统正在为组织发挥出极大的创造价值。

风险管理信息系统在提升组织风险管理能力方面的价值体现在六个方面。

1. 支持数据库建设和有效管理

（1）支持管理层风险管理的行政事务，如现实沟通、制作文件和标准化文件格式。

（2）支持相关人员记录数据。

（3）数据汇总。

（4）支持预警技术。

（5）提升信息汇聚数量和汇聚能力。

（6）信息博物馆。

2. 支持分析和决策

（1）通过预测技术或通过风险识别方法识别发展趋势。

（2）支持组织的战略制定和战略选择（如通过压力测试或风险调整的收益分析等）。

（3）支持识别风险并提高抓住机遇的能力。

（4）支持决策的及时性。

3. 支持管理改进

（1）激励员工自我管理和改进，支持开放式的行动监控。

（2）支持成功经验的推广。

（3）资源共享。

（4）支持人力资源管理。

（5）信息系统可作为操作工具。

4. 支持风险报告和监控

（1）支持风险报告的自动化、即时性、及时性、统一性和可重复性。

（2）支持风险监控的持续性、即时性、及时性、警觉性和灵敏性。

5. 支持各类相关软件的运作

（1）风险价值等风险管理模型只有在风险管理信息系统的环境中才得以运作。

（2）支持执行商务风险管理战略的各类风险管理工具的运作。

（3）其他各类风险管理专用软件运作。

6. 支持和促进学习和沟通

（1）促进交流和沟通。

（2）支持沟通的及时性。

（3）信息系统又能成为语言工具和培训工具。

（三）政策

组织需要通过风险政策提供保证，以便对公司所能容忍的风险实施广泛的管理，组织风险管理政策包含的主要内容如表 2 - 1 所示。

表 2 - 1　组织风险管理政策包含的主要内容

名称	说明
组织风险管理监督体系架构	描述组织风险管理能力的要素
评估、管理、监控目标	描述建立与改进风险管理能力的过程
组织的风险管理哲学	描述组织风险管理总目标和各类目标
界定组织的风险价值取向（风险偏好）	描述管理组织各类重要风险的战略
组织风险容忍度（或风险容忍）	描述风险管理过程和风险评估流程
过程主管的责任、风险责任人员的责任	描述各类重要风险管理过程/方法/手段
风险管理授权关系	描述组织层面纵/横向沟通报告的架构
组织基层单位负责人的相应责任	描述组织风险控制整体架构或总流程
组织各层面、全员对风险管理的承诺	描述风险管理的评价体系标准
风险管理绩效奖励与责任处罚原则	依据风险管理政策制定风险管理手册

组织的各类政策是组织实施总体战略和总体管理的具体原则表述，而其中的风险管理政策是组织对关于组织风险管理一般原则的具体陈述，它引导着过程管理人和风险责任人履行具体的风险战略，设计和执行具体的与合理的过程，参照组织的风险容忍度和预期执行标准来执行具体的操作。

组织从战略和政策的视角研究提升风险管理能力，其着眼点在于“从策略和框架规范方面提升组织风险管理的能力”。显然，组织的战略和策略，特别是组织制定的风险管理战略和保障战略实施的风险管理政策是主导组织风险管理能力的智慧性要素。然而事实上组织人员的素质、风险评估的技术水平以及建立在这种风险评估水平之下的对组织风险的客观认知能力等要素对组织制定合理的风险管理战略和政策的能力也形成一定制约。因此，没有组织风险管理能力其他各要素的发展为支持，组织战略/政策指导框架风险管理能力发展（包括风险管理战略和政策发展）就不会落到实处。

（四）PDCA 循环

PDCA 循环又叫质量环，是管理学中的一个通用模型，最早由休哈特（Walter A. Shewhart）于 1930 年构想，后来被美国质量管理专家戴明（Edwards

Deming）博士在 1950 年再度挖掘出来，并加以广泛宣传且运用于持续改善产品质量的过程中。

因而 PDCA 循环又叫戴明环。其中 P（Plan）表示计划；D（Do）表示执行；C（Check）表示检查；A（Action）表示处理。它是全面质量管理所应遵循的科学程序，PDCA 循环也是适合应用于任何过程改善的管理方法。其中：

“P”是建立管理环境和风险评估，要启动 PDCA 循环，必须有“启动器”：提供必需的资源、选择风险管理方法、确定评审方法、文件化实践。设计策划阶段就是为了确保正确建立风险管理体系的范围和详略程度，识别并评估所有的风险，为这些风险制定适当的处理计划。策划阶段的所有重要活动都要被文件化，以备将来追溯和控制更改情况。

“D”是实施并运行风险管理的程序，在 PDCA 循环中这个阶段的任务是以适当的优先权进行管理运作，执行所选择的控制，以管理策划阶段所识别的风险。对于那些被评估认为是可接受的风险，不需要采取进一步的措施；对于不可接受的风险，需要实施所选择的控制，这应该与策划活动中准备的风险处理计划同步进行。计划的成功实施需要有一个有效的管理系统，其中要规定所选择方法、分配职责和职责分离，并且要依据规定的方式方法监控这些活动。

“C”是监视并评审，检查阶段又叫学习阶段，是 PDCA 循环的关键阶段，是风险管理体系要分析运行效果，寻求改进机会的阶段。如果发现一个控制措施不合理、不充分，就要采取纠正措施，以防止系统处于不可接受风险状态。组织应该通过多种方式检查风险管理体系是否运行良好，并对其业绩进行监控。

“A”是改进，经过了策划、实施、检查之后，组织在措施阶段必须对所策划的方案给以结论：是应该继续执行，还是应该放弃重新进行新的策划。当然该循环给管理体系带来明显的业绩提升，组织可以考虑是否将成果扩大到其他的部门或领域，这就开始了新一轮的 PDCA 循环。

第三节　风险管理方针

风险管理方针是组织或特定事项风险管理的基本原则和方向。制定风险管理方针，应当理解、体现组织和特定事项风险管理的依据、组织或特定事项的目标（愿景、宗旨）、管理的职责，以及资源保障的措施等内容。

ISO31000 标准在此对组织的风险管理方针及其建立提出了明确要求。“风险管理方针”为风险管理术语，从定义看，它是“一个组织在风险管理方面总的意愿和方向的陈述”。标准对组织“风险管理方针”提出的要求是：“应清晰阐明组织的风险管理目标和对风险管理的承诺。”将两者结合起来分析，定义中“总的意愿和方向”具体表现为“组织的风险管理目标和对风险管理的承诺”。

一、理解组织及其环境

在确定风险管理方针前，评价和理解组织内、外部的状况是重要的，因为这会对方针的制定产生显著的影响。

评价组织外部状况可以包括，但不限于：

（1）社会和文化、政治、法律法规、财务、技术、经济、自然和竞争环境，无论国际、国内、区域还是本地。

（2）影响组织目标的动力和趋势。

（3）与外部利益相关方的关系，以及它们的感受和价值观。

评价组织内部状况可以包括，但不限于：

（1）管理方法、组织结构、作用和责任。

（2）方针、目标，以及为实现它们所制定的战略。

（3）以资源和知识来理解的能力（如资本、时间、人员、过程、系统和技术）。

（4）信息系统、信息流和决策过程（正式和非正式的）。

（5）与内部利益相关方的关系，以及它们的感受和价值观。

（6）组织的文化。

（7）被组织采用的标准、指南和模型。

（8）合同关系的形式和范围。

二、建立风险管理方针

风险管理方针应清晰阐明组织的风险管理目标和对风险管理的承诺。风险管理方针通常应明确以下内容。

（1）组织管理风险的依据。

（2）组织的目标、方针与风险管理方针的联系。

（3）管理风险的责任和职责。

（4）处理利益冲突的方式。

（5）承诺向对管理风险负有责任和履行职责的人员提供必要的资源。

（6）测量和报告风险管理绩效方式。

（7）承诺定期评审和改进风险管理方针和框架，以及对事件或情况变化的响应。

三、明确管理职责

通过管理承诺，风险管理方针明确了组织或特定事项在风险管理中的职责。为管理风险，组织应确保具有责任、权力及适当的能力，包括实施和维持风险管理过程，并确保任何控制方式的充分性、有效性和高效性。

以上是风险管理“框架”设计中对“责任”提出的总体要求。要点有以下三个方面。

（1）对责任、权力、能力的要求。标准提出“为管理风险，组织应确保具有责任、权力及适当的能力”。在标准内容上出现“责任”与“权力、能力”的并列，“责任”是在更广泛的意义上论及责任。针对管理风险之重要性，组织应对参与管理风险的有关人员提出“责任、权力及适当的能力”的明确要求。“责任”意味着对后果承担责任，“权力”意味着管理的指挥作用和权限，“适当的能力”意味着有与完成特定目标相适应的能力。

（2）风险管理过程。标准在指出“组织应确保具有责任、权力及适当的能力”之后，特意提出了“包括实施和维持风险管理过程”。标准在这里从“责任”的角度将风险管理框架与风险管理过程相联系，即对“风险管理过程”提出了“责任、权力及适当的能力”的要求。

（3）控制方式的充分、有效、效率。“充分性”是指控制方式本身针对性强、切中要害、控制到位；“有效性”是指是否达到控制目标；“高效率”是指使用控制方式的资源投入与实现控制目标之间的关系。

标准还指出可通过以下五个方面促进组织在风险管理方面的“责任”。

（1）识别对管理风险有责任和权力的风险责任人。

标准中定义：风险责任人是对管理风险负有责任并具有权力的个人或实体。

从术语的定义看，“风险责任人”的两个基本特征是对管理风险“负有责任”和“具有权力”。在实际工作中，“风险责任人”是指对组织的风险管理负有全面责任的人，可能对应于组织的“CRO”（首席风险官）或相当的人员或部门。标准要求“识别”，即要求组织设置“风险责任人”，并给予正式授权。

（2）识别对开发、实施、保持管理风险框架负有责任的人。

风险管理框架是标准向组织推荐的重点，也是组织按标准开展风险管理所必须搭建的，所以标准在这里从“责任”的角度提出了对“管理风险框架负有责任的人”的要求。从“责任”来讲，标准提出了“开发、实施、保持”风险管理框架的三项内容。标准要求“识别”，即要求组织设置这一“负有责任的人”，并不一定是指开发、实施、保持管理风险框架的人。

（3）识别组织内所有层次的人员在风险管理过程中的其他职责。

“责任”是在“更广泛的意义上论及责任”。标准在提出以上两个方面的“负有责任”的“人”的要求以后，在此将“责任”的重点移向了“职责”，要求组织“识别组织内部所有层次的人员在风险管理过程中的其他职责”。

（4）建立绩效策略、外部和/或内部报告及升级过程。

组织可通过“建立绩效测量、外部和/或内部报告以及升级过程”来“促进”风险管理“责任”。风险管理“绩效测量、外部和/或内部报告”是风险管理中的重要内容，如果组织将他们“建立”起来，本身就是风险管理“责任”中的重要体现，在建立和运行的过程中，也必然涉及相关人员的“责任”“职责”（如“绩效测量”，由谁来实施、谁对绩效测量结果负责）。

（5）确保适当程度的承认。

“确保适当程度的承认”表达了风险管理的“包容”“主动”“自信”的境界。“承认”就是认可，就是对某项工作可以实现的功能或某个人从事某项活动的认可，就是在授权下的一种能力确认。在“承认”的范围内，可以按设定的程序实施过程。实际上，对一个组织，不仅需要“决策力”“执行力”，同时需要“授权力”。一般来讲，“适当”以不降低运行的效率但又不会带来不可接受的损失为原则，这其中的“分寸”又有谁能准确度量和把握？

四、资源保证

风险管理方针中包括组织应为风险管理配置适当的资源的承诺和安排。应考虑以下几个方面。

（1）人员、技能、经验和能力。

这里的人员不是指“整个组织范围内”“所有实践及过程”中的人员，而是指实质参与风险管理人员，或者具体说是标准的“责任”中的前三种人员。从风险管理“嵌入”各个过程的角度讲，是“被嵌入”的“人员”，他们承担着将风险管理的理论、流程和技术方法嵌入组织各个过程的责任或职责。对于这些人员，组织在他们的技能、经验和能力方面应满足风险管理资源的要求。

（2）风险管理过程的每一步骤所需要的资源。

风险管理过程由五个子过程组成，每一个子过程还可能包含不同的步骤，如“风险评估过程”就包含“风险识别”“风险分析”“风险评价”三个步骤，而每一个不同的步骤根据内容的不同，对资源的需求也是不同的。

（3）用于管理风险的过程、方法和工具。

在风险管理的实践中已积累众多的风险管理方法和工具，组织应根据自己的实际情况选用。

（4）已记载的过程和程序。

“过程和程序”几乎伴随了ISO发布管理标准的整个历史，在任何一个ISO颁布的管理标准中，对“过程和程序”的要求都会受到来自理论和实践的高度重视。有了“已记载的过程”，无论是“复制”同样的过程，还是策划新的过程，对组织都具有指导作用和启示作用。

（5）信息和知识的管理系统。

组织在考虑风险管理的资源时，应关注“信息和知识的管理系统”。对组织而言，应识别是否已建立了信息与知识系统，并评价该管理系统对组织风险管理的适宜性。从实际情况看，“信息管理系统”在众多组织中已逐渐成形，但“知识管理系统”较为薄弱。

（6）培养计划。

标准从“资源”的角度将“培训计划”作为实施组织风险管理资源的内容。在这里标准明确组织要制定培训计划。该计划出现在“框架”中，是指组织在风险管理方面的总体培训计划。培训的人员除去直接参与风险管理的人员外，还应包含对组织各个过程中有关人员的培训。

五、绩效考核

评审指为实现所建立的目标而进行的决定适宜性、充分性、有效性的活动。评审可用于风险管理框架、风险管理过程、风险或控制各个方面。

“评审”作为一个风险管理术语，不是通常意义上的“检查”，它有着特定的内涵。“评审”是一项活动，组织通过开展此活动而对“适宜性、充分性、有效性”作出判断。这“三性”指的是组织为实现目标所开展的活动、过程是否适宜、是否充分、是否有效，组织为此要做出决定。

在实际使用时，一般都会明确“评审”的“主题事项”，这一“主题事项”直接与组织要实现的某一目标相联系，从而界定了在特定范围内、特定内容下的“适宜性、充分性、有效性”评审，如“设计评审”“合同评审”和“顾客要求评审”等。

评审可对“风险管理框架”“风险管理过程”“风险”或“控制”进行评审。在ISO31000标准中，对“评审”提出了多出的“主题事项”评审，组织在实施这一标准时，均应按照对“评审”的要求进行控制。

六、持续改进

持续改进是以检测和评审的结果为基础，决定风险管理框架、方针和计划如何改进，这些决定可导致组织的风险管理和风险管理文化的改进。

“持续改进”作为一项管理原则，最初是在2000年版的ISO9000标准中提出的，当前“持续改进”这一管理原则的思想甚至已进入非管理的领域。

ISO31000 标准在风险管理“框架”中提出对“框架的持续改进”要求。从“框架”的结构看，“框架的持续改进”是框架中任何一次运行“循环”的结尾，起到承上启下的作用，在此环节中，事实上需要框架的持续改进。

持续改进是一项循环的活动，通过过程的运行和改进来实现。改进包括日常的逐渐改进，也包括重大的突破性改进。改进是一种寻求每一个可能的改进机会，而不仅仅是问题发生后才显露的改进机会。改进是持续的，一个改进过程终止，意味着一个新的改进过程的开始。改进是螺旋上升的，每一轮循环，都不是简单的重复，而是向着更新的目标攀升。

每一次改进的循环、改进的活动及其顺序如下：

（1）分析和评价现在，以识别改进的内容和范围。

（2）确定改进目标。

（3）寻找可能实现目标的解决方法。

（4）评价这些方法，并做出选择。

（5）实施所选定的方法。

（6）测量、验证、分析和评价实施的结果，以确定改进目标是否实现。

（7）正式采纳更改。

对风险管理框架的持续改进也应遵循以上的基本要求。

第四节 内部环境

内部环境是指组织旨在实现其目标而所处的内部环境。

风险管理过程应与组织的文化、过程、结构和战略相一致。内部环境是组织内部可能影响管理风险方式的任何事情。建立内部环境是因为：

（1）风险管理在组织的目标环境中实施。

（2）一个特定项目、过程或活动的目标和准则应在组织的整体目标下进行考虑。

（3）一些组织未能识别实现其战略、项目或经营目标的机会，并且仍在影响着组织的承诺、信誉、信任和价值。

理解内部环境十分必要。从风险管理标准界定的范围看，内部环境包括广泛的内容，但不限于：

（1）治理、组织结构、职能和责任。

（2）方针、目标及确定实现它们的战略。

（3）能力、对资源和知识的理解（如资本、时机、人员、过程、系统、技术）。

（4）与内部利益相关方的关系以及内部利益相关方的感知和价值观。

（5）组织的文化。

（6）信息系统、信息流和决策过程（正式的及非正式的）。

（7）组织所采用的标准、指南和参考模型。

（8）合同关系的种类和程度。

不同类型的组织和对特定事项进行风险评估的内部环境是不同的，应当根据评估的目标、方针的不同，分析风险评估涉及的内部环境状况。

一、营利组织的内部环境

（一）治理结构

从风险管理角度看，组织的治理结构涉及风险管理职能和职责的设置有以下几个方面。

1. 风险管理委员会

在风险管理中，董事会（或股东会、管理委员会及各种最高决策机构）一般指派风险管理委员会指导拟定或审议风险管理政策和原则，风险管理委员一般会把起草和制定风险管理政策和计划的工作交给风险管理部或外聘专家担当。组织风险管理委员会的职责一般包括：一是审议风险管理相关的各类决策和方案，并提交董事会批准；二是代表董事会收集各类风险报告或代表董事会审议各类报告（包括年/季度风险报告等），依据内外方的要求代表董事会起草董事会层面的各类风险报告；三是受董事会委托总体协调和指导组织风险管理相关的工作。

2. 在公司治理结构中其他主要风险监督性功能委员会

（1）监事会。监事会是股东会之下设置的功能委员会，监事会受股东委托担当对以董事会为代表的执行层的监督角色，监事会从事对内部尽职尽责情况实施监督，其中包括对董事和高级管理人员的工作表现进行监督和测评，对于财务和内部控制实施监督等职能，监事会对股东大会负责。

（2）审计委员会。其履行的功能是指导组织的审计部门和协调聘用外部审计人员对组织风险管理的有效性与合理性状况进行监督评价，事实上审计职责承担着在组织风险管理中事先、事中和事后三个环节中的第三个环节的评价工作，以及担当着周期性第三方角度评价的角色。

3. 组织经理高层

组织经理高层的主要职责是负责执行风险管理政策和按照风险管理计划实施

风险管理，对风险管理的有效性向董事会负责。经营高层就组织风险管理的具体责任体现在：拟定和执行风险管理的政策、制度、流程和计划，指导执行者按规则操作程序和规程；及时了解风险水平及其管理状况，按规定向组织的董事会、股东或利益相关者定时和不定时报告风险管理状况。

（二）机构设置及职责分配

1. 风险管理部门

在一般组织中，风险管理部门是一个相对独立的专业职能部门，在规模较小的组织中，该职能的管理部门也许没有直接冠以“风险管理”名称。风险管理部的工作一般直接向首席风险官、首席执行官（某些组织可能向分管风险管理的副总经理、财务总监或其他职位的高级管理人员汇报）和风险管理委员会汇报。风险管理部的工作由首席风险官直接领导或由风险经理直接领导，风险管理部对专职员工专业化程度和职业操守水准都有颇高的要求。风险管理部职能一般包括以下几个方面。

（1）负责对组织风险管理工作的归口行政管理，具体指导风险管理的实施。

（2）参与组织的风险管理战略以及各种相关方案的策划工作，并具体安排实施计划。向组织高级管理层和风险管理委员会报告组织风险管理战略、政策、风险治理对策和风险管理计划等的执行情况。不断自我检查，提出改进建议。

（3）具体落实组织风险管理体制建设，推动组织风险管理能力的不断改进和提高。

（4）通过收集、整理、验证、监控和公布风险信息，完成监测、鉴定、监督和衡量组织风险的职责。执行和落实有关组织风险管理的政策和具体的风险对策，并监督风险管理政策和对策在组织各个层面的执行和落实情况。执行对内部控制的监控，包括监测、检查、监督和纠错等，向相关方面报告风险。

（5）提供必要的数据和信息，支持组织高级管理层或董事会的决策。

（6）追踪某些决策的实施状况并及时向相关方面报告追踪发现，提示高层必要的决策调整。

（7）协调和指导整个组织层面和组织业务单位等各个层面日常风险管理工作，审阅和及时处理组织各个层面传入的风险报告。

（8）指导和综合协调组织关键风险或特定风险职能领域的风险管理。

（9）策划、领导、指导或执行风险评估等组织的各类风险管理活动。

（10）不断从风险管理的视角发现组织问题和及时报告组织问题，不断从风险管理的视角探讨组织机遇和报告机遇。

（11）执行对组织危机事件的具体处理。

（12）审核组织风险攸关的各类文件。

（13）推动组织风险文化建设，培训员工，提高组织上下的风险意识。

2. 内部审计部门

国际内部审计协会 2004 年修订的《内部审计实务标准——专业实务框架》（以下简称《实务标准》）指出内部审计是“一种独立、客观的确认和咨询活动，旨在增加价值和改善组织的运营。它通过应用系统的、规范的方法，评价并改善风险管理、控制和治理过程的效果，帮助组织实现其目标”。

在完善的法人治理架构中，内部审计也是组织风险管理的一种制度安排，是组织按现代管理的要求而建立的内部控制机制，是决策机制、执行机制和监督机制的有机组合，所以法人治理架构是内部审计环境的框架。根据自身实际状况，许多组织采用“风控一体化”形式，即内部审计部门和风险管理部门职能统一，机构合并或“两块牌子、一套人马”。有些组织还将内部审计部门与纪律监察机构合并，统称为“审计监察部”。无论机构名称、人员如何安排，都是以组织法人治理架构为基础。因此，完善法人治理架构是建设和谐审计环境的重要内容。

与内部审计部门的结构安排相适用，组织一般应完善下列内容：

（1）建立或完善内部控制制度，COSO 报告中指出“内部控制制度为了基础的经营目标而存在，它与组织的经营活动融为一体”。内部审计应参与内部控制制度的建设全过程，不但作为内部控制制度的构建者，作为制度执行的监督者，还要成为制度的修补者。

（2）完善内部审计机制，内部审计是外部审计的补充，建立内部审计机构、对关键控制和程序进行监督是良好公司实务的组成部分。内部审计代表管理层对任何有舞弊可疑性的行为执行调查，这种日常监督也是公司内部控制整体中的一部分，它有利于保持内部控制系统的有效性。

（3）建立信息与沟通平台，和谐环境的一个基本要求是沟通渠道通畅。审计情况报告会是审计与领导层沟通的直接通道；审计业务研讨班是审计同行间相互联系相互学习的机会；每项任务开展前的审计公告，是接收群众意见的平台。

（4）合理利用内部控制自我评估工具，通过设计、规划和运行内部控制自我评估程序，将运行和维持内部控制的主要责任赋予公司管理层，同时使员工和内部审计与管理层一起承担对内部控制评估的责任。

（5）维护审计独立性，独立性是内部审计工作的必要条件，内部审计人员只有具备应有的独立性，才能正确地实施审计，才能作出公正的、不偏不倚的鉴定和评价，才能树立起内部审计部门客观、公正的形象。内部审计的独立性包括组织上的独立，内部审计机构直接对组织的最高领导层或最高监督层负责，不受其他职能部门的干扰。精神上的独立，内部审计人员在执行审计任务时，必须在精神上保持独立，在道德上保持正直，对有关审计事项的判断和决定不屈从于他人的意志，不受他人的干扰，对审计结果不作重要的质量妥协，保持客观性和职业操守。

二、公共管理部门的内部环境

公共管理部门是指被国家授予公共权力，并以社会的公共利益为组织目标，管理各项社会公共事务，向全体社会成员提供法定服务的政府组织。政府是公共经济部门的最主要成员。从事公共管理的机构的主要构成有政府、公共组织、非营利性组织和国际组织。

（1）政府。是一些组织，建立这些组织的目的，在于对居住在某一社会中的个人活动进行管理，提供基本服务，并为此类服务提供资金。

（2）公共组织。一般是指政府拥有的以提供公共服务为宗旨的组织，但也包括以提供公共服务为宗旨的部分非国有组织。

（3）非营利性组织。是不以营利为目的的组织，是营利组织和政府组织之外的公益组织，是以执行公共事务为目的而成立的组织。

（4）国际组织。联合国、世界银行、国际货币基金组织等跨国界的组织，它们所从事的许多活动都有公共性，但它们的活动不属于政府活动。

公共管理中风险管理的内部环境更多的是指公共组织的内部环境，公共组织环境是指公共组织赖以存在和发展的外部条件的总和。环境对公共组织各方面都存在着严重的制约作用。公共组织只有不断地与环境因素取得和谐一致，才能实现自身的目标，实现自身的生存和发展。

公共管理的内部环境因素包括政治、经济、文化、技术、国际环境。

（1）政治环境。对公共组织行为加以规范和引导。其基本要素包括政治体制、政治权力、国家结构、政府机构、政党制度、公共政策。

政治环境主要是指作用于公共组织的国家政治制度，如国家政权的性质、阶级关系、政党制度以及立法、司法等方面的制度。政治环境对公共组织有着直接的作用，其中尤以政权性质、政党制度和立法制度的作用最为直接，政权性质与立法制度决定着各种公共组织在社会政治生活中的地位、权力与活动范围；政党制度使部分公共组织（如参政党）能够且必须在国家日常政治运作中担负起决定性的职能，其他公共组织（如在野党）只能够处于从属地位。

（2）经济环境。对公共组织动机和行为有重要决定作用。其基本要素包括经济体制、经济利益、经济实力、产业结构。

经济体制不同决定着公共组织行使职能的不同范围和强弱，在计划经济体制下，公共组织的活动涉及范畴很广，整个社会和经济生活都处于政府组织有形的权力控制之下。在市场经济体制下，公共组织的活动涉及范畴仅限于公共基础领域，营造和维护整个市场公平、良好的竞争氛围。然而对微观经济主体则不予直接干预。整个社会的经济实力大小则决定着公共组织的经济实力大小。因为公共组织的经济力量来源于整个社会纳税人的纳税。经济实力越强，公共组织履行职能的效率就越高，目标就越易达到。

（3）文化环境。文化是公共组织行为方式的凝固化表现，文化环境对公共组织的影响相对政治环境和经济环境而言较迟缓，但是作用时间更长，组织变革必须在文化延续过程中进行，包括认知、价值、意识形态、行为规范、道德传统。

公共组织处于一定的文化气氛之中，文化环境对公共组织有着深刻的影响。首先，文化环境决定着公共组织的价值取向，从而对组织的目标定位有着直接的影响；其次，文化环境影响着公共组织决策及其运行过程、水平、效率的高低；最后，文化环境的不同决定着公共组织地位与作用的不同。例如，一些宗教国家的某些宗教组织的地位，凌驾在其他一切社会组织之上。

（4）技术环境。制约着组织管理和活动方式方法，包括经验技术、实体技术、知识技术。

（5）国际环境。主要是指国际社会环境和国际自然环境，而对公共组织有重要影响的主要是国际社会环境。对一个国家的公共组织来说，国际环境是外部条件，但在当今国际联系密切、国际交流频繁的条件下，国际环境又对一个国家的公共组织有深刻的影响。

当今国际环境的主要特点是和平与发展。维护和平、促进发展是各国人民的共同愿望，也是不可阻挡的历史潮流。世界多极化和经济全球化趋势的发展，给世界的和平与发展带来了机遇和有利条件。当然，影响和平与发展的不确定因素也同时存在着，传统安全威胁和非传统安全威胁的因素相互交织，恐怖主义危害加剧，民族、宗教矛盾和边界、领土争端导致的局部冲突时起时伏，南北差距进一步扩大，世界还很不安宁，人类还面临着许多严峻的挑战。

第五节　外部环境

外部环境是指组织旨在实现其目标而所处的外部环境。

在制定风险准则时，为了确保将外部利益相关方的目标和关注点考虑在内，理解外部环境非常重要。外部环境以组织的广阔背景为基础，但是强调了特定法律法规要求的具体细节、利益相关方的感知以及在风险管理过程范围中具体风险的其他方面。

外部环境包括，但不限于：

（1）社会和文化、政治、法律、法规、金融、技术、经济、自然环境和竞争性环境，无论是国际的、国内的、区域的还是局部的。

（2）对组织目标有影响的关键驱动器和发展趋势。

（3）与外部利益相关方的关系，外部利益相关方的感知和价值观。

一、国际环境

当前，组织面临的外部环境有以下几个特点。

（1）世界经济增长格局变化趋势不确定性增强，全球经济持续低速增长的可能性加大。发达经济体尤其是日本和欧盟复苏的前景尚不明朗，部分新兴经济体受到资金外流、商品/能源价格下跌以及地缘政治紧张局势加剧等影响，经济增长放缓。未来美联储加息等将会进一步收紧新兴经济体的增长空间，增加其系统性危机爆发的可能。这些都意味着全球增长格局的不确定性明显增强。此外，近年来国际市场原油价格、基本金属价格等出现不同程度下滑，各种工业制成品、生活日用品等价格相应疲软。

（2）全球生产组织方式正发生剧烈变化，价值链中制造环节的竞争将更加激烈。我国制造业以代工方式融入全球价值链时，主要从事低端环节。我国制造业如何实现由全球价值链低端向高端攀升，这对作为全球制造大国的中国未来的产业发展提出新的挑战。

（3）发达国家“再工业化”和低成本国家工业化使发展中国家制造业发展面临双重挤压的形势更加严峻。2008 年国际金融危机爆发后，以美国为代表的发达国家纷纷推出以重振制造业为核心内容的“再工业化”政策，吸引高端制造业回流，对我国制造业发展形成新的挑战。改革开放以来我国东南沿海地区凭借低成本的初始禀赋条件，以代工方式与国际经济接轨，但其在全球新的产业分工体系中将面临发达国家和低成本国家双重竞争压力。

（4）全球投资和贸易的规则酝酿新变化，全球化进程面临新的挑战。随着全球一体化和区域一体化的推进，全球投资和贸易规则正发生新变化。

（5）大宗商品价格将可能维持低位徘徊，增大了我国在全球范围内配置资源的回旋余地，也给我国带来了收入的相对增加。能源领域，主要是页岩气、页岩油的开发推动了美国的能源自立，其对中东地区的原油依赖进一步下降，使得一部分中东的油气资源走向欧洲市场，挤压了俄罗斯的市场份额，也导致了原油价格的暴跌。资源领域，矿石、大豆、金属、橡胶等重要大宗商品受我国需求减弱的影响，以及传统资源大国希望通过资源出口带动本国的经济发展，如一些资源丰富的发展中国家也希望尽快把资源优势转化为经济优势和发展优势的影响，价格下跌明显。

二、国内环境

1. 由中高收入国家向高收入国家迈进的关键阶段

我国在 2000 年左右，实现了由低收入国家迈入中低收入国家行列，在 2010 年左右实现了由从中低收入国家迈入中高收入国家行列。预计到 2020 年我国将基本接近世界银行高收入国家的标准。不过，无论是按照汇率法还是按照购买力平价（PPP）标准，我国人均 GNI 在世界银行所列举的 200 多个国家和地区中仍处于欠发达国家。

与此同时，随着收入的不断提高，人民群众的需求将更高、更加多样化，特别是对政府服务、对生态环境将更加关注，需求日益增长多样化。

2. 增速从高速转向中高速

改革开放以来，我国经济保持了 30 多年的高速增长，年平均增速接近 10%。随着经济发展步入新的阶段，特别是供给约束强化及房地产等长期需求峰值的到来，我国经济正步入增速换档期，由高速增长转向中高速增长。增长速度的下滑将有可能加剧财政金融的风险，短期内还会加大结构性的就业压力。

三、PEST 的外部环境分析

PEST 分析法是一个常用的分析工具，它通过政治、经济、社会、技术四个方面的因素分析从总体上把握组织面临的外部宏观环境，并评价这些因素对组织战略目标和战略制定的影响。

（1）“P”即 Politics，政治要素，是指对组织经营活动具有实际与潜在影响的政治力量和有关的法律、法规等因素。当政治制度与体制、政府对组织所经营业务的态度发生变化时，当政府发布了对组织经营具有约束力的法律、法规时，组织的经营战略必须随之做出调整。

（2）“E”即 Economic，经济要素，是指一个国家的经济制度、经济结构、产业布局、资源状况、经济发展水平以及未来的经济走势等。构成经济环境的关键要素包括 GDP 的变化发展趋势、利率水平、通货膨胀程度及趋势、失业率、居民可支配收入水平、汇率水平等。

（3）“S”即 Society，社会要素，是指组织所在社会中成员的民族特征、文化传统、价值观念、宗教信仰、教育水平以及风俗习惯等因素。构成社会环境的要素包括人口规模、年龄结构、种族结构、收入分布、消费结构和水平、人口流动性等。其中，人口规模直接影响着一个国家或地区市场的容量，年龄结构则决定消费品的种类及推广方式。

（4）“T”即 Technology，技术要素，技术要素不仅仅包括那些引起革命性变化的发明，还包括与组织生产有关的新技术、新工艺、新材料的出现和发展趋势以及应用前景。在过去的半个世纪里，最迅速的变化就发生在技术领域，像微软、惠普、通用电气等高技术公司的崛起改变着世界和人类的生活方式。同样，技术领先的医院、大学等非营利性组织，也比没有采用先进技术的同类组织具有更强的竞争力。

第三章　风险信息的采集与统计分析

第一节　风险信息采集原则

一、相关性（关联有用）

信息收集（Information Gathering），信息收集是指通过各种方式获取所需要的信息。信息收集是信息得以利用的第一步，也是关键的一步。信息收集工作的好坏，直接关系到整个信息管理工作的质量。信息可以分为原始信息和加工信息两大类。原始信息是指在经济活动中直接产生或获取的数据、概念、知识、经验及其总结，是未经加工的信息。加工信息则是对原始信息经过加工、分析、改编和重组而形成的具有新形式、新内容的信息。

有针对性的数据资料才能转化为风险评估的有用信息。具体的风险事件所需要的数据资料是有特定范围的，资料信息与要分析风险的关联度越高，越可能得到可靠的风险识别结果。减少无用信息的搜集和分析可以提高风险评估的效率。

信息材料的收集都有目的，即围绕一个问题或某项业务活动而收集到的所有信息材料都要与此问题或业务活动相关。根据企业内部各管理层次和管理系统的不同需求，提供不同类别和形式的信息。所提供的信息要与目标问题相关，特别要与问题的本质相关，以免导致无用信息与有用信息混杂，从而给使用信息的部门带来不必要的混乱。

相关性原则虽然易于理解，但是在实际工作中，许多组织却不会取舍，把所能查到的所有的信息材料统统收集了起来，岂不知，并非所有的材料都与风险信息问题或业务活动相关，太多的信息往往会搅乱人的思维，干扰正常的工作进程。

二、有效性（及时更新）

资料来源于客观事实及风险事件的统计和分析，如果选择的资料中有专家的主观分析结果，则该分析应是对客观事实经过符合逻辑的严密推断形成的，即间接的第一手资料。

企业面临的风险环境在不断地变化，面临的风险的种类及其特征也在变化，只有及时的资料才可能有效地评估风险及其影响。考虑到风险评估是一项动态改进的工作，因此相关资料应保证持续的、长期的获取的时效性。必要时，使定期产生需要的风险监测数据制度化。

信息只在一定时间范围内发挥作用，必须迅速地采集、加工、归类、整理、传递有用信息。否则，信息如果过时，即使再准确、再全面、再系统，也可能贻误决策。信息的利用价值取决于该信息是否能及时地提供，即它的时效性。信息只有及时、迅速地提供给它的使用者，做到及时更新才能有效地发挥作用。风险评估是用于决策支持，只有信息是“事前”的，对决策才是有效的。对组织信息要进行科学的分类、整理、加工，做到系统化，保证和调查主题相关的信息的完整性，以避免企业做出片面的决策，即做到有的放矢，有目的、有计划地采集和处理企业信息。

三、完整性（反映环境建立的要求）

该原则要求所搜集到的信息要广泛，全面完整，只有广泛、全面地搜集信息，才能完整地反映管理活动和决策对象发展的全貌，为决策的科学性提供保障。当然，实际所收集到的信息不可能做到绝对的全面完整。因此，如何在不完整、不完备的信息下做出科学的决策就是一个非常值得探讨的问题。

搜集的数据资料能够满足风险评估的需要，应包括：风险事件的背景、事件描述、事件过程、损失/收益的价值量、采取的对策、事件影响；相关企业、行业、法规、案例等。

同时要求所收集到的信息要真实可靠。当然，这个原则是信息收集工作的最基本的要求。为达到这样的要求，信息收集者就必须对收集到的信息反复核实，不断检验，力求把误差减少到最低限度。

四、经济性（平衡收益与成本）

风险管理本身就是在损失成本和对策支出之间权衡，搜集风险评估资料的经济性是指获取评估需要的数据资料所花费的代价或费用要尽可能地少，并符合成本收益原则。

第二节　主要风险信息种类

一、环境建立确定信息搜集范围

信息收集的范围可从三种角度来划分。

（一）内容范围

内容范围是指根据信息内容与信息收集目标和需求相关性特征所确定的范围，包括本身内容范围和环境内容范围。本身内容范围是由事物本身信息相关内容特征组成的范围；环境内容范围是由事物周边、与事物相关的信息的内容特征组成的范围。

（二）时间范围

时间范围是指在信息发生的时间上，根据与信息收集目标和需求具有一定相关性的特征所确定的范围，这是由信息的历史性和时效性所决定的。

（三）地域范围

地域范围是指在信息发生的地点上，根据与信息收集目标和需求具有一定相关性的特征所确定的范围。这是由信息的地域分布特征和信息收集的相关性要求所决定的。

二、风险及风险事件信息

（一）分析事件的定义

风险事件也称风险事故，是指酿成事故和损失的直接原因和条件。风险一般只是一种潜在的危险，而风险事件的发生使潜在的危险转化成为现实的损失，从这个意义上来说风险事件是损失的媒介。

风险事件是指造成生命、财产损害的偶发事件，是造成损害的直接原因。只有通过风险事故的发生，才能导致损失，风险事故意味着风险的可能性转化成了现实性。

对于某一事件，在一定条件下，如果它是造成损失的直接原因，它就是风险事故；而在其他条件下，如果它是造成损失的间接原因，它便是风险因素。例如，下冰雹使得路滑而发生车祸，造成人员伤亡，这时冰雹是风险因素，车祸是风险事故。假如冰雹直接将行人砸成重伤，冰雹就是风险事故本身。

（二）建立风险（事件）库

国务院国有资产监督管理委员会下发的《2009 年中央企业全面风险管理报告（模本）》，按照报告要求，中央企业要建立风险事件库，收集整理分析本企业、国内同行业及国外企业发生的风险事件案例的相关情况。此外，中央企业还将评估在 2009 年将要面临的风险，并从战略风险、财务风险、市场风险、运营风险和法律风险等各个角度进行评估，制定解决方案及相应监督机制。中央企业还将从风险管理委员会、风险管理专职部门、内部控制系统、风险管理信息系统、风险管理与绩效考核等方面，向国资委上报本企业全面风险管理体系建设情况。

1. 风险事件库思路

（1）风险事件库是对风险地图的进一步延伸，我们依据企业最佳实践，以及以往的项目经验，定义风险并找出风险地图中所列风险的风险事件，形成风险事件库。

（2）风险事件库中所列风险事件都是结果导向，即该风险事件的结果属于此类风险，而该风险事件的动因可能多种多样，不一定属于此类风险。

（3）与风险地图的基本前提一致，不评价企业战略及各个子战略内容，是在企业既定的战略框架背景下（是在企业已有的战略基础上）辨识影响企业战略目标实现的风险。

（4）每个职能部门可能会有多个管理活动，因此也相应地可能有多个风险和多个风险事件。

2. 风险事件库作用

（1）风险事件库目前主要是风险事件的模板，它目前最大的作用在于统一辨识风险的思路，统一风险语言。在项目开展时，为辨识企业风险提供参考依据和借鉴。

（2）在项目进行时，风险事件库可以作为企业辨识风险的工作底稿的参考资料，使项目人员能够比较全面地辨识企业风险，同时也有助于项目组的各个成员对风险和风险事件的层次达成统一认识。

3. 风险事件库的局限性

（1）风险事件库（第一版）中所列风险事件并不完全，风险事件库的内容有待于随着公司以后项目的开展进一步补充和完善。

（2）由于各个项目的独特性，每个项目具体风险事件库的内容可能会与这个风险事件库有较大差异，而且在每个项目中具体的风险事件库可能各不相同。

（3）目前在这一风险事件库中所列事件多数都是纯粹风险，机会风险较少。

三、信息整理和分析

（一）风险评估中的资料

风险评估是建立在大量掌握风险事件、风险对策、风险政策、风险监控等风险管理活动中的数据分析基础之上，因此资料搜集是做好风险评估的重要基础工作。

（二）风险评估中的数据分类

在风险评估中数据的处理、分析与应用应符合统计学的基本应用原则，指标和数据选择符合统计规律。例如，①替代原则的应用。风险评估需要的许多适用数据经常难以收集，或根本没有办法取得。在这种情况下，就可依统计指标原理进行指标替代，也可用同类同期的系数替代原系数，在替代后又要保证数据计算结果的科学、合理性。②指标和数据的计算符合统计方法。如简单平均数（算术平均数）、几何平均数、加权平均数、调和平均数、几何平均数的含义不同，直接计算就会出现重大失误。③选取统计方法应注意其前提和假设。如回归分析，很多人未注意过它的使用前提，也就是回归分析的假设，如果违背了前提假设再理想的计算结果也是没有意义的。

不同类型的数据包含的信息是不一样的，风险评估中使用的数据类型有以下几种。

（1）名义类别数据。仅用于对数据进行分类。例如：1 代表财务部，2 代表安保部，3 代表贸易公司，4 代表安装公司。

（2）序数类别数据。除了分类外，还可以为对象排序。例如：上述行业员工工作意外风险从大到小排序，1 代表安装公司，2 代表安保部，3 代表贸易公司，4 代表财务部。

（3）区间类别数据。除具有序数类别的特征外，连续数据间的距离是有意义的，必须是数值型数据。例如：至皮肤烫伤的水温度 75，76，…，88 摄氏度。

（4）比率类别数据。与区间数据具有相同特征，两个数字间的比值可以有多种含义。无量纲，便于运算。

按描述风险的性质区分，风险评估中的数据可以分为定性、定量数据两种。

（1）定性数据。非度量数据，一般包括标记或种类，不能向区间数据那样度量数字之间的间距，但仍然可以排序。

（2）定量数据。数值型数字，可度量。又可以细分为离散型、连续型数据两种。

离散型数据：来自于计数过程的数值，来自特定可能值的清单。

连续型数据：来自于测量过程的数据，不能列出数据项目所有可能的取值。

（三）风险评估资料的问卷调查

当已有的资料不足以满足风险评估的需要时，可以采用问卷调查的方式有针对性地搜查分析资料。调查问卷设计时，应明确以下几个问题：

（1）调查目的。

（2）调查方式，包括自由式、封闭式、事实式、态度测量式。

（3）提问的内容，可以包括基本信息、行为信息、态度信息。

（4）调查设计应注意的问题，用语准确、提问的必要性、提问的可能性、避免引导性提问、避免假设性提问。

问卷调查具有以下几个优缺点：

（1）虽然设计问卷难度较大，相比较直接搜集详细的行业或企业数据的难度；但调查操作较容易。

（2）可以自由选择样本，容易控制；但同时也容易操纵结果。

（3）亲自调查的第一手资料可靠性高；对于总体的情况可以作出符合统计逻辑的推断。

（4）可能需要更多的时间，调查员培训、抽取样本、访问各环节都需要安排时间；成本相对较高，随调查范围、规模的扩大，费用成倍增加。

（5）受调查者配合意愿、态度、动机的影响较大。

（6）如果选择封闭式问题方式，可能限制被调查者选择答案的范围，有可能影响调查数据的有效性。

问卷处理时应注意选择有效的问卷，设计好问卷处理方案，并做好结论整理。

（四）风险评估中的数据分析

风险评估中大量运用统计学原理和方法，需要掌握的统计学基础知识有以下七个方面。

1. 统计学基本概念

风险评估中涉及的统计学概念主要有总体、样本、概率、随机变量、分布函数、密度函数、边际密度、条件密度。

2. 基本统计量

众数、中值、矩、均值、方差、标准差、峰度、偏度、分位数、极差、内距。

3. 主要分布

正态分布、标准正态分布、二项式分布、t－分布、F－分布、卡方分布。

4. 随机变量的线性变换

协方差、独立分布。

5. 样本数据处理

算术平均、加权平均、几何平均、调和平均、百分数、数据变换。

6. 数据分析

相关分析、方差分析、回归分析、移动平均。

7. 数据分析检验

（1）经验检验。

（2）相关理论（风险管理、技术经济学、管理科学、经济学、金融学、会计学、统计学、逻辑学、保险学等）检验。

（3）统计学检验（参数检验）、假设检验。

（4）模拟检验（外推、内插、分组）。

第三节　风险信息采集方式

不同的组织类型，风险信息的采集方式是不同的。即使都是公司制企业，由于风险管理战略不同，与原有管理的嵌入方式、管理深度不同，风险信息的积累方式也可能完全不同。

一、系统性监测

对于有较长经营历史（存在历史）的组织，如果组织有完善的风险管理体系，则风险信息的采集一般有制度性的要求，即组织的管理制度设计了体系性的风险信息采集渠道，能够制度性地跟踪组织识别、分析、评价、应对的风险事件及其风险等级、风险事件后果等完整的信息。

《企业内部控制基本规范》对营利组织风险信息系统性采集提高了指引，如信息的内容应来自于财务会计资料、经营管理资料、调研报告、办公网络、内部刊物、行业协会、业务往来单位、市场调研、网络媒体、监管部门。

企业应广泛、持续不断地收集与本企业风险和风险管理相关的内部、外部初始信息，包括历史数据和未来预测。应把收集初始信息的职责分工落实到各有关职能部门和业务单位。企业对收集的初始信息应进行必要的筛选、提炼、对比、分类、组合，以便进行风险评估。

（一）战略风险

企业应广泛收集国内外企业战略风险失控导致企业蒙受损失的案例，并至少收集与本企业相关的以下几点重要信息。

（1）国内外宏观经济政策以及经济运行情况、本行业状况、国家产业政策。

（2）科技进步、技术创新的有关内容。

（3）市场对本企业产品或服务的需求。

（4）与企业战略合作伙伴的关系，未来寻求战略合作伙伴的可能性。

（5）本企业主要客户、供应商及竞争对手的有关情况。

（6）与主要竞争对手相比，本企业实力与差距。

（7）本企业发展战略和规划、投融资计划、年度经营目标、经营战略，以及编制这些战略、规划、计划、目标的有关依据。

（8）在本企业对外投融资流程中曾发生或易发生错误的业务流程或环节。

（二）财务风险

企业应广泛收集国内外企业财务风险失控导致危机的案例，并至少收集本企业的以下几点重要信息（其中有行业平均指标或先进指标的，也应尽可能收集）。

（1）负债、或有负债、负债率、偿债能力。

（2）现金流、应收账款及其占销售收入的比重、资金周转率。

（3）产品存货及其占销售成本的比重、应付账款及其占购货额的比重。

（4）制造成本和管理费用、财务费用、营业费用。

（5）盈利能力。

（6）在成本核算、资金结算和现金管理业务中曾发生或易发生错误的业务流程或环节。

（7）与本企业相关的行业会计政策、会计估算、与国际会计制度的差异与调节（如退休金、递延税项等）等信息。

（三）市场风险

企业应广泛收集国内外企业忽视市场风险、缺乏应对措施导致企业蒙受损失的案例，并至少收集与本企业相关的以下几点重要信息。

（1）产品或服务的价格及供需变化。

（2）能源、原材料、配件等物资供应的充足性、稳定性和价格变化。

（3）主要客户、主要供应商的信用情况。

（4）税收政策和利率、汇率、股票价格指数的变化。

（5）潜在竞争者、竞争者及其主要产品、替代品情况。

（四）运营风险

企业应至少收集与本企业、本行业相关的以下几点信息。

（1）产品结构、新产品研发。

（2）新市场开发，市场营销策略，包括产品或服务定价与销售渠道、市场营销环境状况等。

（3）企业组织效能、管理现状、企业文化，高、中层管理人员和重要业务流程中专业人员的知识结构、专业经验。

（4）在期货等衍生产品业务中曾发生或易发生失误的流程和环节。

（5）在质量、安全、环保、信息安全等管理中曾发生或易发生失误的业务流程或环节。

（6）因企业内、外部人员的道德风险致使企业遭受损失或业务控制系统失灵。

（7）给企业造成损失的自然灾害以及除上述有关情形之外的其他纯粹风险。

（8）对现有业务流程和信息系统操作运行情况的监管、运行评价及持续改进能力。

（9）企业风险管理的现状和能力。

（五）法律风险

企业应广泛收集国内外企业忽视法律法规风险、缺乏应对措施导致企业蒙受损失的案例，并至少收集与本企业相关的以下几点信息。

（1）国内外与本企业相关的政治、法律环境。

（2）影响企业的新法律法规和政策。

（3）员工道德操守的遵从性。

（4）本企业签订的重大协议和有关贸易合同。

（5）本企业发生重大法律纠纷案件的情况。

（6）企业和竞争对手的知识产权情况。

风险信息采集渠道可以分为内部信息和外部信息，信息可以分为初始采集信息和后续跟踪信息。

1. 内部初始信息

（1）集团及子公司组织机构、管理层职责的变化，包括组织结构的形式、各职能部门的划分以及各职能部门的权责分配情况，上述变化可能影响集团实施控制的方式。

（2）集团及子公司的发展战略和规划、投融资计划、年度经营目标、经营战略，以及编制这些战略、规划、计划、目标的有关依据等信息。

（3）集团及子公司的各种业务政策，包括普遍性原则和具体的操作指南，其是连接战略与业务流程的链环，可能导致集团战略目标不能得以实现。

（4）集团及子公司的各种业务流程信息，包括在质量、安全、环保、信息安全等管理中曾发生或易发生失误的业务流程或环节。

（5）经营方式、资产管理等管理因素，可能产生集团及子公司资产的挪用。

（6）集团及子公司董事、监事、经理及其他高级管理人员的职业操守、必要的知识、专业技能和经验等人力资源因素，可能为管理层的轻率行为提供机会，致使集团遭受损失或业务控制系统失灵。

（7）集团及子公司的财务状况、经营成果、现金流量等财务因素，影响财务报告信息的真实完整性。

（8）集团及子公司的信息系统运行情况以及信息系统对经营状况的影响及作用。

（9）集团及子公司签订的重大协议和有关贸易合同，以及发生的重大法律纠纷案件的情况等，可能导致集团及子公司的法律风险。

（10）其他有关内部风险因素。

2. 外部初始信息

（1）国内外宏观经济政策以及经济运行情况影响融资、资本支出等。

（2）国家安全稳定、文化传统、社会信用、教育水平、消费者行为等社会因素，导致对产品或服务需求的变化、新的购买场所和人力资源问题。

（3）行业状况、国家产业政策因素。

（4）能源、原材料、配件等物资供应的充足性、稳定性和价格变化。

（5）潜在竞争者、竞争者及其主要产品、替代品情况等竞争因素，对集团及子公司战略目标的影响。

（6）技术进步、工艺改进等科学技术因素，影响研发的性质和时机。

（7）不断变化的客户需求和期望，影响产品的开发和定价。

（8）自然灾害、环境状况等自然环境因素，可能导致集团遭受损失。

（9）法律法规、监管要求等法律法规和政策因素。例如，财务部、国税局、北京市地税局、银监局、证监局关于购买固定资产的增值税优惠政策、关于购买节能减排等专用设备的企业所得税优惠政策等。

二、专项调查

专项调查采集风险信息是指通过实施具体风险评估程序，获得风险信息。一般来说，风险评估实施可分为三个阶段，包括风险评估启动阶段、风险评估阶段（包含风险识别、风险分析、风险评价）、总结阶段（包含风险评估报告的编制）。每个阶段对积累了大量的风险信息，并有信息系统形成风险信息的内在关联性。

（一）启动阶段

启动会议是风险评估工作正式开始和实施的一种仪式，一般是组织管理层参加的会议，包括即将开始被风险评估的职能部门或过程的负责人。启动会议的繁简可考虑组织是首次还是例行风险评估、业务过程的复杂程度、人员的技术和能力。

启动会议应当明确风险信息采集的目标、范围、口径、格式、汇集方式、勾稽关系等技术细节。

启动会议一般由风险评估小组组长主持，确定数据采集相关的事项。

（1）确认分析评估实施的目的、范围和依据。

（2）确认风险评估实施的进度表及其他与被风险评估对象有关的安排。

（3）确认和传递风险评估的技术方法。

（4）确认风险准则。

（5）确定风险评估实施小组与被评估对象的证书联系方式。

（6）核实风险评估实施小组可获得的资源及设施。

（7）核实有关保密性事项。

（8）风险评估的报告方式。

（9）有关评估可能被终止的条件信息等。

（二）评估阶段

风险评估阶段是由风险识别、风险分析和风险评价三个子过程组成。每个子过程的结果形成相应的风险信息。例如：

（1）风险识别调查表。

（2）风险清单表。

（3）常见风险检查表。

（4）业务流程分解表。

（5）设计功能评价表。

（6）风险事件资料。

（7）风险分类表。

（8）情景分析结果。

（9）形成风险图谱。

（10）风险等级、风险排序。

（11）评价控制措施。

（12）风险带及基于风险带下的风险图谱。

（三）总结阶段

经过风险评估的实施，总结阶段是对整个过程的一个总结和反馈。本阶段的风险信息主要是报告形式的，常见的有以下三种。

（1）风险评估实施情况报告。

（2）风险措施评价总结。

（3）（各种形式、范围、用途的）风险评估报告。

三、类似事件记录（文献调查）

类似风险事件记录是风险信息的重要来源，特别是对于特定事项的风险评估，如将要组办一场大型公益活动，活动主办者可能没有遇到过相关的风险事件，也没有相关的经验，其需要查找类似或相关风险信息资料作为风险评估的基础资料。类似风险事件或相关风险信息一般采用文献调查的方式获得。

文献调查法是利用文献资料来收集、考察、分析和研究公共关系现象和状态的调查方法。它不是通过实时、实地调查获取第一手资料的方法，所以又称间接调查法。它是利用社会组织内部和外部现有的各种文字信息、情报资料、媒体的宣传报道和历史资料，对公共关系现象和状态进行分析研究的一种调查方法，在某些公共关系调查中也经常使用。

文献资料的类型主要是从三个角度来划分的。第一，从文献资料的性质划分，有原始资料和第二手资料。原始资料是指第一手资料，它是由社会事件或行为的直接参与者和接触者亲手记述撰写的，是未经他人整理的原始文本。第二手资料又称次级资料，是经过他人整理、改编、总结、归纳之后的转手资料，即间接的文献。一般来说，原始资料要比间接资料可信度高。第二，从文献资料的来源上划分，有组织公务文献、社会宣传文献和个人性文献。组织公务文献有各级政府和行业管理部门的文件、会议记录、工作总结、业务报表、各种档案等；社会宣传文献有报刊、宣传片、广告等；私人性文献有组织领导人或工作人员的日记、著作、书信等。第三，从文献资料的形式划分，有文字材料、数字材料、音像材料。

文献调查法的最大特点是不直接面对面地与现实社会的具体人进行交往，而是在各类文字材料的接触中找到有价值的信息，通过一系列的分析形成对组织公共关系问题的认识。文献调查法不再像实地调查那样受时间和空间的限制，既可以查看现实资料，也可以调查以前的历史资料，回顾过去的历史；既可以了解组织在本地的活动资料，也可以调查在外地的活动资料和同类组织在外地的资料。当前的任何一个调查项目都不可能单纯地采用一种调查方式，那么文献调查则能为实地调查准备充分的背景资料，并为设计调查方案提供参考性的意见。

文献调查法的优点主要是获取资料比较方便，既省时省力，又节省开支，是比较经济的调查方法。它可以作为实地调查的重要辅助方法。其局限性主要是各类文献资料不可能都十分齐全；有些资料也会因为当时撰稿人或记录者的倾向性使文字材料不真实。

（一）文献调查的主要步骤

（1）大量搜集与调查课题有关的各类文献资料。要利用资料检索工具查找资料或由资料管理者提供线索，到调查的区域范围和单位的档案馆、图书馆去查找资料。

（2）对获取的各类资料进行鉴定和筛选。要检查、判断资料的可信程度，从大量的资料中选出有价值的资料，进行分门别类。

（3）摘录资料。在阅读的基础上，将重要的内容抄录和制作卡片，注明标题和出处。

（4）考证、分析资料。在此阶段完成判别资料可靠性和使用价值的任务。并复印资料。

（5）归纳、总结。将分析研究的问题概括为简明的结论，形成较系统的观点，用文字报告的形式总结其成果和理论。

文献收集一般包括文献选择（采选）和文献获取两个方面。文献选择是从众多的文献中选择适合图书馆文献收集计划和读者需求的文献，它是一项学术性工作，应由相关专业人员负责进行。获取文献则是对已选定的文献通过购买或其他方式补充进馆和进行验收，一般可按一定程序和规则进行。在实际工作中，选择和获取文献常常是同时进行的。获取文献的途径多种多样，如订购、委托代购、复制、交换、征集和采访等。其中，文献调查法是常用方法之一。所谓文献调查法就是指通过寻找文献搜集有关市场信息的调查方法，它是一种间接的非介入式的市场调查方法。与其他收集风险信息的方法一样，文献调查法也需要建立严密的调查计划，并对将要利用的文献进行真实性、可用性的检查，这样才能保证调查的系统性和可靠性。但作为一种独立的调查方法，又有其自身固有的优点。

（二）文献种类

文献调查的对象是文献，这就需要对文献的种类和来源有深入的了解。从我国目前实际情况来看，有关风险信息的文献种类包括以下几个方面。

（1）国家统计局和各级地方统计部门的网站、定期发布的统计公报、定期出版的各类统计年鉴与风险信息相关的数据，这些都是权威性的一般综合性资料文献。

（2）各种经济信息部门、各行业协会和联合会提供的定期或不定期信息公报，如银行业协会五级贷款分类统计、各类制造协会安全生产的统计和分析。

（3）国内外有关行业网络、报刊、电视等大众传播媒介。这些传媒提供种类繁多、形式多样的各种直接或间接的风险事件相关信息。

（4）各种国际经济组织、各种标准组织、国外商会等提供的定期或不定期统计公告或交流信息中关于风险的部分。

（5）工商企业内部风险信息资料，如风险清单、风险评价报告、风险相关各种统计报表、财务报表等。

（6）各级政府及其他监管部门公布的有关政策法规，以及执法部门有关风险事件处理案例。

（7）专业咨询机构、研究机构、高等院校发表的学术论文、调查报告和研究报告等。

（三）文献的检验和分析

文献调查所涉及的文献种类、格式一般较多，对其整理分析是一项核心工作。基本要求是紧密围绕调查目的，依据事先制定的分析计划，选择正确的统计方法和指标。这与其他调查方式获得资料的分析方法基本一致，如采用平均值、中位数、趋势分析等统计方法和抽测，可以简化定性文献的分析处理工作，并使处理资料的过程标准化。文献真实性和可用性的检验，是根据调查目的对将要采用的文献可利用价值的考虑。高质量的文献资料的基本特点是真、新、全、准。

（1）文献真实性检验是很重要的一项工作，通常的检定方法是看搜集者要达到的目标，应排除有疑问的资料，或浮夸成风年代的文献。

（2）文献可用性检定，是指检查文献的属性，特别是对数据性文献资料，要检查数据测量尺度、分组状态是否与调查内容要求相适应。如果需要原始数据，还应事先了解清楚所需支付的费用，以防超出支付能力。文献的可用性检验，还包括对文献的时效性、完整性的考察。

第四节 风险信息统计分析

一、统计分析的作用

统计作为分析风险信息资料的重要工具，受到了国内与国外、政府与公众、学者与实操人员的广泛关注。统计工作是利用科学的方法搜集、整理、分析和提供关于风险事件、发生可能性、后果、风险等级、风险排序等发展规律的工作。

（一）提高风险信息采集效率

合理的利用统计工具能够很轻松地帮助我们完成排名统计、网站数据挖掘等工作，提升优化的工作效率。

（二）文献统计为风险评估提供基础数据

文献检索就是从浩繁的文献中检索出所需的信息的过程。文献检索分为手工检索和计算机检索。

手工检索主要是通过信息服务部门收集和建立的文献目录、索引、文摘、参考指南和文献综述等来查找有关的文献信息。计算机检索，是文献检索的计算机实现，其特点是检索速度快、信息量大，是当前收集文献信息的主要方法。

（三）统计是风险分析、风险评价的基础工具

风险评价时，宜采用系统风险分析及评价方法。系统风险分析及评价方法是对系统中的危险性、危害性进行分析评价的工具，目前已开发出数十种评价方法，每种评价方法的原理、目标、应用条件、适用的评价对象、工作量均不尽相同，各有其特点和优缺点。按其评价方法的特征一般可分为定性评价、定量评价和综合评价。

（1）定性评价：如根据人的经验和判断能力对生产工艺、设备、环境、人员、管理等方面的状况进行评价，如安全检查表等。

（2）定量评价：用系统事故发生概率和事故严重程度来评价。

（3）综合评价：有综合评分法、功效系数法、平均指数法等。根据评价目标，通过选择恰当的定性、定量评价方法组合，分配恰当的权重系数，将各指标的评价值合成为总评价值与评价标准进行对比分析，判定其优劣。

风险评价的内容相当丰富，评价的目的和对象不同，具体的评价内容和指标也不相同。目前常用的评价方法有安全检查表、预先危险性分析、火灾、爆炸危险指数评价法、帝国化学公司蒙德法、日本危险度评价法、作业条件危险性评价法、故障类型和影响分析法等。选用系统风险分析及评价方法时应根据对象的特点、具体条件和需要以及评价方法的特点选用几种方法对同一对象进行评价，互相补充、分析综合、相互验证，以提高评价结果的准确性。

二、常见统计方法

与风险信息相关的统计方法和思路有许多，如有对比分析、比例分析、速度分析、动态分析、弹性分析、因素分析、相关分析、模型分析、综合评价分析等。这些统计方法和思路，能够帮助分析人员发现组织、系统、特定事项的异常之处，发现潜在的风险点，分析事件发生的可能性等风险评估的基础工作。

（一）基本统计量

1. 中位数

将数值按大小顺序进行排序，然后计算“中位数”，将此数值作为数据集中的一种特征数。“中位数”用于一系列可比较大小的数据。中位数代表专家意见

的平均值，一般以它作为调查的结果。在专家调查法中，专家的意见越集中，用中位数代表结果的可信程度越高。

将数据从小到大的顺序排列。有几名专家，就有几个数据排列（包括重复的数据0），则该组数据设为并按从小到大的顺序排序：X_1，⋯，X_N；$x_1 \leqslant x_2 \leqslant \cdots \leqslant x_N$。以M表示中位数。M由下式计算：

当N为奇数时，$M = X_{(N+1)/2}$ （3-1）

当N为偶数时，$M = \frac{X_{(N/2)} + X_{(N/2+1)}}{2}$ （3-2）

2. 上、下四分位数

将按顺序排列（从小到大）的数据四等分，小于“中位数”的四等分点成为下四分线点（对应下四分点数值），大于中位点的四等分点称为上四分点（对应上四分点数值）。上、下四分点代表了数据的置信区间，是数据集中程度的反映。例如，在专家调查法中，落在上、下四分点之内的数值，表示该专家与多数专家的意见基本一致，落在以外的数值，表示该专家与多数专家的意见有较大分歧。

以$X_上$、$X_下$分别表示上、下四分点，由下式进行计算：

$$X_上 = x_{\frac{3k+3}{2}}，n = 2k+1，k\text{为奇数} \quad (3-3)$$

$$X_上 = \frac{x_{1+\frac{3k}{2}} + x_{2+\frac{3k}{2}}}{2}，n = 2k+1，k\text{为偶数} \quad (3-4)$$

$$X_上 = x_{\frac{3k+1}{2}}，n = 2k，k\text{为奇数} \quad (3-5)$$

$$X_上 = \frac{x_{\frac{3k}{2}} + x_{1+\frac{3k}{2}}}{2}，n = 2k，k\text{为偶数} \quad (3-6)$$

$$X_下 = x_{\frac{k+1}{2}}，n = 2k+1\text{或}n = 2k，k\text{为奇数} \quad (3-7)$$

$$X_上 = \frac{x_{\frac{k}{2}} + x_{1+\frac{k}{2}}}{2}，n = 2k+1\text{或}n = 2k，k\text{为偶数} \quad (3-8)$$

四分为数间距（IQR）

$$IQR = X_上 - X_下 \quad (3-9)$$

一致收敛性的表现；随调查轮次的增加，IQR逐渐减小。

四分位数偏度（β）表示四分位数对中位数的对称度，由下式计算：

$$\beta = \frac{(X_上 - X_中) - (X_中 - X_下)}{X_上 - X_下} \quad (3-10)$$

$\beta = 0$，上、下四分位数对于中位数的对称的；

$\beta > 0$，“右偏”，$X_{上} - X_{中}$ 较 $X_{中} - X_{下}$ 大；

$\beta < 0$，“左偏”，$X_{上} - X_{中}$ 较 $X_{中} - X_{下}$ 小。

（二）相关分析

相关分析是研究现象之间是否存在某种依存关系，并对具体有依存关系的现象探讨其相关方向以及相关程度，是研究随机变量之间的相关关系的一种统计方法。相关分析与回归分析在实际应用中有密切关系。然而在回归分析中，其所关心的是一个随机变量 Y 对另一个（或一组）随机变量 X 的依赖关系的函数形式；而在相关分析中，所讨论变量的地位一样，分析侧重于随机变量之间的种种相关特征。

相关分析法是测定风险因素之间相关关系的规律性，并据以进行预测和控制的分析方法。

风险因素之间存在着大量的相互联系、相互依赖、相互制约的数量关系。这种关系可分为两种类型。一类是函数关系，它反映现象之间严格的依存关系，也称确定性的依存关系。在这种关系中，对于变量的每一个数值，都有一个或几个确定的值与之对应。

另一类为相关关系，在这种关系中，变量之间存在着不确定、不严格的依存关系，对于变量的某个数值，可以有另一变量的若干数值与之相对应，这若干个数值围绕着它们的平均数呈现出有规律的波动。

在实践中进行相关分析要依次解决以下问题：

（1）确定现象之间有无相关关系以及相关关系的类型。对不熟悉的现象，则回归方程线，相关图书需收集变量之间大量的对应资料，用绘制相关图的方法做初步判断。从变量之间相互关系的方向看，变量之间有时存在着同增同减的同方向变动，是正相关关系；有时变量之间存在着一增一减的反方向变动，是负相关关系。从变量之间相关的表现形式看有直线关系和曲线相关，从相关关系涉及变量的个数看，有一元相关或简单相关关系和多元相关或复杂相关关系。

（2）判定现象之间相关关系的密切程度，通常是计算相关系数。R 及绝对值在 0.8 以上表明高度相关，必要时应对 R 进行显著性检验。

（3）拟合回归方程，如果现象间相关关系密切，就根据其关系的类型，建立数学模型用相应的数学表达式——回归方程来反映这种数量关系，这就是回归分析。

（4）判断回归分析的可靠性，要用数理统计的方法对回归方程进行检验。只有通过检验的回归方程才能用于预测和控制。

（5）根据回归方程进行内插外推预测和控制。

（三）方差分析

一个复杂的事物，其中往往有许多因素互相制约又互相依存。方差分析的目的是通过数据分析找出对该事物有显著影响的因素，各因素之间的交互作用，以及显著影响因素的最佳水平等。方差分析是在可比较的数组中，把数据间总的“变差”按各指定的变差来源进行分解的一种技术。对变差的度量，采用离差平方和。

方差分析用于两个及两个以上样本均数差别的显著性检验，通过分析研究不同来源的变异对总变异的贡献大小，从而确定可控因素对研究结果影响力的大小。

方差分析就是研究不同的控制因素以及控制因素的不同水平（>2）对实验结果影响有无差异的一种统计分析方法。方差分析根据相应变量的个数，可以分为单变量方差分析和多变量方差分析。

方差用来度量随机变量和其数学期望（即均值）之间的偏离程度。通俗点讲，就是和中心偏离的程度，用来衡量一批数据的波动大小（即这批数据偏离平均数的大小）。在样本容量相同的情况下，方差越大，说明数据的波动越大，越不稳定。

由于各种因素的影响，研究所得的数据呈现波动状。造成波动的原因可分成两类，一是不可控的随机因素，二是研究中施加的对结果形成影响的可控因素。

（四）回归分析

回归分析是用于确定两种或两种以上变数间相互依赖的定量关系的一种统计分析方法。回归分析法是在掌握大量观察数据的基础上，利用数理统计方法建立因变量与自变量之间的回归关系函数表达式（称回归方程式）。回归分析法不能用于分析与评价工程项目风险。

在回归分析中，当研究的因果关系只涉及因变量和一个自变量时，叫作一元回归分析；当研究的因果关系涉及因变量和两个或两个以上自变量时，叫作多元回归分析。根据自变量的个数，可以是一元回归，也可以是多元回归。此外，在回归分析中，又依据描述自变量与因变量之间因果关系的函数表达式是线性的还是非线性的，分为线性回归分析和非线性回归分析。根据所研究问题的性质，可以是线性回归，也可以是非线性回归。通常线性回归分析法是最基本的分析方法，遇到非线性回归问题可以借助数学手段化为线性回归问题处理。回归分析法预测是利用回归分析方法，根据一个或一组自变量的变动情况预测与其有相关关系的某随机变量的未来值。进行回归分析需要建立描述变量间相关关系的回归方程。

（五）判别分析

判别分析是一种统计判别和分组技术，就一定数量样本的一个分组变量和相应的其他多元变量的已知信息，确定分组与其他多元变量信息所属的样本进行判别分组。判别分析主要用于已知某种事物有几种类型，现在从各种类型中各取一个样本，由这些样本设计出一套标准，使得从这种事物中任取一个样本，可以按这套标准判别其类型的情形。

根据判别中的组数，可以分为两组判别分析和多组判别分析；根据判别函数的形式，可以分为线性判别和非线性判别；根据判别式处理变量的方法不同，可以分为逐步判别、序贯判别等；根据判别标准不同，可以分为距离判别、Fisher 判别、Bayes 判别法等。

判别分析通常都要设法建立一个判别函数，然后利用此函数来进行批判，判别函数主要有两种，即线性判别函数（Linear Discriminant Function）和典则判别函数（Canonical Discriminate Function）。

典则判别函数是原始自变量的线性组合，通过建立少量的典则变量可以比较方便地描述各类之间的关系，如可以用画散点图和平面区域图直观地表示各类之间的相对关系等。建立判别函数的方法一般有四种：全模型法、向前选择法、向后选择法和逐步选择法。

（1）全模型法是指将用户指定的全部变量作为判别函数的自变量，而不管该变量是否对研究对象显著或对判别函数的贡献大小。此方法适用于对研究对象的各变量有全面认识的情况。如果未加选择的使用全变量进行分析，则可能产生较大的偏差。

（2）向前选择法是从判别模型中没有变量开始，每一步把一个对判别模型的判断能力贡献最大的变量引入模型，直到没有被引入模型的变量都不符合进入模型的条件时，变量引入过程结束。当希望较多变量留在判别函数中时，使用向前选择法。

（3）向后选择法与向前选择法完全相反。它是把用户所有指定的变量建立一个全模型。每一步把一个对模型的判断能力贡献最小的变量剔除模型，直到模型中的所有变量都不符合留在模型中的条件时，剔除工作结束。在希望较少的变量留在判别函数中时，使用向后选择法。

（4）逐步选择法是一种选择最能反映类间差异的变量子集，建立判别函数的方法。它是从模型中没有任何变量开始，每一步都对模型进行检验，将模型外对模型的判别贡献最大的变量加入到模型中，同时也检查在模型中是否存在“由于新变量的引入而对判别贡献变得不太显著”的变量，如果有，则将其从模型中剔除，以此类推，直到模型中的所有变量都符合引入模型的条件，而模型外所有变量都不符合引入模型的条件为止，则整个过程结束。

判别方法是确定待判样品归属于哪一组的方法，可分为参数法和非参数法，也可以根据资料的性质分为定性资料的判别分析和定量资料的判别分析。此处给出的分类主要是根据采用的判别准则分出几种常用方法。除最大似然法外，其余几种均适用于连续性资料。

（1）最大似然法。用于自变量均为分类变量的情况，该方法建立在独立事件概率乘法定理的基础上，根据训练样品信息求得自变量各种组合情况下样品被分为任何一类的概率。当新样品进入时，则计算它被分到每一类中去的条件概率（似然值），概率最大的那一类就是最终评定的归类。

（2）距离判别。其基本思想是由训练样品得出每个分类的重心坐标，然后对新样品求出它们离各个类别重心的距离远近，从而归入离得最近的类。也就是根据个案离母体远近进行判别。最常用的距离是马氏距离，偶尔也采用欧式距离。距离判别的特点是直观、简单，适合于对自变量均为连续变量的情况下进行分类，且它对变量的分布类型无严格要求，特别是并不严格要求总体协方差阵相等。

（3）Fisher 判别。亦称典则判别，是根据线性 Fisher 函数值进行判别，通常用于梁祝判别问题，使用此准则要求各组变量的均值有显著性差异。该方法的基本思想是投影，即将原来在 R 维空间的自变量组合投影到维度较低的 D 维空间去，然后在 D 维空间中再进行分类。投影的原则是使得每一类的差异尽可能小，而不同类间投影的离差尽可能大。Fisher 判别的优势在于对分布、方差等都没有任何限制，应用范围比较广。另外，用该判别方法建立的判别方差可以直接用手工计算的方法进行新样品的判别，这在许多时候是非常方便的。

（4）Bayes 判别。许多时候用户对各类别的比例分布情况有一定的先验信息，也就是用样本所属分类的先验概率进行分析。比如客户对投递广告的反应绝大多数都是无回音，如果进行判别，自然也应当是无回音的居多。此时，Bayes 判别恰好适用。Bayes 判别就是根据总体的先验概率，使误判的平均损失达到最小而进行的判别。其最大优势是可以用于多组判别问题。但是适用此方法必须满足三个假设条件，即各种变量必须服从多元正态分布、各组协方差矩阵必须相等、各组变量均值均有显著性差异。

（六）聚类分析

聚类分析（Cluster Analysis）是一组将研究对象分为相对同质的群组（Clusters）的统计分析技术。聚类是将数据分到不同的类或者簇这样的一个过程，所以同一个簇中的对象有很大的相似性，而不同簇间的对象有很大的相异性。从统计学的观点看，聚类分析是通过数据建模简化数据的一种方法。传统的统计聚类分析方法包括系统聚类法、分解法、加入法、动态聚类法、有序样品聚类、有重叠聚类和模糊聚类等。

聚类分析是一种探索性的分析，在分类的过程中，人们不必事先给出一个分类的标准，聚类分析能够从样本数据出发，自动进行分类。聚类分析所使用方法的不同，常常会得到不同的结论。不同研究者对于同一组数据进行聚类分析，所得到的聚类数未必一致。

从实际应用的角度看，聚类分析是风险数据挖掘的主要任务之一。而且聚类能够作为一个独立的工具获得数据的分布状况，观察每一簇数据的特征，集中对特定的聚簇集合作进一步地分析。聚类分析还可以作为其他算法（如分类和定性归纳算法）的预处理步骤。

聚类方法主要有：层次聚类（Hierarchical Clustering）——合并法、分解法、树状图；非层次聚类——划分聚类、谱聚类。

根据聚类变量得到的描述两个个体间（或变量间）的对应程度或联系紧密程度的度量，一般可以用两种方式来测量。

（1）采用描述个体对（变量对）之间的接近程度的指标，如“距离”，“距离”越小的个体（变量）越具有相似性。

（2）采用表示相似程度的指标，如“相关系数”，“相关系数”越大的个体（变量）越具有相似性。

第五节 信息沟通

一、建立内部沟通机制

就性质而言，沟通与报告属于不同的概念。在风险管理术语中，“沟通”与“咨询”并列。从定义中，我们可以认为“沟通”应与“咨询”在作用上有相似的意义：“通过影响而不是通过权力而对决策施加作用”，是“对决策的输入，而不是参与决策”。

风险管理的优秀实践表明，组织应建立内部沟通机制以支持和鼓励对风险的问责和责任人。这些机制应确保以下几个方面。

（1）适当沟通风险管理框架的关键构成及其后续的任何修改。

（2）对风险管理框架，其有效性、结果进行充分的内部报告。

（3）在适当的层次和时间，可以获取来自实施风险管理的相关信息。

（4）应有向内部利益相关方咨询的过程。

这些机制应包括对来自一些风险源的风险信息加以合并的过程，还可能需要考虑信息的敏感性。

在“建立内部沟通机制”中的“机制”一词表示一定经济机体内，各构成要素之间相互联系和作用的关系及其功能。组织为建立内部沟通的机制，应识别在这些方面组织的体制和制度，并将体制和制度进一步完善。标准特意将“组织建立内部沟通机制”与组织“风险的问责和责任人”相联系，指出建立内部沟通机制以“支持和鼓励”对组织风险的问责和责任人。“问责和责任人”都直接与对实施风险管理的后果承担责任有关，而标准指出内部沟通和报告机制对它们起到“支持和鼓励”的作用，这显然表现了标准对组织“内部沟通机制”的重视。这并不过分，组织在风险管理领域中的沟通是重要的内容，如果这种“机制”建立并得到执行，确实是对组织风险管理“问责和责任人”的“支持和鼓励”。

组织通过建立内部沟通机制，目的是在以下四个方面提供保障。

（1）沟通框架的关键构成及修改，组织应对“风险管理框架”进行沟通。从沟通的内容看，一是对框架的关键构成进行沟通，二是对框架的后续修改进行沟通。在建立框架前，组织应在各种层次上充分沟通标准所推荐的风险管理框架的关键构成是否适用于组织的实际情况，如在“风险管理方针”中的内容。如果对风险管理框架进行了有关变动、取舍，则应当对这些修改进行沟通。当然，沟通的重点还是组织自身的风险管理框架，沟通与组织实际情况相适应的风险管理框架有哪些关键构成，以后对框架的任何修改也应进行沟通。如此的沟通要求保证了组织风险管理框架的适宜性和持续性。

（2）风险相关信息，通过“内部沟通机制”，确保组织在适当的层次和时间获取来自于实施风险管理的相关信息。组织的不同层次和时间点对实施风险管理的信息需求是不同的，如操作层次与决策层次需要的风险管理信息不同，决策层次不同的时间阶段，对信息的需要也不同。这些可通过组织建立的“内部沟通”机制来完成。

（3）建立内部利益相关方沟通的过程，组织与内部利益相关方的沟通是一个过程，组织应将此过程建立起来。一些组织在事实上存在着与内部利益相关方的沟通，但没有以过程的方式固化下来。建立该过程，应符合建立过程的要求，如过程的输入、输出、活动、资源和如何转化等。组织在建立“内部沟通”机制后，要确保组织已有与内部利益相关方的沟通过程。

（4）内部沟通应当适时对来自一些风险源的风险信息进行合并。不同的风险源会产生不同的风险信息，所建立的机制应能对这些风险信息加以合并。合并意味着从整体的视角来考虑来自不同风险源的风险信息，要求考虑信息的敏感度。信息时代的一个特征就是信息量极大，组织提升获取对自身有影响的敏感信息的能力日渐突出。标准在此提出了“信息敏感度”的要求，这是组织“建立内部沟通机制”必须要考虑的重要问题。

二、建立外部沟通机制

建立外部沟通机制，组织应建立并实施与外部利益相关方沟通的计划。该计划应包括以下四个方面。

（1）明确适当的外部利益相关方，确保有效的信息交流。

（2）就沟通和咨询提供反馈。

（3）通过沟通在组织建立信任。

（4）就危机或突发事件与外部利益相关方沟通。

这些机制应包括对来自一些风险源的风险信息加以合并的过程，还可能需要考虑信息的敏感度。

建立外部沟通机制的集中工作就是：组织应建立并实施与外部利益相关方沟通的计划。组织应建立起与外部沟通的机制，而这一机制的实现主要是通过贯彻建立与外部利益相关方的沟通计划。机制主要指体制和制度，在特定的情况下，机制和制度发生作用的程度可能是不同的。在以上对“内部沟通机制”已做出明确要求的基础上，“沟通计划”属于制度中的文件。

组织与外部利益相关方的沟通计划应包含以下四个方面的内容。

（1）与适当的外部利益相关方的沟通，主要包括顾客、供应商、经销商、股东、债权人、机构投资者、社区、政府部门和监管机构等。“适当的”指组织应根据自己的实际情况（如公司形态、所处行业、产品与服务等）明确有哪些利益相关方，哪些需要作为重点的利益相关方。在当今的环境中，组织十分清楚外部利益相关方是极为重要的。从风险管理来讲，组织“建立外部沟通机制”，识别组织的外部利益相关方确是其中的第一要义。在组织明确适当的外部利益相关方以后，组织要与他们进行有效的信息沟通。

（2）信息回馈，组织在与外部利益相关方沟通和咨询以后，应向他们提供信息反馈，并报告沟通与咨询的相关内容。

（3）增进互信，组织应建立与外部利益相关方沟通的计划，通过该计划，组织实施与外部利益相关方的沟通，从而建立起外部利益相关方对组织的信任。组织与外部利益相关方的相互信任是十分重要的，而提升互信的根本途径就是增进沟通。

（4）危机的沟通，危机、突发事件与风险是有联系的，但在概念和内涵上还是有区别的。从风险管理的大范围看，组织对危机或突发事件的管理极为重要，应得到组织的重视。风险评估的重点为组织事前应对风险提供决策支持，避免了风险的负面影响之恶化——发生危机或突发事件。一旦风险事件发生并达到危机状态，风险信息的沟通应按照设定的、区别与常规风险信息沟通的路径实现信息的传达。

第四章　风险识别

在风险评估的第一个子过程风险识别中要解决以下五个问题：

（1）可能发生什么？为什么会发生？可能产生什么后果？

（2）产生后果的程度？

（3）这些后果在未来发生的可能性有多大？

（4）是否存在可以减轻风险后果、降低风险可能性的因素？

（5）风险等级是否是可容忍或可接受的？是否需要进一步应对？

风险识别作为风险评估过程的第一子过程，主要负责对第一个问题作出回答，即风险识别是发现、确认并记录风险的过程。

第一节　风险识别概念

“风险识别”是风险管理领域中的重要术语，在 ISO Guide 73：2009 中，将其定义为“风险识别（Risk Identification）是发现、辨识和表述风险的过程”。

该定义还用注释方式对风险识别进行了说明。

（1）风险识别也包括对风险源、风险事件、风险原因和它们潜在后果的识别。

（2）风险识别可以包括历史数据、理论分析、有见识的意见、专家的意见，以及利益相关方的需求。

风险识别的目的是确定可能影响系统或组织目标得以实现的事件或情况。在风险得以识别的同时，组织还应对现有的控制措施（诸如设计特征、人员、过程和系统等）的有效性进行识别。

从上述定义看出，风险识别就是需要组织识别那些可能对目标产生重大影响的潜在事件、识别风险源、风险原因和所产生的后果以及识别控制措施。

一、识别潜在事件

“事件”在风险管理的标准中有专门的定义，在ISO Guide 73：2009中，“事件（Event）是一些特定情况发生的事情及其变化”。该定义有四个注释。

注1：一个事件可以是一个或更多发生的事，并且可以有众多原因。

注2：一个事件可以由未发生的事情组成。

注3：一个事件有时被称为“不良事件”或“事故”。

注4：一个未有结果的事件也可以被称为“临近过失”“不良事件”“临近伤害”或“最后通牒”。

风险的特性之一就是具有“事件性”，人们对风险的认知是基于具体的事件。因此，在实施风险管理过程中，进入到风险评估阶段后，首先就是要发现、辨识和描述对组织目标可能有影响的一切潜在事件。只有明确了事件，才能进一步确定风险源、发生的原因、潜在的后果等。

举例说明：你的目标是在30分钟内从A点到达B点。那么可能影响到这一目标实现的风险会有哪些呢？你可能会列举出找不到合适的交通工具、迷路、遇到交通事故、突然下雨没有带伞等“理由”，而这些正是具体的潜在风险事件。

在实践中人们经常忽视以下两点内容。

（1）忽视事件与组织目标之间的相互关系。

（2）忽视需要识别的事件的“未来性”。

这需要组织风险识别的人员予以关注，并及时进行“纠偏”。

二、识别风险源

在ISO Guide 73：2009中定义，“风险源（Risk Source）是对导致风险具有潜在影响的要素或要素的结合”。风险源可以是有形的也可以是无形的，即风险源可以是任何可以带来风险的人或物或者事件。

比如在上面举例中，找不到合适的交通工具、迷路、遇到交通事故、突然下雨没有带伞等都是不同的风险源，或者途中遇到熟人聊了几句耽搁了，那么这个熟人也是风险源。

对特定的组织而言，在识别风险源的同时，也需要识别这些源是“内部”的还是“外部”的。识别风险源的内外部对组织具有十分重要的意义。这是因为当风险源是内部的时，组织可以从源头上提出相应的控制措施，以达到实现改变风险事件发生的目的。比如迷路，是个内部风险源，那么可以通过事前了解路线、使用GPS等措施进行管理，从而消除这个风险源。当风险源是外部的时，组织不可能从源头上提出任何控制措施而对事件的发生施加影响，只能被动地响应。比如遇到交通事故和遇到熟人，这完全是外部风险源，那么我们只能通过改变风险后果对自身的影响程度来进行管理。

三、识别风险原因

在进行风险识别过程中，识别了风险事件、风险源，还会进行风险原因的识别。这是为了更好地理解是什么导致了风险事件的发生，理解风险源。在组织进行风险评估的初期，往往并不能一步到位地将风险源和风险原因区分清楚。应该说当风险源被识别为某一事件时，风险原因的识别既是对风险事件发生原因的分析，也是对风险源产生原因的分解。这都是为了后续对风险进行更有针对性的应对。举例来说，上面迷路是一个风险源，但是迷路本身又是怎么产生的呢？从原因上看，可能是因为自己对路线不熟，或者没有使用有效的导航工具等。通过这些识别，我们可以更快得出改善这一风险源的具体措施。

四、识别后果

在 ISO Guide 73：2009 中定义，“后果（Consequence）是一个影响目标的事件结果”。该定义有四个注释。

注 1：一个事件可能导致各种后果。

注 2：一个后果可能是确定的或不确定的，且对目标可能有正面的或负面的影响。

注 3：可定性或定量地表示后果。

注 4：通过连锁效应可以使最初的后果升级。

在识别潜在风险事件的基础上，对风险事件可能造成的后果进行识别。虽然组织在识别风险时应充分聚焦组织的目标来开展，但在实际过程中，因为可能存在目标不止一个、不同来源的人员共同参与识别等情况，导致所识别出的风险事件可能具有不同的后果。组织在进行后果识别时应重点注意以下两个方面。

（1）对后果的形态进行划分。比如，以黑客攻击企业信息系统为例，该事件的发生既可能产生企业数据被盗，也可能产生网络瘫痪、交易不能正常进行，这也会导致企业产生实际的经营损失。由此还会进一步引发企业用户的投诉等，后果形态可能是有形的也可能是无形的。组织对不同的形态进行识别，对组织实施管理具有重要意义。

（2）除了识别后果的形态，组织还需要识别后果可能影响的范围，是局部的还是整体的。这种局部和整体可能体现在组织的不同职能、不同区域、不同的利益相关方。识别后果影响范围时还应识别可能影响的时间期限。

因为风险是“不确定性对组织目标的影响”，具有两重性，既可以是对目标的正向影响，也可以是负面影响，在识别后果时，就应该同时对此加以识别。仅从风险事件的角度出发，风险事件的发生可能会同时影响到组织的多个目标，而其对不同目标的影响也有可能不同，如对某些目标产生正向影响，而对另外一些目标产生负面影响。组织应对这些信息进行识别并加以记录，以对后续过程提供更有效的信息输入。

五、识别控制措施

控制措施就是正在改变风险的措施。

组织在识别风险事件、风险源、风险原因、潜在后果后，应立即识别对该风险事件的控制措施。其包括以下两个方面。

（1）对该风险是否已经制定了控制措施，控制措施具体是什么？

（2）如果已经制定了控制措施，该措施是否在执行？

因为对组织识别出的风险，随时都有可能发生，而一旦发生，就会对组织的目标产生影响。从这个角度出发，需要组织在风险识别阶段即识别控制措施。这会对组织对该风险评估的结论，以及对风险应对的紧迫性产生直接影响。

在风险识别阶段，并不需要对控制措施的有效性进行仔细讨论和分析，这一工作主要是在风险分析过程中完成。

第二节　风险评估的技术和方法的选择

人类在风险认知和风险管理领域并不是刚刚开始，而是已经有了十分丰富的经验积累。比如，在 ISO/IEC31010：2009《风险管理——风险评估技术》（GB/T 27921—2011 参考了该标准）中就列举了 31 种风险评估的技术或方法，供组织使用。但是，并非所有的评估方法都适用于风险评估的各个过程。比如特性要因分析法（鱼骨图法）就特别适用于风险识别阶段，但并不适合于风险评价，而蒙特卡洛模拟法就十分适用于风险评价，但却基本不能用于风险识别和风险分析。

一、选择技术和方法考虑的因素

在现实中，各个组织，无论是营利性组织还是政府为代表承担公共风险管理职能的非营利机构，其风险评估相关活动千差万别。因此，组织采用哪些风险评估技术方法和工具，应与该组织自身状况、管理架构和特点确定，并在建立环境时予以明确。一般来说，选择适用的技术和方法应考虑以下几个因素。

(1) 选择的技术或方法是否适应组织的相关情况，包括风险评估的目标、风险的类型及范围的适应性。

(2) 该方法得出的结果应当有助于组织内对风险特征的认识，进而能选择合适的风险应对策略，有利于满足风险管理的决策需要，如确定总体风险战略还是具体策略细节。

(3) 该技术或方法尽可能有利于进行跨时期的比较分析，即尽可能可重复应用并能用适当的方式验证结果的有效性或合理性。

(4) 如果采用多种技术或方法应从相关性及适用性角度说明选择技术的原因。在综合不同研究的结果时，所采用的技术及结果应具有可比性。选择的技术和方法应有利于评价风险评估方法的适用性，以便可能在将来需要修改或更新。

(5) 选择的技术或方法需要满足组织需要遵循的业务活动所在地的法律、行政规章，司法管辖区的监管要求，或者是相关合同的要求等。

(6) 只要满足上述考虑，从风险评估的成本角度考量，简单方法应优于复杂方法被采用。

(7) 其他几类因素对风险评估技术选择的影响更为值得关注，如组织的现有资源及能力、不确定性因素的性质与程度，以及风险的复杂性与潜在后果。

二、选择评估方法时考虑的组织相关情况

在选择风险评估方法时，应当充分考虑实施评估组织的相关条件对于方法选择的制约。例如，一些技术或方法在理论上由于其从数据获得、人员能力、时间要求等不符合组织现有的状况而不能被采用。总体来说，与选择风险评估技术或方法的组织相关情况主要包括组织可用资源、组织面对不确定性的性质、组织活动的复杂性三个方面的因素。

(一) 人员能力

风险评估需要相应的专业知识和经验，特别是对于业务活动涉及特殊领域的组织，如航天、采掘、娱乐媒体等行业。同时，风险评估一般不仅仅是风险管理部门的工作，而是相应风险岗位的人员在组织的统一指导下完成。因此，选择风险评估技术方法时，应充分考虑参与风险评估的人员掌握风险评估技术和方法的情况，定期或不定期对进行风险评估活动的规模与相关参与人员对技术和方法运用的技能、操作经验进行匹配。

(二) 信息可获得性

不同的风险评估技术或方法对于输入数据有不同的要求，这些信息能否及

时、全面的获得，直接影响到技术或方法的应用效果。因此，选择风险评估技术或方法时，要充分考虑参与风险评估的人员获取风险评估信息和数据的渠道、频率、成本等因素，选择那些数据和信息与设计的风险评估方案相适应的技术和方法。对于使用的组织内部信息，应给予风险评估人员相应的权限，以使他们能有效地获取相关数据；对于使用的外部信息，组织应充分考虑获取相关数据可能需要的成本。

（三）资源限制

有些风险评估技术或方法需要花费参与人员大量的时间，对于非风险管理专职人员但从事风险评估岗位的人员来说，花费在风险评估上的时间应纳入对其工作量界定和绩效考核中。只有所有参与定期或不定期风险评估的人员明确履行风险评估工作程序，才能有效完成设定的风险评估目标。因此，有些风险评估方法需要组织提高测试、实验、培训、网络等其他资源，选择适用的风险评估技术或方法时，应考虑组织在这些资源方面的限制。

（四）可用预算

使用组织内、外部资源都需要考虑预算约束，特别是需要"采购"外部资源时。内部资源更多地涉及岗位职责和人员的"机会成本"，但某些风险评估技术或方法必须聘请外部的咨询机构、检测机构、培训机构、其他专业机构等，完成组织内部不能完成的风险评估的相关工作，或内部完成这些风险分析、风险评价不经济的工作。在某些情形下，法律、法规、监管要求或组织的利益相关方要求独立的第三方完成相应的风险评估步骤或工作，如对于有毒有害化工产品生产的环境评价。组织的风险评估计划及评估技术和方法的选择，应考虑可用的、必要的预算。

（五）不确定性的性质和程度

虽然风险评估就是对于不确定性进行的分析与判断，但不确定的性质和程度可能影响风险评估技术或方法的选择。不确定性来自组织内、外部环境，不确定性可能产生于信息或数据的质量或数量，不确定性程度可能依赖于参与风险评估人员的能力。因此，选择风险评估技术或方法时要考虑到现有的数据未必能为评估未来不确定性提供可靠的依据；某些风险可能缺少历史数据，不能采用跨期的分析或预测；不同利益相关者会对现有数据做出不同的解释。风险评估的人员应理解进行评估不确定性的类型及性质，综合考虑风险评估的目标和风险评估结果可靠性，选择适用的风险评估技术或方法。例如，对于化工生产类企业，安全风险是其面临的主要生产风险。某化工生产企业确定了本企业安全生产风险评估方法的备选清单。各种危害辨识方法的选择如表4－1所示。

表4-1 各种危害辨识方法的选择

方法	适用场所	特点	数量	举例
JHA	作业活动、管理活动	人的不安全活动	全部活动	动火、动土、进容器、采样、吹扫、点火、切换泵、切水；压力容器管理、维修管理、工艺管理、安全环保健康管理
SCL	设备设施	物的不安全状态	全部设备	工艺（塔、罐、换、炉、反、泵、机）、安全（护栏、梯、平台、报警仪/器）、环保、消防（栓、炮、箱、阀、喷淋）、健康、应急、分析、维修、通信、校验
HAZOP	复杂工艺系统	过程的不安全性	关键装置及重点要害部位	—
FMEA	单个设备或单个系统	单一因素的事故根源	—	各种阀、安全阀入/出口阀、泵、换热器、液位计、零部件
PHA	项目的初期阶段维修、改扩建变更	最初始的源头控制	—	新增压力容器、连锁变更、储罐大修
FTA	已发生的和可能发生的事故事件	多因素的事故事件，分析事故根源	—	火灾、爆炸、人员伤亡
ETA	初始事件	分析事件一旦发生后补救措施	—	火灾、溢流、大量泄漏

（六）复杂性

复杂性是风险评估中选择评估方法应考虑的另一个重要方面。例如，在对复杂的组织结构或运行系统进行风险评估时，不仅要关注组织的每个部门、分支、业务线，或运行系统的每个部分、环节、流程适用的评估技术或方法，更要关注技术或方法发挥作用后对组织或系统产生整体影响的风险出现的结果。对这些影响的评估不但要考虑直接影响，还应注意风险可能产生的间接影响。在某些情况下，应对单个风险可能对组织或系统的其他活动产生影响进行评估。理解组织或系统中单个或多个风险的复杂性对于选择合适的风险评估方法至关重要。

三、技术或方法的跨阶段应用

风险评估作为风险管理中的重要步骤，为风险管理的持续改进过程提供不同阶段的信息。组织特别是营利性机构伴随着经济和社会的波动，通常有创立、增长、稳定、衰退等不同的阶段；许多活动、项目和产品也有一个从最初的概念和定义、实现到最后结束的寿命周期。从全过程的风险管理来看，风险评估可以应用于寿命周期的所有阶段，而且通常以不同的详细程度应用多次，以便帮助在各类组织、各种活动或各种产品或服务的每个阶段做出所需要的风险应对决策。

各类组织、各类活动、各类产品或服务在其寿命周期各阶段对风险评估有不同的需求，可能需要应用不同的评估技术。选择风险评估的技术或方法时，既要考虑到风险评估技术或方法对特定阶段的适用性，也要考虑到该技术或方法对于跨阶段比较时结果的延续性使用。一般来讲，采用相对的技术或方法的风险评估结果更有利于跨阶段的比较分析，便于进行既有风险对策有效性、合理性评价，便于对组织、活动、产品或服务的风险管理，对于发展战略、风险管理目标实现程度的评价，便于开展调整、改进风险评估、风险应对策略的循环进程。

例如，在产品或服务的概念和定义阶段，主要识别市场机会，选择的风险评估技术和方法应该具有以下三个方面的特征。

（1）能够辅助决策是否开发该产品或服务。

（2）在有多个方案时进行基于风险应对策略进行方案选择。

（3）从最好的风险平衡角度，用风险评估评价替代方案及其风险对策，保证该产品或服务的总体风险处于组织可接受范围内。

在产品或服务的设计和开发阶段，选择风险评估技术或方法时则应当考虑以下几个方面。

（1）能够确定系统性风险在组织可接受范围。

（2）风险评估的技术或方法能够帮助改进设计过程，降低产品或服务失效的风险程度。

（3）能够便于产品或服务运行时的成本效益分析。

（4）能够识别出影响产品或服务寿命周期后续阶段的风险。

在产品或服务寿命周期的其他阶段，选择的风险评估技术或方法能够提供必要的信息，以便为制定正常情况生产和工艺流程程序提供必要的控制节点和参数要求，特别是应对紧急情况时制定程序能提供相应的风险特征。同时，选择的风险评估技术或方法还应该有助于对正常情况、紧急情况下程序运行效果的跨期间比较分析。如果采用多种风险评估的技术或方法，则这些技术或方法的结果可以互为输入或互相印证。

四、方法和技术运用的技术思路

风险识别的方法有许多，作为工具，这些方法和技术基于不同的基础：一是基于证据的方法，如检查表法以及对历史数据的审查；二是基于系统化结构的方法，如一个专家团队可以借助于一套结构化的提示或问题来系统地识别风险；三是基于归纳推理，如危险与可操作性分析（HAZOP）等。此外还有各种支持性的技术，如头脑风暴法及德尔菲法等。也可以遵循一定的思路和途径作为导向，选择合适的方法和支持性技术。常见的思路导向有以下几种。

（一）目标导向

目标导向风险识别的原理是以企业战略目标或阶段经营目标以及它们的分解为导向。任何可能危及目标获得的事件都被识别为风险。COSO - ERM 框架可以看作是目标导向的。

（二）情景导向

情景在这里是指风险因子发生作用的场合或环境条件，情景导向风险识别的原理是通过对情景下风险因子发生作用的趋势分析，建立风险因子的传导机制，任何触发负面或损失的事件都被识别为风险。在情景分析中，可以创造出不同的情境。情景可以是达到目的的不同方式，或作用力交互作用的分析，如市场、战争等。运用系统动力学、蒙特卡罗模拟等方法可以实现模拟过程。

设计风险因素可能出现的情景（场景），用模拟的方式分析研究风险事件发生的概率、损失/机会收益程度、不同风险因素引至风险事件的重要程度、风险事件出现的特征等。计算机技术的发展使多变量、大规模、复杂系统的模拟成为可能，但仍有模拟的成本和效率问题。

（三）分类导向

分类导向风险识别原理：此处的分类是可能风险源的一个事故结果。依据分类和实践的知识，编辑一个问题集合。对问题的回答反映出风险。经验导向风险识别：经验化为知识库，如对常见风险做成检查表，进行对照。在一些行业，可以列出已知风险。表中的每项风险可以有相应的对策。

分类导向途径可以细分为三种。①分类问题法——此处的分类是可能风险源的一个事故结果。依据分类和优秀实践的知识，编辑一个问题集合。对问题的回答反映出风险。②类比推断法——利用相同或相似的经营环境、经营战略、管理机制等，可比较企业的风险发生的统计资料，类比推断被诊断分析的企业或事件的风险因素。③对照分析法——对照有关标准、法规、项目检查表、行业技术经济指标等或依靠咨询分析人员的洞察能力，借助经验和判断，直观识别出风险因素。

（四）流程导向

流程导向风险识别的原理是对企业或组织的主要业务流程进行分解，发现每个流程的各个环节是否存在风险因素，可同时进行业务流程优化。

（五）事件导向

事件导向风险识别原理是基于已发生事件（基于理赔、专项调查），针对风险事件的资料情况，找出共性的风险因素。由专业机构或专门组织分析完成，需大量占有事件资料。

风险识别优秀案例研究表明：企业文化不同、企业领导人的个性差异，即使在一个特定的行业，也不存在普遍适用的风险管理实施方案。高效的风险管理首先必须尽可能识别出企业面临的所有风险。识别模型以框架模型与固有特征结合为宜。风险识别是一个方法相对确定后的动态过程。

ISO/IEC31010：2009《风险管理——风险评估技术》汇集了31种风险评估的方法和技术，同时说明了各种技术方法适用的情形（见表4－2），其中★表示非常适用、☆表示适用、空格表示不适用。

表4－2　风险评估的技术或方法

工具及技术	风险评估过程				
	风险识别	风险分析			风险评价
		后果	可能性	风险等级	
头脑风暴法	★	☆	☆	☆	☆
结构化/半结构化访谈	★	☆	☆	☆	☆
德尔菲法	★	☆	☆	☆	☆
情景分析	★	★	☆	☆	☆
检查表	★	—	—	—	—
预先危险分析	★	—	—	—	—
失效模式和效应分析（FMEA）	★	—	—	—	—
危险与可操作性分析（HAZOP）	★	★	—	—	★
危险分析与关键控制点（HACCP）	★	★	—	—	★
保护层分析法	★	—	—	—	—
结构化假设分析（SWIFT）	★	★	★	★	★
风险矩阵	★	★	★	★	☆
人因可靠性分析	★	★	★	★	☆
以可靠性为中心的维修	★	★	★	★	★
业务影响分析	☆	★	☆	☆	☆
根原因分析	☆	—	★	★	—
潜在通路分析	☆	—	—	—	—
因果分析	☆	★	—	☆	☆
风险指数	☆	★	★	☆	★
故障树分析	—	☆	☆	☆	☆

续表

工具及技术	风险评估过程				
	风险识别	风险分析			风险评价
		后果	可能性	风险等级	
事件树分析	—	★	★	☆	—
决策树分析	—	★	★	☆	☆
Bow－tie 法	—	☆	★	★	☆
层次分析法（AHP）	—	★	★	★	★
在险价值（VaR）法	—	★	★	★	★
均值—方差模型	—	☆	☆	☆	★
资本资产定价模型	—	—	—	—	★
FN 曲线	☆	★	★	☆	★
马尔可夫分析法	☆	—	★	—	—
蒙特卡罗模拟法	—	★	★	★	★
贝叶斯分析	—	—	★	—	★

鉴于需要技术或方法同时适用于风险识别、风险分析和风险评价，同时考虑风险评估技术介绍的篇幅，本书采用分章重点介绍的方式。《风险识别》一章详细介绍常用于风险识别子过程的技术或方法：检查表法、德尔菲法、预先危险性分析、失效模式及影响分析。《风险分析》一章将详细介绍主要用于风险分析子过程的技术或方法：结构化访谈、头脑风暴法、结构化假设分析、决策树和情景分析。其余技术方法在“风险识别”一章中简练进行介绍。

组织对风险评估工具的选用是十分灵活的，但也要注意到，不同的风险评估工具所需的资源与能力、本身的技术复杂性以及使用过程中的不确定性也是十分不同的。组织对风险评估工具的选用是实施风险管理过程——建立环境子过程中需要开展并落实的工作。

第三节　常见风险识别技术

根据不同风险评估技术的适应性，本节将重点介绍几种常用的风险识别方法。

一、检查表法

检查表（Check - lists）法是一种简单的风险识别技术，它通过提供一系列典型的需要考虑的不确定性因素，使得使用者可以参照以往的风险清单、规定或标准，快速地完成风险识别工作。这些清单通常是凭经验（或是根据以前的风险评估结果，或是因为过去的故障）进行编制的。通过对照预先编辑的问题集表格，发现风险所在，使得检查表法的应用所需的资源与能力要求低、不确定性程度低、技术复杂性低，但是通常检查表法不能提供定量的结果。

检查表法可用来识别危险及风险或者评估控制效果，它们可以用于产品、过程或系统的生命周期的任何阶段。它们可以作为其他风险评估技术的组成部分进行使用，但最主要的用途是检查在运用了旨在识别新问题的更富想象力的技术之后，是否还有遗漏问题。

根据 ISO/IEC31010：2009《风险管理——风险评估技术》标准，检查表法对风险识别过程非常适用，但不适用于风险分析和风险评价。

（一）检查表的主要构成

1. 活动或项目

即运用检查表法进行风险识别所涉及的范围和业务过程等。

2. 检查项目

即针对具体的活动或项目，凭借以前活动或项目中所遇到的风险事件，所归纳总结出的需检查项目的模板和问题清单。

3. 检查结论

检查结论包括检查后的判断和结论描述，是每一个检查项目在本次风险识别过程的汇总，是对组织实际运行中的事件描述和判断记录。

4. 参考文件

可以用于编制检查清单的“经验”来源文件，通常包括制度、标准、规范等。有关某个问题的事先信息及专业知识，如可以选择或编制一个相关的、最好是经过验证的检查表。输出结果取决于应用该结果的风险管理过程的阶段。例如，输出结果可以是不全面的控制清单或是风险清单。举例来说：

（1）规范或标准。

（2）业务规则手册/质量手册。

（3）设计文件（商务计划书、可行性研究报告、初步设计）。

（4）以往类似工艺的风险分析报告。

（5）详细的业务模块/工艺装置描述，带控制点的业务流程图、工艺流程图。

（6）本企业或所在行业历史上出现的类似风险事件的总结报告。

（7）本企业或行业类似风险事件的理赔、处罚、自我承担等的损失分析报告，获得的机会收益分析报告。

（8）本企业和行业重大风险、关键风险清单。

（9）本企业风险管理历史。

（10）行业风险的统计。

（11）理论研究成果等。

（二）检查表法的具体实施

1. 确认风险识别的具体范围和业务过程

2. 确定所使用的检查表

针对本次风险识别的具体范围和业务过程所涉及的具体活动或项目，凭借以前活动或项目中所遇到的风险事件，归纳总结出需检查项目的模板和问题清单。如果是首次运用，可以通过参考类似组织开发的检查表，形成当前适宜的风险识别检查项目清单。检查表的项目要征询专家或对项目或活动熟悉人员的意见，以便对检查项目进行修订和完善，避免缺失。

选择需采用的检查表时，要考虑其结构化，其检查事项是否能充分覆盖到所需识别的风险领域。

3. 建立团队

针对本次风险识别的具体范围和业务过程所涉及的具体活动或项目，选择业务熟练、有一定专业知识背景和技能的人员组成风险识别小组。

4. 具体实施

使用时，要对检查评价结论做详细真实的描述和记录，要注明场所、日期、项目活动、参考的文件等。判断结论也可以采用事先约定的标准符号或简短描述进行。

（三）检查表法的输出举例

假设确定的项目或活动为“供应商管理”，根据组织对供应商管理的基本业务流程，给出风险识别各项需检查内容的文字描述，由参与识别的小组进行判断（见表4－3）。

表4－3 供应商管理检查

序号	项目或活动	检查项目	判断	检查结论	参考文献
		……			

（四）检查表的优缺点

检查表的优点包括：检查表法的应用便于非风险管理专业的人员快速地参与完成风险识别，非专家人士可以使用；将各种专业知识纳入便于使用的系统中；有助于确保常见问题不会遗忘。

局限包括：即便是在组织使用过程中已告知识别可以对其他未列检查项目进行补充说明，它们会限制风险识别过程中的想象力，因而可能会遗漏没有被观察到的问题。检查表法特别适用于对已知的已知风险源（风险因素）进行识别。论证了“已知的已知因素”，而不是“已知的未知因素”或是“未知的未知因素”；鼓励“在方框内画勾”的习惯；往往是基于已观察到的情况，会错过还没有被观察到的问题。

二、德尔菲法

德尔菲技术（Delphi）是在一组专家中取得可靠共识的程序。该方法是一种专家分析法，20 世纪 40 年代美国兰德公司首创，最初用于定性预测，现广泛应用于以专家调查为核心的各类咨询分析工作。其根本特征是使用半结构化问卷对一组专家进行提问。专家无须会面，因此他们的观点具有独立性。专家单独、匿名表达各自的观点，同时随着过程的进展，他们有机会了解其他专家的观点。

无论是否需要专家的共识，德尔菲技术可以用于风险管理过程或系统生命周期的任何阶段。

德尔菲非常适用于风险识别过程，也可以用于风险分析中对后果、可能性和风险等级进行分析，以及风险评价子过程。

（一）主要工作步骤

1. 准备阶段

准备背景资料，使专家获得信息系统化；设计调查表，明确需要专家判断的问题；选择专家，对本专业问题有深入研究，知识渊博，经验丰富，思路开阔，富于创造力和洞察力。人数视项目而定。

2. 征询阶段

采用函询方式，一般进行三四轮。保证专家独立发表看法，由专人组织联络专家。第一轮函询，由专家根据背景资料和要识别的风险类别，自由回答。组织者对专家意见综合整理，把相同风险因素、风险事件用准确的术语统一描述，剔除次要的、分散的事件，整理后反馈给专家。第二轮函询，要求专家对第一轮整理出的风险因素和风险事件的判断依据、发生概率、损失/机会的状态等予以说明。组织者整理后再次反馈给专家。第三轮函询，各位专家再次得到函询的统计报告后，对组织者总结的结论进行评价，重新修正原先的观点和判断。经过三四轮函询，专家的判断、分析结果应收敛或基本一致，组织者整理出最终结论。专家意见不收敛，则可适当增加反馈次数或修正函询问题设计。

3. 结果处理阶段

对最后一轮专家意见进行统计归纳处理，得到专家意见的风险识别结果，及专家意见的离散程度。

（二）优点及局限

1. 德尔菲法的优点

由于观点是匿名的，且意见分散，所有观点有相同的权重，避免名人占主导地位的问题；同时参与的人员不必一次聚集在某个地方。

2. 德尔菲的局限

（1）是一项比较费力、耗时的工作。需要组织者有较高的组织协调能力，确保参与者有足够的参与时间，同时还要控制检查成本。

（2）组织者应当有能力选择合适的参与群体，如果选择参与人员不当，要么达不到发掘多种观点的机会，要么得出的结论现实意义不大，如参与者限于工作经验，本身不具备识别风险和问题的能力。

（3）参与者要有清晰的书面表达能力。作为风险识别的方法来使用，必须建立较完善的“共同语言”和组织者与参与者的沟通环境。

三、预先危险性分析

预先危险性分析（Preliminary Hazard Analysis，PHA）又称初步危害分析，是对风险的类型、发生条件以及可能后果做概略的分析。

（一）主要目的

预先危险性分析是进一步进行危险分析的先导，是一种宏观概略定性分析方法。在项目发展初期使用 PHA 有以下优点：

（1）方法简单易行、经济、有效。

（2）能为项目开发组分析和设计提供指南。

（3）能识别可能的危险，用很少的费用、时间就可以实现改进。

预先危险性分析适用于固有系统中采取新的方法，接触新的物料、设备和设施的危险性评价。该法一般在项目的发展初期使用。当只希望进行粗略的危险和潜在事故情况分析时，也可以用 PHA 对已建成的装置进行分析。

本方法可以在有限信息的基础上进行风险评估，特别是在系统或活动生命周期的开始就可以进行。其缺点是只能提供基本的分析，有时缺乏全面性和综合性，因而有可能提供的预防措施不是最好的。

明确来说，预先危险性分析能达到以下目的。

（1）大体识别与系统有关的主要危险。

（2）鉴别产生危险的原因。

（3）预测事故出现对人体及系统产生的影响。

（4）判定已识别的危险性等级，并提出消除或控制危险性的措施。

（二）需要资料

（1）各种设计方案的系统和分系统部件的设计图纸和资料。

（2）在系统预期的寿命期内，系统各组成部分的活动、功能和工作顺序的功能流程图及有关资料。

（3）在预期的试验、制造、储存、修理、使用等活动中与安全要求有关的背景材料。

（三）分析步骤

（1）危害识别。搜集、整理、分析导致历史风险事件、潜在风险（危害）的相关因素，包括：发生使用或产生的物质及其相互作用、使用的设备、操作环境、规划和设计、系统中接口等；通过经验判断、技术诊断等方法，查找系统中存在的危险、有害因素。

（2）确定可能事故类型。根据过去的经验教训，分析危险、有害因素对系统的影响，分析事故的可能类型。定性分析不利事件发生的结果和可能性大小。

（3）针对已确定的危险、有害因素，对确定的危险源进行分类，制定预先危险性分析表。

（4）确定危险、有害因素的危害等级，按危害等级排定次序，以便按计划处理。识别风险事件发生的触发条件，进一步寻求对策和措施，检查已有措施的有效性。

（5）进行危险性分级，排列出重点和处理顺序，制定预防事故发生的安全对策措施。

（四）等级划分

为了评判危险、有害因素的危害等级以及它们对系统破坏性的影响大小，预先危险性分析法给出了各类危险性的划分标准。该法将危险性划分为四个等级。

（1）安全的：不会造成人员伤亡及系统损坏。

（2）临界的：处于事故的边缘状态，暂时还不至于造成人员伤亡。

（3）危险的：会造成人员伤亡和系统损坏，要立即采取防范措施。

（4）灾难性的：造成人员重大伤亡及系统严重破坏的灾难性事故，必须予以果断排除并进行重点防范。

（五）关注行业特点

PHA 最常用于安全风险管理中的风险识别。不同的企业类型有不同的特点，应结合风险识别所在行业的特点，对识别过程要求进行细化。以化工企业为例，在进行 PHA 分析时，应注意的几个要点。

1. 应考虑生产工艺的特点，列出其危险性和状态

（1）原料、中间产品、衍生产品和成品的危害特性。

（2）作业环境。

（3）设备、设施和装置。

（4）操作过程。

（5）各系统之间的联系。

（6）各单元之间的联系。

（7）消防和其他安全设施。

2. PHA 分析过程中应考虑的因素

（1）危险设备和物料，如燃料、高反应活动性物质、有毒物质、爆炸高压系统、其他储运系统。

（2）设备与物料之间与安全有关的隔离装置，如物料的相互作用、火灾、爆炸的产生和发展、控制、停车系统。

（3）影响设备与物料的环境因素，如地震、洪水、振动、静电、湿度等。

（4）操作、测试、维修以及紧急处置规定。

（5）辅助设施，如储槽、测试设备等。

（6）与安全有关的设施设备，如调节系统、备用设备等。

四、失效模式及影响分析

失效模式及影响分析（FMEA）和失效模式及影响和危害程度分析（FMECA）主要用于识别组件或系统不能按设计功能运行失效模式。失效模式及影响分析是“事前的预防措施”，并“由下至上”。

FMEA 开始于产品设计和制造过程开发活动之前，并指导贯穿实施于整个产品周期。因此，发现的失效模式是潜在的，失效还没有发生，只是可能会发生。本方法的目的在于预防、处理预计的失效、其原因及后果/影响。能够容易、低成本地对产品或过程进行修改，从而减轻事后危机的影响。找到能够避免或减少这些潜在失效发生的措施。

（一）工作目标

该方法适合用于风险评估的各个子过程，识别潜在的失效，发现失效模式的后果影响。进行分析系统中每一产品所有可能产生的故障模式及其对系统造成的所有可能影响，并按每一个故障模式的严重程度，检测难易程度以及发生频度予以分类的一种归纳分析方法。

识别的主要因素有系统各个部分所有潜在的失效模式，这些失效对于系统的影响、失效的原因、如何避免失效和/或减轻失效对系统的影响。FMECA 是对 FMEA 进行的扩展，结合失效发生的可能性和后果的严重程度对失效进行分级。分析一般是定性或半定量的，使用实际失效发生率时可以进行量化分析。

FMEA/FMECA 可以应用于系统的设计、制造、操作各个阶段，设计阶段的建议更容易实施。具体包括帮助设计调整使其更可靠、保证所有影响正常运行的失效模式和其影响被充分考虑，列示潜在失误并识别其后果的严重程度，提供计划、检测和维护的基础，提供可靠性和可用性分析的定量基础。本方法一般用于物理系统的失效，但也可以识别人的失误模式及其影响，可以作为其他方法如事故树分析的定性或定量的输入。

FMEA 需要系统各组件可能产生失误的技术信息，包括系统及其组件的流程图、组件的图示或信息、影响运营过程或环境参数的细节、操作界面、特定失效的结果、失效率等失效的历史数据。

该方法能达到的主要目标有以下几个。

（1）指出设计上可靠性的弱点，提出对策。

（2）针对要求规格、环境条件等，利用实验设计或模拟分析，对不适当的设计，实时加以改善，节省无谓的损失。

（3）有效的实施 FMEA，可缩短开发时间及开发费用。

（4）广泛应用于设计技术、制造工程及检查工程。

（5）改进产品的质量、可靠性与安全性。

（二）工作步骤

本方法的主要步骤：

（1）确定研究的目标和范围。

（2）组成团队。

（3）对系统的深入理解。

（4）对系统分解到组件。

（5）对于每个组件和列出的步骤，识别每个组件如何产生失效、产生失效的模式和机理、失效产生的影响、失效是安全还是不安全的、如何发现失效、有哪些内部规定可以弥补设计失效。

（6）对于 FMECA，研究小组要结合后果的严重程度和发生的可能性对识别出的失效模式进行分类。

（7）设计和实施改进活动最小化，主要失效发生的概率。

（8）编写分析系统的报告，包括分析的假设、数据来源、运行方式、工作表、风险矩阵，也可以提供进一步分析的建议、设计变更、系统应具备特征等。

（9）在建议实施后，运用 FMEA 方法重新评估系统。

（三）主要特点

FMEA 方法的特点主要有以下几个。

（1）以简单易读的格式，识别出组件的失效模式、原因、对系统的影响。

（2）从设计阶段入手发现问题，避免后期修正设备及组件时的高额成本。

（3）识别出单点失效，确定设置冗余或安全系统的必要性。

（4）提供开发测试程序的关键特性测试输入。

（5）为系统的维护策略提供支持。

（6）本方法只能用于单点失效，而不能用于组合的失效。

（7）如果控制不当，FMEA 是费时和高成本的。

（8）对于复杂多层次系统，是一项困难和乏味的方法。

第四节　风险清单

在风险评估过程中，通过对风险识别的内容分析整理形成风险清单。系统性整理风险清单就形成风险库，为风险分析、风险评估子过程和风险应对策略制定及风险管理绩效的持续改进提供技术支持。

过程的展开是指确定需要开展哪些具体的活动、活动的顺序、实现的途径以及开展这些活动所需要的资源等。过程需要证实也是管理中十分重要的一环。在风险管理领域，对过程的记录并不仅为了满足提供证据和实现可追溯，更重要的是这些记录的信息将有助于组织改善对风险的认知和理解以及对风险管理过程的认知和理解。

一、风险描述与记录的形式

“风险描述”是风险识别的一个细节问题，也是风险评估前建立环境时应当明确的重要事项。ISO Guide 73：2009 中专门对此做出定义：“风险描述（Risk Description）是对风险的结构性陈述，通常包含四个因素：风险源、风险事件、风险原因和风险后果。”

建立风险清单的一个重要问题：如何描述、记录风险。通常，风险描述应当包含构成风险的组件项目，同时可以根据组织的管理需要，添加管理相关的区域、流程、部门、风险分类、应对措施、措施效果、绩效考核等项目，这些项目“数据库字段”构成风险管理数据库结构。

构成风险的组件主要有以下三个。

（1）风险因素（风险源）：促使或引起风险事件发生的条件，以及风险事件发生时致使损失/机会增加、扩大的条件。

（2）风险（危机）事件：引起损失/危机的直接或外在原因；使风险造成损失/危机的可能性转化为现实性的媒介。

（3）后果：非故意、非计划、非预期的经济价值减少的事实/或增加危机的可能性。

如天降冰雹（风险因素）—道路湿滑（风险因素）—导致发生车祸（风险事件）—人员受伤（后果）的结果，构成识别出的一条风险记录。

值得注意的是，风险事件和风险因素在特定场合可能互相关联转化，如天降冰雹（风险事件）—击伤行人（未预期损失）。风险因素可以向前延伸，取决于组织的管理深度、风险管理成本控制、时间控制，如找出天降冰雹的进一步原因，应确定适合组织的风险因素层级。

风险的描述是为了对风险进行记录（或称为风险登记），形成风险事件库，以便进行度量、分析、评价。风险事件库是登记风险事件、结果、对策、时间、地点等事项的风险管理综合“资料库”（具有数据库特征）。风险登记中的风险描述可以有多种方式。

（1）仅描述因素：以风险因素作为风险登记事项，简单清晰，可以深入分析风险因素的交叉影响；工作量大。

（2）仅描述事件：以风险（危机）事件作为风险登记事项，数据可靠性较好，搜集数据路径明确，教育性强；可能忽略潜在风险因素。

（3）以事件+后果形式描述：数据搜集目标明确，根本原因可能没有确认。

（4）以因素+事件形式描述：分析要求高，风险事件的因果关系明确。

（5）以因素+事件+后果形式描述：风险事件库总量降低，风险因果关系明确；仍可能忽略交叉影响。

二、风险清单的形式

无论组织选择采用哪些风险识别方法，在组织开展风险识别过程后，其识别结果一般都需要通过一份特定的风险管理文件来体现。以生产型企业为例，结合组织管理需要的风险清单，通常包括的基本内容有：风险识别时对应的组织、项目或活动、风险名称、风险事件描述、后果的形态、影响性质、风险源描述、风险源分类、风险原因描述、风险原因分类以及当前有无管控等基本信息（见表4-4）。

表4－4　一家生产型企业风险清单的基本内容

风险名称	过程或项目	组织范围	可能的事件	后果的形态	影响性质（正/负）	风险源	风险源分类（内/外）	风险原因	风险原因分类（内/外）	有无控制措施（有/无）
风险1										
风险2										

除表4－4所列项目外，在组织实际应用中，会有同一风险由不同内部组织或业务活动进行识别的情况。特别是当采用基于以往经验，如采用检查表法进行风险识别时，可能在不同的内部组织对同一风险相同的风险源或风险原因的识别结果不同。因此，也会有组织在风险清单中增加一判断项“有无影响”，用以记录这种差异。

表4－4是风险清单的一个常见形式的基本内容，但在组织实际应用中，会根据自己的管理偏好而进行自我设计。比如，具有多层级管理架构的组织，可能会偏向于优先确定“组织范围”，并根据各层级所需实现的目标而进行风险识别（见表4－5）。然而按业务线条进行管理划分的组织，则会偏向于优先确定风险所产生的领域，即“项目或活动”。

表4－5　某公司财务报告与记录风险清单（局部）

组织范围	业务活动	风险类别	事件及后果	后果形态	风险源（内/外）	风险源	风险原因（内/外）	风险原因描述	现有措施
集团总部	财务报告与记录	财务报告	内部沟通不畅，造成信息传递不及时，导致财务报告出现错报	报告错误	内部	内部沟通不畅，造成信息传递不及时	内部	①岗位内部未严格执行内控流程；②审核规范不清；③和上级报告单位和其他业务部门欠缺主动沟通	有报告制度、有重大事项沟通表、正式报告会逐级审批

三、风险清单的作用

风险评估在风险管理中的一个重要功能就是信息的沟通与传递，风险清单就是风险信息核心内容的载体。

通过风险清单可以看出，组织所面临的风险，即在特定项目或活动中究竟会遇到哪些不确定性因素，从而对目标产生影响，是产生正面影响还是负面影响，产生的原因以及当前对这个风险后果是否有控制措施并且是否在执行等核心信息已经被完整地记录下来了。组织通过对风险清单的持续完善，可以建立自己的风险库，记录并跟踪风险信息，为实现完整的风险管理提供了可能。

风险清单是组织对风险信息进行记录的重要文件，也是风险识别过程的重要输出，它为后续进行风险分析提供重要的输入。

四、风险清单的组织与管理

考虑到不同的风险之间可能有关联性，或者某些风险的后果具有传导性，比如直接后果是人员伤害，但随后会引致经济损失和诉讼等，因此在进行风险清单编写时，组织者应尽可能使用内部统一的语言对风险清单中的各项信息进行归集整理，便于后续对数据进行统计分析。

组织可以通过对风险清单的持续积累逐步建立并完善自身的风险库。因为人们对风险的认知是基于最可能获取的信息而获得的。因此，组织内部风险清单中风险事件、风险源、风险原因及产生的后果、当前管控情况等信息的记录和共享，将有助于提升人们对风险认知的全面性和准确性，有助于组织风险管理能力的提升。

虽然风险清单模板已经能够在一定程度上帮助组织更有效地组织开展风险识别，并记录相关信息，但在实际操作过程中，信息内容的质量仍高度依赖于组织者和参与者的专业能力及沟通协作能力。通常组织会将风险清单总体维护和统计分析的职责由风险识别组织者承担，但风险识别的参与者也依然有义务对风险清单所需要的各项信息提供意见，参与澄清和反馈建议。对风险识别信息的内部沟通和对风险清单中信息完整性、有效性地审视工作是一个持续的过程，有可能会贯穿风险评估整个阶段。某些风险管理优秀的组织会将对风险清单的完整性、有效性进行持续回顾和改善作为一项日常工作，而非只在特定评估期进行。

第五节　其他风险识别方法

ISO31010：2009 介绍了 31 种风险识别和分析的工具，供使用者在风险评估时参考使用。此外，在风险评估实务中，特别是在金融、安全、财务领域，也有许多特有的风险识别方法和工具。这些方法工具中，除了上文介绍的检查表法、德尔菲法、预先危险性分析、失效模式影响分析外，还有很多其他的工具。这些工具有些仅用于风险识别，有些则可以同时用于风险识别和风险分析。

一、保护层分析法

保护层分析法（LOPA）是估计不期望事件或情景引致风险的一种半定量方法，分析是否有足够的防护去控制和降低这些风险。其原理是针对每一对原因—结果，识别现有保护层是否能阻止原因向结果的传导，根据对风险的容忍或接受的程度，计算防护的等级。

保护层分析常用于工艺危害分析方法之一。用于确定识别出危险场景的危险程度，定量计算危害发生的概率和已有保护层的保护能力及失效概率，如果发现保护措施不足，进而推算出需要保护措施的等级。定性使用 LOPA 方法，可以检查在原因事件、结果、危害之间是否存在保护层，半定量化使用将引入其他的分析工具，如 HAZOP 或 PHA。通过分析每个防护层对风险的减少情况，LOPA 可以帮助分配风险防范的资源配置。

（一）基本特点

LOPA 是由事件树分析发展而来的一种风险分析技术，作为辨识和评估风险的半定量工具，是沟通定性分析和定量分析的重要桥梁与纽带。LOPA 耗费的时间比定量分析少，能够集中研究后果严重或高频率的事件，善于识别、揭示事故场景的始发事件及深层次原因，集中了定性和定量分析的优点，易于理解，便于操作，客观性强，用于较复杂事故场景效果甚佳。所以在工业实践中一般在定性的危害分析如 HAZOP，在检查表等完成之后，对得到的结果中过于复杂的、过于危险的以及提出了 SIS 要求的部分进行 LOPA，如果结果仍不足以支持最终的决策，则会进一步考虑如 QRA 等定量分析方法。

LOPA 需要的资料类似预先危险分析（PHA），包括：危害、原因、后果的信息；已有的和建议的控制信息；初始事件、防护层失效的发生概率；对不良后果的容忍度等。LOPA 先分析未采取独立保护层之前的风险水平，通过参照一定的风险准则，再评估各种独立保护层将风险降低的程度，其基本特点是基于风险事件场景进行风险研究。

（二）应用效果

保护层是指一类安全保护措施，它是能有效阻止始发事件演变为事故的设备、系统或者动作。兼具独立性、有效性和可审计性的保护层称为独立保护层（Independent Protection Layer，IPL），它既独立于始发事件，也独立于其他独立保护层。正确识别和选取独立保护层是完成 LOPA 分析的重点内容之一。典型化工装置的独立保护层呈“洋葱”形分布，从内到外一般设计为过程设计、基本过程控制系统、警报与人员干预、安全仪表系统、物理防护、释放后物理防护、工厂紧急响应以及社区应急响应等。

与事故树等完全定量的风险评估方法相比，LOPA 方法有以下优缺点。

（1）需要更少的时间和资源，但比定性分析的判断更严谨。

（2）可以帮助识别关键保护层资源。

（3）识别没有足够保护的操作、系统和过程。

（4）关注最严重的后果。

（5）LOPA 同时考虑原因—后果组合和情景，风险与控制措施及措施之间的交互作用没有被考虑。

（6）如果要对保护层定量，保护层之间应与初始事件相互独立。

（7）不能应用于非常复杂的情形，即原因—后果组合太多或后果的变化影响不同利益相关者。

（三）工作步骤

在组成专家组以后，LOPA 要完成以下几个方面的工作。

（1）根据风险事件特点，挑选组成风险评估专家组。

（2）确认不期望后果的初始原因，搜集它们发生的概率和影响。

（3）对确认的原因和结果进行一一配对。

（4）考虑初始事件的概率和控制后果，估计该情形的风险等级。

（5）分析对上述事件及其原因有防护作用的保护层及该保护层的有效性。

（6）识别独立保护层（IPL），并非所有保护层都是可以独立发挥作用的。独立保护层（IPL）是指某个装置、系统或活动，能够阻止不期望后果出现的情景，并且与初始事件、该情景相关的其他保护层没有联系。IPS 包括设计的功能、物理保护装置、联动装置和停机系统、临界警报和手动干预、延迟物理保护、应急响应系统等。

（7）结合每个独立保护层失效的概率和其他条件修正（如人员被掩埋等），对初始事件发生概率进行调整，测算事件发生的概率和后果。

（8）将保护层的效果与风险容忍水平进行比较，用以决定是否需要进一步增加保护。

二、潜在通路分析

潜在通路分析（Sneak Circuit Analysis，SCA）是潜在分析（Sneak Analysis）的一种，是一种用于识别设计错误的方法。潜在条件是指一个潜在的硬件、软件或集成条件可能引起不期望事件，或可能抑制期望事件（非组件失效引起）。这些条件具有随机性质，在最严格的标准化系统检查中也会检测不到。潜在条件可能引起不当运行、系统失去可用性、程序延迟、宕机或人员伤亡。

（一）起源与特点

潜在分析是用来描述潜在通路分析扩大范围的术语。潜在分析涵盖并超出了潜在通路分析的范畴。潜在分析可以使用任何技术来确定软硬件问题，用于检验设计的完整性和功能性，是发现无意识通路，找到隔离潜在通路功能方案的有效工具。潜在分析包括并大大超出潜在通路分析的作用，能够同时找出硬件和软件的问题。潜在分析可以整合其他工具，如事故树（FTA）、失效模式和影响分析（FMEA）、可靠性分析（RA）等，这样可以节省时间和项目成本。

在20世纪60年代后期，潜在通路分析为美国航空航天局（NASA）开发，被用于核实它们设计的完整性及功能。潜在通路分析是一种发现非故意电路路径的有效工具，有利于设计将各功能独立处理的解决方案。但是，随着技术进步，潜在通路分析的工具也一并发展。潜在通路分析是在产品的所有组成部分均正常工作的条件下，确定能抑制正常功能或诱发不正常功能的潜在通路的一种分析技术。

SCA的优点有：

（1）有利于识别设计错误。

（2）与HAZOP（危险与可操作性分析）一起使用时会有最佳效果。

（3）非常有利于处理那些有多重状态的系统，如配料车间和半配料车间。

SCA的局限有：

（1）根据其是否适用于电路、加工厂、机械设备或软件，该过程会有所不同。

（2）依赖于正确地建立网络树。

（二）输入输出

潜在分析是一种独特的设计过程，因为它利用不同的工具（如网络树、森林、线索，以帮助确定分析潜在条件）来发现具体的问题。网络树和森林是对实际系统进行的拓扑分组。每个网络树代表一种次级功能（子功能），并显示了可能影响次级功能输出的所有输入数据。将那些促成特定系统输出的网络树结合起来就能建构森林。一个正确的森林能说明系统输出所有相关的输入数据。这些方面和其他方面一起构成了分析的输入数据。

潜在通路分析的输出是找出潜在通路是系统内的意外路径或逻辑流。在特定状况下，意外路径或逻辑流会诱发不良功能或抑制预期功能。路径可能包括硬件、软件、操作人员行为以及这些因素的综合。潜在通路并不是硬件故障的结果，而是因设计疏忽而嵌入系统、通过编码进入软件程序，或者由于人为错误引发的潜在状况。四类潜在状况包括：

潜在路径：不期望的路径使得电流、能量或逻辑顺序沿着非预计方向流动的意外路径；

潜在时序：以意外或相互冲突的顺序发生的事项；

潜在指示：对系统运行状况的含混不清或错误的显示，这样可能会使系统或操作人员采取不当行为；

潜在标识：对系统功能进行不正确或不准确的命名，如系统输入数据、控制措施及显示总线，这些可能会造成操作人员对系统的不当操作。

（三）分析过程

开展潜在分析的基本步骤包括：

（1）数据准备。

（2）建立网络树。

（3）评估网络路径。

（4）建议和报告。

三、马尔可夫分析

马尔可夫分析（Markov Analysis）又称为马尔可夫转移矩阵法，指在马尔可夫过程的假设前提下，基于系统未来状态只依赖于现在状态的情形，通过分析随机变量的现时变化情况来预测这些变量未来情况的一种方法。经常用于存在多种状态的可修复但使用可靠性分析（Reliability Block Analysis）不充分的系统。使用高阶马尔可夫链，可以扩展到复杂系统，其仅受限于模型、计算量和假设。

（一）发展背景

马尔可夫分析起源于俄国数学家安德烈·马尔可夫对成链的试验序列的研究。1907 年马尔可夫发现某些随机事件的第 N 次试验结果常决定于它的前一次（N－1 次）试验结果，马尔可夫假定各次转移过程中的转移概率无后效性，用以对物理学中的布朗运动作出数学描述。1923 年由美国数学家诺伯特·维纳提出连续轨道马尔可夫过程的严格数学结构。20 世纪三四十年代由柯尔莫戈罗夫、费勒、德布林、莱维和杜布等建立了马尔可夫过程的一般理论，并把时间序列转移概率的链式称为马尔可夫链。马尔可夫分析法已成为各领域基于时间序列预测的有效工具。

马尔可夫在 20 世纪初发现：一个系统的某些因素在转移中，第 N 次结果只受第 N－1 次结果影响，只与当前所处状态有关，与其他无关。在马尔可夫分析中，引入了状态转移这个概念。所谓状态是指客观事物可能出现或存在的状态；状态转移是指客观事物由一种状态转移到另一种状态的概率。

在风险评估领域，马尔可夫分析作为一种定量技术，运用离散数据或连续数据描述系统的状态。尽管可以徒手计算，但市场上已有许多商用计算机程序。本方法可以用于各种系统结构，如并行独立组件、串行独立组件、负载分配系统、预备系统（包括开关失效情形）、降级系统等，还可以用于计算包括考虑维修时备件可用性。

（二）工作步骤

马尔可夫分析法的一般步骤：

（1）系统状态列表，子系统或组件可以全工运行、部分运行、失效状态等。

（2）对可转换的清楚认识，这是建模必须的，如汽车轮胎的失效包括备胎及其检测间隔，消费者购买产品数量和品种的变动情况等。

（3）建立数学模型，确定状态之间的转换系数，典型的是离散事件之间的变化概率，或连续事件的失效率或修复率，或消费品客户流失率。马尔可夫分析法的基本模型为：

$$X(K+1)=X(K)\times P \tag{4-1}$$

式（4－1）中：X（K）表示趋势分析与预测对象在 T＝K 时刻的状态向量，P 表示一步转移概率矩阵，X（K＋1）表示趋势分析与预测对象在 T＝K＋1 时刻的状态向量。上述模型只适用于具有马尔可夫性的时间序列，并且各时刻的状态转移概率保持稳定，若时间序列的状态转移概率随不同的时刻在变化，不宜用此方法。由于实际的客观事物很难长期保持同一状态的转移概率，故此法一般适用于短期的趋势分析与预测。

（4）预测未来状态。在实际分析中，往往需要知道经过一段时间后，系统分析对象可能处于的状态。马尔可夫状态分析模型是利用概率建立一种随机时序模型，并用于进行系统状态的预测与分析。

（三）优点与局限

马尔可夫分析围绕着“状态”的概念和状态随时间按固定概率转换展开，使用随机转移概率矩阵描述各种状态的转换并计算得到各种输出结果，这些结果用于估计失效的可能性和/或可使用性，作为风险评估的必要信息。

马尔可夫分析能够计算系统在有修复能力和多种降级状态下失效的概率。它使用的限制有对于失效和修复都假设固定概率的状态转换、所有事件是统计意义上独立的、需要状态转换的所有可能性信息、需要矩阵运算知识、结果与非技术人员难以沟通等。

四、现代企业商务分析框架

现代企业的商务分析框架（Business Analysis Framework，BFA）是适合对现

代工商业企业进行组织层面全面地风险识别时使用的一个分析工具。它是结合了头脑风暴和检查表方式的一种专家分析方法。

（一）发展背景

风险管理的案例研究表明，在选择组织商务活动的风险识别工具方法时，应关注以下几点。

（1）风险识别需要综合使用各类方法，确保企业的重大风险、新风险不会被遗漏。

（2）尽可能寻找已有的框架模型为基础，许多企业创建了适合本企业个性化的全面风险识别框架。

（3）对纯风险进行识别的工具虽然难以满足对整体层面进行风险管理概念的需要，但在具体的风险识别中可以很好地发挥作用。

（4）全面风险管理的风险识别框架及模型是发展和创新的领域。

在选择识别模型和工具时，还要考虑有利于组织选择最优应对策略、保障持续改进，通常关注下列几个因素。

（1）该方法能否得到最低的风险损失结果。

（2）该方法针对识别的风险是否有较宽泛的解决方案。

（3）相对组织自身能力是否易于执行。

（4）组织要综合的考虑技术，如整合效果和维护成本。

（5）最好可与其他模型比较，以便于组织对风险评估方法的优化。

（6）该方法能否满足现代商务环境快速变化的需要。

现代企业商务分析框架对于识别工商企业在商务方面的各类风险具有明显优势。

（二）分析框架

该模型风险管理咨询机构总结出来的分类识别框架，从九个方面分析风险来源。具体进行风险识别时，可以结合组织的特点，对分类进行调整。

（1）环境方面，包括经济趋势、政策和法律因素、人口构成模式、技术进步、社会/文化变化、生态环境等。

（2）信息方面，包括取得合适的信息、信息系统、信息的使用。

（3）供应商和可用资源方面，包括人力资源、原材料、资本、技术。

（4）客户方面，包括理解顾客的需要、产品与服务对市场的反应速度及新产品、新市场和新的需求。

（5）市场竞争方面，包括当前的竞争、新的竞争对手、产品和服务的替代品。

（6）企业所有者方面，包括主要的所有者与资本结构、所有者的期望、企业与所有者的关系、变化因素等。

(7) 经营过程方面，包括：人员的构成、技能、文化；经营活动如质量、生产力、灵活性、协作、改进等。

(8) 运营管理方面，包括：管理者的构成、能力；对员工的激励；对外部因素的监控、战略、目标等。

(9) 企业价值方面，包括对所有者保值增值、对顾客的价值、对员工的价值、对供应商的价值、社区价值等。

(三) 工作步骤

1. 结合组织特点，选择相应领域专家

专家选择要考虑专长分布，如专长分别是战略、操作、财务、危害性等风险方面；专业分布，如专家来自于业务、行业、金融、保险、信息、政策、安全、环境等领域；角色分布，专家来自于企业内部、同类企业、咨询机构、研究机构、管理部门等。在专家分析工作小组中，应做好团队管理，组织、分析、运算、报告等岗位分工明确合理。

2. 专家对标准识别框架进行分析、调整

应参考特尔菲法，对于专家观点的可能发散进行技术方法上的处理。

3. 根据调整后分析框架编制检查表

通常参考组织的各种制度文件、流程文件、合规要求、历史风险管理报告等文件编制检查表。

4. 组织各业务部门风险管理相关岗位人员填报检查表

检查表应由各业务部门受过风险管理相关岗位培训的人员填写，且只有由检查人员本人在检查过程结束后第一时间填写才具有分析价值。

5. 对检查表结果进行整理分析，得出组织层面风险识别报告

风险评估报告应符合本书第七章风险评估报告的内容要求，且应当包含运用现代企业商务分析框架填报的检查表中的重要风险关、风险影响程度、风险应对方法等。另外，在信息技术的支持下，风险评估报告可以通过形式多样的各种方式展现组织风险评估报告的各种内容，包括采用丰富多彩的计算机图的界面、多种制式化的报表和模板化的报告等。

五、蒙特卡罗分析

蒙特卡罗分析（Monte - Carlo Analysis）是一项有效的模拟技术，因摩纳哥著名的赌场而得名。它用随机抽样的方法抽取一组满足输入变量概率分布特征的数值，作为风险因素的模拟数值；通过多次的抽样计算获得风险事件发生的概率分布及其统计量，并由此估计风险的大小和特征。其能够帮助人们从数学上表述

物理、化学、工程、经济学以及环境动力学中一些非常复杂的相互作用。

（一）方法背景

蒙特卡罗（Monte Carlo）方法，又称随机抽样或统计试验方法，属于计算数学的一个分支，它是在20世纪40年代中期为了适应当时原子能事业的发展而发展起来的。传统的经验方法由于不能逼近真实的物理过程，很难得到满意的结果，而蒙特卡罗方法由于能够真实地模拟实际物理过程，故解决问题与实际非常符合，可以得到很圆满的结果。这也是以概率和统计理论方法为基础的一种计算方法，是使用随机数（或更常见的伪随机数）来解决很多计算问题的方法。将所求解的问题同一定的概率模型相联系，用电子计算机实现统计模拟或抽样，以获得问题的近似解。为象征性地表明这一方法的概率统计特征，故借用赌城蒙特卡罗命名。

当科学家们使用计算机来试图预测复杂的趋势和事件时，他们通常应用一类需要长串随机数的复杂计算。设计这种用来预测复杂趋势和事件的数字模型越来越依赖于一种称为蒙特卡罗模拟的统计手段，而这种模拟进一步又要取决于可靠的无穷尽的随机数目来源。

（二）基本原理

当所要求解的问题是某种事件出现的概率，或者是某个随机变量的期望值时，它们可以通过某种“试验”的方法，得到这种事件出现的频率，或者这个随机变数的平均值，并用它们作为问题的解。这就是蒙特卡罗方法的基本思想。蒙特卡罗方法通过抓住事物运动的几何数量和几何特征，利用数学方法来加以模拟，即进行一种数字模拟实验。它是以一个概率模型为基础，按照这个模型所描绘的过程，通过模拟实验的结果，作为问题的近似解。

蒙特卡罗模拟广泛在金融工程学、宏观经济学、生物医学、计算物理学（如粒子输运计算、量子热力学计算、空气动力学计算）等领域应用。

计算机技术的发展，使蒙特卡罗模拟得到快速的普及。现代的蒙特卡罗模拟，已经不必亲自动手做实验，而是借助计算机的高速运转能力，使原本费时费力的实验过程，变成了快速和轻而易举的事情。它不但用于解决许多复杂的科学方面的问题，也经常被项目管理人员使用。

（三）基本步骤

用蒙特卡罗分析进行风险识别，可以按以下步骤进行。

（1）通过经验数据、事故树分析、敏感性分析的其他方法，确定风险因素变量。

（2）构造风险因素变量的概率分布模型。对于本身就具有随机性质的问题，如粒子输运问题，主要是正确描述和模拟这个概率过程，对于本来不是随机性质的确定性问题，比如计算定积分，就必须事先构造一个人为的概率过程，它的某些参量正好是所要求问题的解，即要将不具有随机性质的问题转化为随机性质的问题。

（3）为各输入风险因素变量抽取随机数。构造了概率模型以后，各种概率模型都可以看作是由各类概率分布构成的，可以产生已知概率分布的随机变量（或随机向量）。最简单、最基本的一个概率分布是（0，1）上的均匀分布（或称矩形分布）。

（4）将抽取的随机数转化为各输入变量的抽样值。

（5）将抽样值组成一组风险评估的基础数据。

（6）根据基础数据计算得出风险事件发生数值。

（7）整理模拟结果得到被评估风险指标的期望值、方差、标准差、概率分布、累积概率分布等。一般说来，构造了概率模型并能从中抽样后，即实现模拟实验后确定一个随机变量，作为所要求问题的解。建立各种估计量，相当于对模拟实验的结果进行考察和登记，并从中得到问题的解。

（四）优点与注意事项

蒙特卡罗分析有两大优点。一是简单。省却了繁复的数学推导和演算过程，使一般人也能够理解和掌握。二是快速。简单和快速，是蒙特卡罗方法在现代项目管理中获得应用的技术基础。

应用蒙特卡洛模拟方法，应注意以下几个事项。

（1）用数学递推公式产生的序列，与真正的随机数序列不同，所以称为伪随机数或伪随机数序列。蒙特卡罗模拟可能存在一个危险的缺陷：如果必须输入一个模式中的随机数并不像设想的那样是随机数，而却构成一些微妙的非随机模式，那么整个的模拟（及其预测结果）都可能是错的。

（2）输入变量应该是相互独立的。一般而言，变量分解越细，输入变量越多，模拟结果可靠性越高。但是，变量分解越细，存在相关性的可能越大；当输入变量存在显著线性关系时，会影响模拟结果的可靠性。

（3）把握模拟次数在精度与成本间的平衡。一般经验，模拟次数在 200 ~ 500 次为宜。在计算机上可以用物理方法产生随机数，但其价格昂贵，且不能重复，所以使用不便。经过多种统计检验表明，用数学递推公式产生的随机数，与真正的随机数序列具有相近的性质，因此可把它作为真正的随机数来使用。

六、环境风险分析

环境风险分析（Environmental Risk Assessment）主要用于环境危害对植物、动物、人类的影响，为评估该类风险和制定策略服务。包括识别对特定物种产生危害的风险源、到达途径，分析危害的可能影响和影响性质。被考虑的危害源有化学物质、微生物或其他种群等。其应用广泛，超出了人类健康和环境影响的范畴。

环境风险分析需要的数据包括危险源的自然性质和特征、特定物种的感受性以及危险物资与特定物种的交互作用。这些数据大都基于实验室研究或流行病学调查的结果。

（一）主要步骤

（1）形成问题，设定参与评估的物种范围，危害物质的种类。

（2）危害识别，辨识所有可能对特定物种的危险源，主要基于专家意见和文献分析。

（3）危险分析，把握危害物质的属性和与目标物种的交互作用。例如，人暴露在特定化学物质中的影响，包括敏感性、慢性毒性、对基因的潜在危害、致癌可能性、对生育的影响等。对每种影响和反应程度与暴露（如误食）方式、传导机制分析后，影响水平可以是无显著影响（NOEL）或无显著不利影响（NOAEL），作为风险是否可以接受的标准。

（4）暴露分析，这一步检查危害物质或其残留物达到敏感物种的方式和程度，经常通过路径分析考虑危害可能发生途径、暴露程度。

（5）风险评价，将危险分析和暴露分析的结果相结合，估算在所有途径下特定后果发生的可能性。

通过上述分析，可以得到特定物种暴露在特定危害物质下的风险水平，风险可以用定量、半定量或定性的方式表达。

（二）优点与不足

本方法提供了对于特定问题及其影响因素的风险增加过程非常细致的理解。路径分析对于其他领域风险识别风险源、改进控制、引入新措施等提供一个有用的分析工具。但是本方法需要的高质量数据可能难以获得，从而评估结论存在更高水平上的不确定性。

七、商业影响分析

商业影响分析（BIA）也称为商业影响评估，是评估关键的破坏性风险因素对组织运行的影响，定量说明组织需要的管理能力。商业影响分析同时识别了关键的商业过程，组织存在的关键依赖因素；重大风险事件如何影响组织完成关键商业活动的容量和能力；组织应对引起商业活动中断的重大风险事件的容量和能力。

商业影响分析被用于确定关键风险事件的影响程度、恢复过程需要资源

（人、设施、ICT 等）的时间节点，以保证组织获取目标的连续性。同时，该方法可以帮助确定组织运行过程、内外部各方、供应链之间的互相联系和互相依赖关系。

（一）资料

本方法需要的资料：

（1）理解组织的目标、环境、运行和依存关系。

（2）组织活动和操作的细节，包括过程、支持资源、与其他组织的关系、外部资源协议、利益相关者等。

（3）关键过程出现损失的财务后果和运行后果。

（4）对组织和/或接触的利益方在相关领域的访谈者清单。

（二）步骤

本方法可以通过问卷、访谈、研讨会或三种形式结合进行，以掌握组织的关键过程、这些过程出现损失的影响、恢复的资源保障和时间节点。其主要流程是：

（1）基于风险评估和弱点分析，确认组织的关键过程和后果，关键过程的危险程度。

（2）确定识别出的关键过程对于一项中断业务的风险事件在一定时间段中的财务和/或运营后果。

（3）识别关键的内部和外部利益方的相互依赖关系，包括通过供应链描绘相互依赖关系的性质。

（4）确定在中断风险事件发生后，最小可接受水平下继续运营所需要的现有可用资源和资源水平。

（5）识别在用的或准备开发的备用工作场所和过程。如果中断过程中资源和能力不可及或不充分，需要开发备用工作场所或过程。

（6）基于识别的后果和关键成功因素发挥作用的条件，确定每个过程最大可接受的转场时间（MAO），这个时间是组织可以容忍的最大能力缺失时间期限。

（7）对于特殊的设备或 ICT 设施，确定恢复时间目标（RTO），这是组织修复特殊设备和 ICT 能力的目标时间。

（8）确认处理中断风险事件关键过程的现有准备水平，包括评估过程的冗余水平（如备用设备数量）或现有的替代供应商。

（三）特点

通过分析评估，可以得到关键过程和相互依赖关系的重要性登记表、关键过程损失的财务和运营影响文件、已识别的关键支持资源、关键过程和相关 ICT 恢复的时间节点。

商业影响分析方法具有以下几个特点。

（1）可以对组织达成既定目标的关键过程有深入的理解。

（2）对于组织资源状况的认识。

（3）为帮助组织形成恢复能力而重整运营过程提供了机会。

（4）参与答卷、访谈、研讨的人员可能缺乏相关知识。

（5）工作小组人员的流动和变化可能影响对于一个关键过程的完整分析。

（6）对于恢复需求的期望可能会超越现实。

（7）对于组织的运营和活动的理解水平可能影响评估结果。

八、原因—影响分析

原因—影响分析（Cause Consequence Analysis）是一种结构化方法，用于识别不期望事件或问题发生的可能原因。其原理是把信息按鱼骨图或树状图的形式进行梳理，把可能的因素进行分类，使所有可能的假设情形都被考虑进去。方法本身并不认定原因，而是由实际证据和经验去检验假说是否成立。因此，原因—影响分析提供出原因和结果之间的一个图示化的清单，影响结果可以是正向的（目标），也可以是负向的（问题）。可以作为根源分析的一种方法。

（一）步骤

本方法采用专家组讨论的方式，针对各种可能的情形，由小组提出并达成一致，提出最可能的原因可以用经验检验或可以数据评估。分析的开始开阔思路，寻求所有的可能原因，可以为正式建立假说提供有益帮助。

本方法的资料来源于参与专家的经验或已开发和使用模型的结果，其主要分为七个步骤。

（1）设定要分析的影响结果，根据具体情形，影响可以是正向的（目标）或负向的（问题）。

（2）用鱼骨图形式确定主要的原因分类。典型的分类可以是人、设备、环境、过程等，应根据具体情况进行分类。

（3）对于各分类填写可能的原因，用分支和子分支描述原因之间的关系。

（4）在推导原因时，要问为什么、什么引起。

（5）检查所有分支的一致性和完整性，确信原因适合主要的影响结果。

（6）根据团队观点和可用证据识别出最可能的原因。

（7）结果将用鱼骨图或树状图形式表达，不同的分支表示不同的分类方式。图示化的原因和影响通常是定性的，如果对于每个原因设定发生的可能性，也可以推导出影响的发生概率。然而，各种原因之间往往相互作用，影响概率的考虑是非常复杂的。

（二）特点

原因—影响分析方法得到的鱼骨图或树形图需要对可能的原因进行经验检验。本方法主要有以下几个特点。

（1）在团队环境下发挥专家的作用，但专家可能不容易寻找。

（2）它是一种结果化分析方法。

（3）考虑了所有可能的假设。

（4）图示化结果比较容易阅读和理解。

（5）可以识别期望影响和不期望影响的原因，正向的关注可以鼓励参与者的积极性。

（6）方法本身不是一个完整的过程，需要根源分析方法来补充。

（7）更像一种头脑风暴，而不是一种独立的方法。

（8）进行相关原因分类时，很难有充分理由解释分类原则（如设备失效是由于人的失误还是设计原因）。

第五章　风险分析

根据风险评估过程，为了提高风险管理的有效性，应该在风险评估阶段回答五个问题。

（1）可能发生什么？为什么会发生？可能产生什么后果？

（2）产生后果的程度？

（3）这些后果在未来发生的可能性有多大？

（4）是否存在可以减轻风险后果、降低风险可能性的因素？

（5）风险等级是否是可容忍或可接受的？是否需要进一步应对？

风险分析这一子过程主要负责对第二至第四项问题做出回答。

第一节　风险分析基本概念

一、术语定义

“风险分析”是风险管理领域中的重要术语，在 ISO Guide 73：2009 中，将其定义为：风险分析（Risk Analysis）是理解风险特性和确定风险等级的过程。该定义还包括两个注释。

注 1：风险分析为风险评价和风险应对决定提供基础。

注 2：风险分析包括风险估计。

由此可见，所谓风险分析包括风险估计，是指在风险分析过程中，会应用到对风险后果和可能性的数值估计，通过对数值的估计，才能深化对风险特性的理解。

风险分析过程的目的就是要建立对风险的理解，并为风险评价、是否有必要进行风险应对和做出最恰当的风险应对战略和方法的决定提供输入。

风险大小取决于风险事件发生的可能大小与风险事件带来的损失或机会收益

价值的大小。对特定风险，风险度量就是测定其风险事件发生的概率及损失程度或机会价值。

在 ISO Guide 73：2009 中，还对“风险分析”相关的概念做出了定义。例如：风险的特许包括“后果”“可能性”“脆弱性”，它们同时是度量“风险等级”的重要方面。与“可能性”相关的概念有“概率”和“频率”。

后果（Consequence）是一个影响目标的事件后果。该定义包括四个注释。

注 1：一个事件可能导致各种结果。

注 2：后果可能是确定的或不确定的，对目标的影响可能是正面的或负面的。

注 3：后果可以定性或定量的表示。

注 4：连锁效应可能使最初后果升级。

可能性（Likelihood）是事件发生的可能程度。该定义有两个注释。

注 1：无论如何定义、测量或以目标的、学科的、定性的、定量的确定，还是用一般词汇或数学上的描述（如概率或在给定时间范围的频率），在风险管理的专用术语中，可能性一词被指定用于某事发生的可能程度。

注 2：“可能性”这一英语词汇在其他语言中没有直接对应的词汇；作为替代，经常使用“概率”一词。然而，在英语中“概率”一词经常作为范围较窄的数学词汇。因此，在风险管理专用术语中，使用“可能性”一词时，应注意它与许多语言中使用的“概率”一词具有相同的内涵解释，而不局限于英语中“概率”一词的意义。

概率（Probability）是随机事件发生可能性的测量，以 0 ~ 1 的数字表示，其中 0 代表不可能发生，1 代表一定发生。

频率（Frequency）是在确定的单位时间内，事件或结果发生的次数。

注：频率适用于过去事件或潜在的未来事件，可作为测量可能性或者概率。

脆弱性（Vulnerability）是事物的内禀性质，该性质对导致一个事件并产生结果的风险源具有敏感性。

二、分析风险后果

在风险识别过程中，已经对可能发生的风险事件、风险源、风险原因、后果的形态及是否有管控措施等进行了识别，进入风险分析阶段，则要在此基础上，对风险事件可能造成的后果进行全面分析。

后果分析主要包括四个方面的内容。

（一）后果的性质

因为风险具有二重性，因此在本阶段要分析风险事件后果对目标的影响是正面的还是负面的。

（二）直接后果与间接后果

通过分析了解哪些是事件发生后所造成的直接后果，哪些是由直接后果进一步导致的间接后果。对直接后果与间接后果的分析和区分，将有助于组织选取正确的应对方式。

（三）后果的严重程度

对同一风险事件，可能有不同形态的后果，那么在进行风险分析时，就要对后果中不同形态的后果分别进行严重程度分析。比如，风险事件是厂区发生爆炸，那么后果就可能有人员死亡、人员受伤、设备毁损、房屋倒塌、电力中断等，在风险分析阶段就要分别分析死伤人数、毁损情况和财产损失等不同形态的严重程度。通过考虑不同形态的重要性，进而得到一个事件后果的严重程度。在风险分析过程中，组织按照已经建立的“风险准则”，来对风险清单中的所有风险进行后果大小的分析。这部分内容将在“风险评价”中“风险准则”部分进行论述。

（四）后果的升级

如果一个风险事件的发生，其后果会通过传输作用、连锁效应等，使得其原有直接后果的严重程度升级，那么在风险分析阶段，应关注这一过程，并分析升级的程度、范围等。

对风险后果的分析不仅帮助组织了解风险事件发生后可能产生的影响、影响的程度，在分析过程中也有助于组织回顾风险识别阶段所识别出的风险源、风险原因等信息的准确性。

三、分析发生的可能性

风险的大小并不只通过后果的严重程度来体现，还有一个重要的要素就是发生的可能性。在风险识别过程中，已经对可能发生的风险事件、风险源、风险原因、后果的形态及是否有管控措施等进行识别，进入风险分析阶段，则要在风险事件的基础上，对事件发生的可能性进行全面分析。

通常分析发生的可能性是在识别并确定潜在的风险事件以及风险后果后进行。这也是在遵循人们对风险认知的通常行为逻辑而做出的。因为人们在识别“不确定性对目标的影响”时，首先想到的就是基于已有经验或信息而得出的风险事件，其次是这些事件的后果。通过对事件的识别和对后果的初步识别，就可以对风险信息有了基本的范围，形成风险清单，进而可以加以分析。

分析发生的可能性主要包括三个方面的内容。

（一）明确分析发生可能性的时机

对发生的可能性进行分析，应该在识别并确定潜在风险事件、风险后果之后进行。

（二）分析发生可能性的范围

对风险清单中的任何一个风险事件，都应该进行发生可能性的分析。

（三）分析发生可能性的严重程度

对风险事件发生可能性严重程度的分析是风险分析过程中的重要内容，在风险分析过程中，组织按照已经建立的“风险准则”对风险清单中的所有风险进行发生可能性大小的分析。

在分析发生可能性的严重程度时，应特别注意三个问题。

问题一：是否要对不同形态的后果发生可能性的严重程度分别进行分析？

通常情况不需要。因为当某一潜在风险事件发生时，其后果无论是否具有多种形态，都是同一事件导致的结果，而事件发生本身的可能性是相同的，只是不同形态的后果之间严重程度可能差异很大。但是，不排除随着对某些特定风险的深入探究，特别是存在风险传导或叠加的领域，对不同形态后果发生的可能性进行独立分析，将有助于改善人们对该领域风险的深入理解。

问题二：是否要对不同的风险源或风险原因发生的可能性进行分析？

需要。只有通过风险识别和风险分析阶段对风险清单中各项内容的收集、沟通、分析等，才可能看出对组织目标产生影响的不确定性往往是由多个风险源或风险原因组成的，而这些源或原因发生的可能性并不完全一致。这使得人们可以也有必要通过对不同风险源或风险原因发生的可能性进行分析，来改进对风险的认识，为风险应对提供更充分的信息输入。

问题三：是否仅对风险清单中已列出的风险事件进行发生可能性的分析？

否。依据风险识别的结果进行风险发生可能性的分析能成为一种通行的方式，是与人对风险的认知过程密切相关的。因为在对风险的认识和理解过程中，人们往往最先想到的是自己遇到过或听说过的对目标产生影响的事件，因此通常是发生概率比较高的事件。在风险识别过程中，往往不会采用“穷举法”，将所有可能的风险事件进行列示。这就导致某些被遗漏掉的风险源或风险原因虽发生概率极低，但一旦发生后果影响重大。因此，在风险分析阶段，通过对风险发生的可能性分析，不仅分析发生可能性高的事件，也分析发生可能性很低的事件，使得对风险的认知更为科学、完整。

四、确定风险等级

在风险分析子过程中，需要根据风险事件的“后果”和“可能性”“脆弱性”等风险特性，确定“风险等级”。根据“风险等级”，组织可以对面临的风险进行各类排序，“风险矩阵”是排序结果的一种直观明确的表现形式。在 ISO

Guide 73：2009 中，对“风险等级”给出了定义。

风险等级（Level of Risk）是指一个风险或组合风险的大小，依据后果和可能性的组合来表示。

通过定义可以看出，风险等级就是指风险的大小，且通过后果和可能性两方面整体考量。因为风险等级是指风险的大小，因此可以通过定量或半定量的方式来表示。

（一）风险等级的表达式

按照上述定义，如果用 R 来表示风险等级，用 C 来表示后果，用 P 来表示发生的可能性，则风险等级 R 的一般表达式为：

$$R = f(P, C) \tag{5-1}$$

即风险等级 R 是可能性（P）和后果（C）两者的函数，“结合”考虑 P 和 C 来获得风险等级 R 的大小。风险等级必须结合考虑 P 和 C，但“结合”的方式可以有多种，从数学表达式的简洁性和易于理解的角度，最普遍接受的风险等级表述是可能性（P）与后果（R）的相乘的方式。即：

$$R = P * C \tag{5-2}$$

通过分析可以分别得到可能性（P）和后果（C）的值，但两者不同的结合方式，风险等级的大小可能是不同的。同时，P 值、C 值以及它们的不同结合方式都可以作为风险准则的建立基础（见图 5－1）。

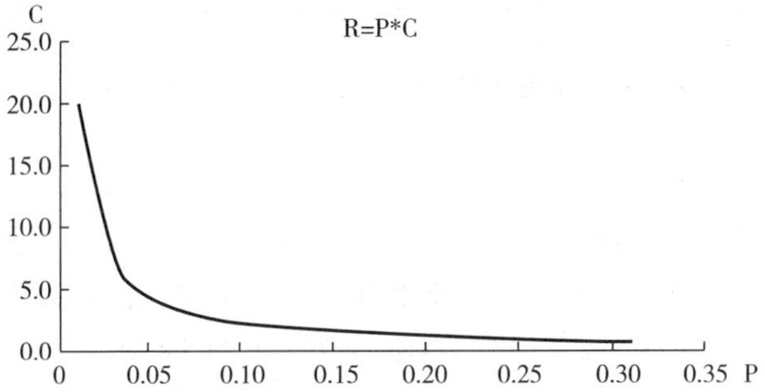

图 5－1　系统（或组织）与风险发生的关系（1）

除了考虑可能性和后果两个重要因素外，在风险等级度量中还要考虑其他因素，如将“脆弱性”“结合”到风险等级的描述中。以 V 表示系统（或组织）的脆弱性（假设以分级评价系统特性对风险后果的敏感程度），则系统（或组织）的风险等级可以描述为：

$$R = V * P * C \tag{5-3}$$

或

$$R = P * C^{V} \tag{5-4}$$

具体如图 5 -2 和图 5 -3 所示。

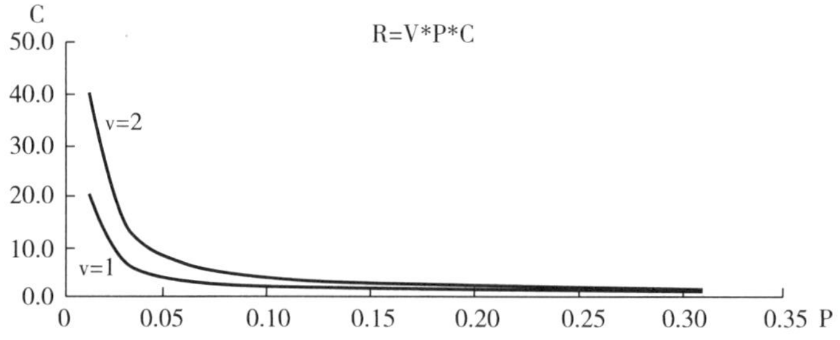

图 5 -2 系统（或组织）与风险发生的关系（2）

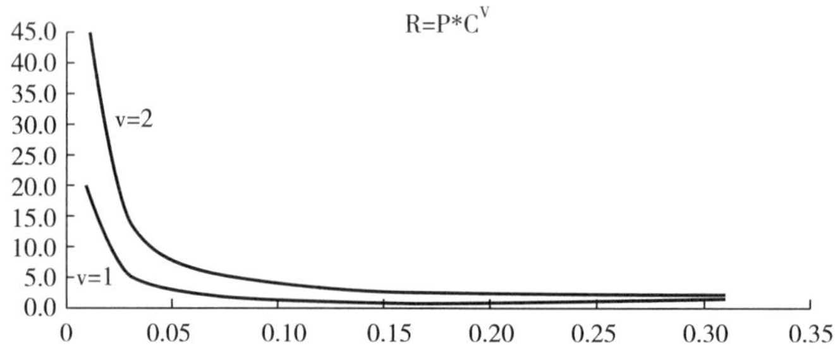

图 5 -3 系统（或组织）与风险发生的关系（3）

（二）风险等位线

与风险等级密切相关的一个重要概念是风险等位线，风险等位线是风险等级相同的（P，C）所有组合形成的一条曲线。从风险等位线可以看出所评估风险的一些特性，也可以用以表达组织的风险偏好和风险容忍度。

以最常用的 P、C 相乘结合方式为例，如果以 P 为横坐标、C 为纵坐标构成一个二维平面，则不同的风险等级 $R_0 = R(P, C)$，都可以得到一条曲线，该曲线上所有点（P，C）所对应的风险等级具有相同的数值 R_0。在由 P 和 C 构建成的二维平面中，所有具有相同风险等级数值的点连接在一起，就获得了对应该风险等级数值的风险等位线。

风险等位线的确定对风险应对有重要作用。其中，风险可接受线 RA 和风险可容忍线 RT 又是其中最为重要的划分（见图 5 -4）。

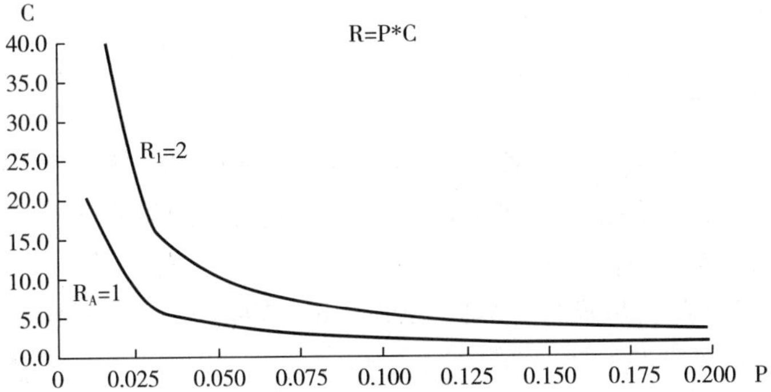

图 5－4　风险等位线示意图

（三）项目的总风险等级

在对某一项目或过程进行风险识别时，通常会识别出若干不同的风险，并经过风险分析逐一获得这些风险的风险等级数值。在做决策时，通常需要根据项目或过程的总体风险等级数值来进行，我们可以采取以下方式对项目或过程的总风险等级进行计算：

$$R = \sum_{i=1}^{n} \rho_i R_i \tag{5-5}$$

式（5－5）中，R_i 是项目或过程中某一风险的风险等级数值，i 是风险的序号，n 是风险总个数，ρ_i 是第 i 个风险在总风险中所占的权重，其反映了该风险在项目或过程中所起到作用的重要程度。

风险等级为风险评价提供输入。

五、评价控制措施

在风险识别阶段，我们已经对该风险“是否已经制定了控制措施，具体是什么”以及“如果已经制定了控制措施，该控制措施是否在执行”进行了识别，从实际操作的角度，在风险分析阶段还需对控制措施做进一步的评价，因为控制措施会对风险分析产生重大影响。

举例来说，当某一企业在进行安全风险识别时，识别出了如果生产储运管线腐蚀和被外力破坏一旦发生断裂，会导致生产停滞、设备毁损、污染液体渗漏、财产损失等后果。如果不将控制措施纳入风险评价过程，即视同为没有任何控制措施的情况下，该风险的后果 C 为“十分严重”，同时发生的可能性 P 为“很可能发生”。通过识别发现，企业会对管线腐蚀程度进行定期检测并对腐蚀严重的管段进行更换，但对被外力破坏还没有什么控制措施。对管线腐蚀程度进行检测并对腐蚀严重的管段进行更换，在一定程度上将改变该风险发生的可能性。通过沟通和分析，最终企业将该风险发生的可能性降低为“可能发生”，从而也改变了整体风险的大小。

六、风险矩阵

风险矩阵也可以称为风险图，是风险识别、风险分析结果的重要表现形式之一，它以风险可能性和后果表述企业（或其他组织）的风险分布，判断进行风险评估事项的风险格局。

在ISO Guide 73：2009中，风险矩阵（Risk Matrix）是通过确定后果和可能性来排序和显示风险的工具。

ISO/IEC31010：2009《风险管理——风险评估技术》将风险矩阵作为风险评估方法的工具之一，适用于风险评估的识别、分析、评价各个子过程。风险矩阵以定性的方式，简化了风险评估、形成对策的过程，其可以作为定量分析的基础，明确定量分析的重点。风险图被广泛地使用，可以把风险意识、管理操作融入企业的管理实践中。在许多企业中，在风险管理的起步阶段，风险图本身被作为风险评估的一种方法。

（一）特点

风险矩阵具有以下特点：

（1）成本低、印象深。通常风险矩阵是一个二维的表格，对风险进行半定性分析，其优点是操作简便快捷，因此得到较为广泛的应用。

（2）直观的图形化说明，易形成企业风险认识的共同语言。

（3）易划分区域，明确企业风险管理方针。

（4）不是确定的解决方案，而是深化风险认识的基础。

（二）步骤

1. 识别风险（可以在风险识别子过程完成）

全面覆盖需要进行风险评估的活动，发现对企业经营有影响的各种风险因素。

建立组织对进行风险评估相关风险事件描述、确认的“通用语言”。

对风险评估范围内的组织、流程、业务或特定事项内的各类风险因素、风险事件进行识别。

2. 风险分析

对第一步选中的每项风险，需要分析其发生的因素是内部还是外部的，以及风险因素触发的途径。记录这些途径有助于确定控制风险的过程和手段；对搜集风险事件的分析结果的共享，有助于企业各个方面的理解。

根据标准为每个风险因素确定后果的等级。一般分3～5档，可以给出相应的状态描述，如对于涉及安全的危害性风险状态可以按以下标准分级。

（1）非常严重：导致灾难性的伤害。该类伤害可导致死亡、身体残疾等。

（2）严重：会导致不可逆转的伤害（如疤痕等），这种伤害需要在急诊室治疗或住院治疗。该类伤害对人体将造成较严重的负面影响。

（3）一般：在门诊对伤害进行处理即可。该类伤害对人体造成的影响一般。

（4）微弱：可在家里对伤害自行处理，不需就医治疗，但对人体造成某种程度的不舒适感。该类伤害对人体的影响较轻。

3. 可能性分析

对应每个识别的危险状态，估计其发生的可能性。一般根据进行风险评估事项的行业特点，分成若干档，如五档：很低、低、中等、高、很高。不同行业每档的发生概率可能相差很大，如某危害性风险评估的发生可能性分档标准为：

（1）伤害事件发生的可能性极大，在任何情况下都会重复出现。

（2）经常发生伤害事件。

（3）有一些伤害事件发生的可能性，不属于小概率事件。

（4）有一些伤害事件发生的可能性，属于小概率事件。

（5）会发生少数伤害事件，但可能性极小。

（6）不会发生，但在极少数特定情况下可能发生。

4. 风险矩阵绘制

根据步骤 2 和步骤 3 的结果，在矩阵图上找到对应的交点，得出风险分析结论。

图 5－5 是某科技快消品生产企业的风险评价结果矩阵。

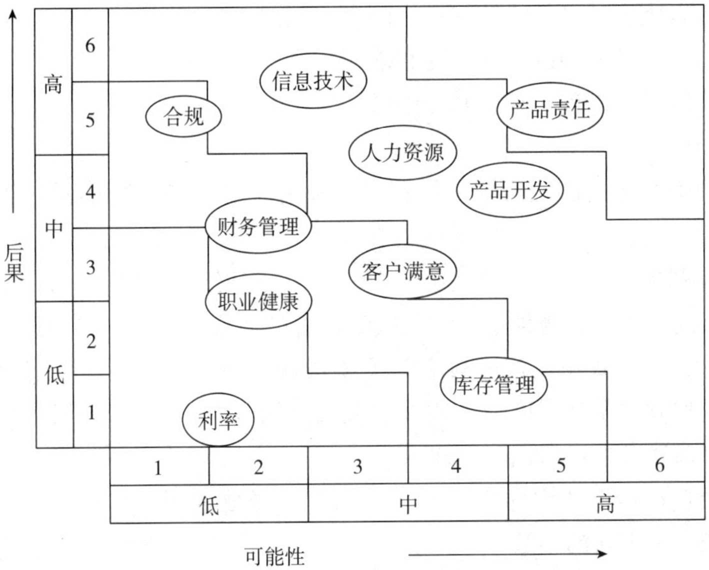

图 5－5　某科技快消品生产企业的风险评价结果矩阵

第二节 常用风险分析方法

一、结构化访谈

结构式访谈（Structured Interview）又称标准化访谈（Standardized Interview），它是一种对访谈过程高度标准化控制的访问。每个受访者都会对事先设计的问题集中，对不同的情景做出判断和回答，从而分析识别出该情景下的风险。半结构化访谈与此类似，但允许访谈者直接对于问题和情景的讨论更自由些。

（一）特点

访谈的问题按照统一的标准和方法选取，一般采用概率抽样，即对所有被访问者提出的问题，提问的次序和方式以及对被访者回答的记录方式等是完全统一的。通过事先要统一设计、有一定结构的问卷和详细说明的访问指南，消除被访谈者可能对问卷存在的误解。总体来说，本方法有以下五个特点。

（1）可以通过访谈让人们对特定问题进行思考。

（2）一对一的交流可能加强问题讨论的深度。

（3）可以比头脑风暴法容纳更多的利益相关者参与讨论。

（4）本方法是一种以时间消耗获取多种观点的方法。

（5）一般不能出现头脑风暴法中激发想象的作用。

（二）要求

（1）清晰地定义访谈目标，从利益相关者中选出访谈者名单，准备相关问题集。

（2）问题集的作用是引导被访谈者，在可能条件下，提问应该是表述简单、结果开放、问题单一、语种适当，从被访谈者的回答应该可以清晰地寻求结果。

（3）如果结构式访谈规模较大，需要访谈者数量较多，访谈者之间对问题的理解与处理方式及其态度、素质、经验等对访问结果有决定性的影响。这时，需要事先对访谈者进行培训与沟通。

（4）提问应避免“引导式”的，给回答者开放的回答空间。访谈的灵活性可能使访谈探索出新的领域。

（5）对偏差的容忍不同可以通过分组去除。

（三）优点和缺陷

（1）对于在无法集中人员进行头脑风暴法，或自由讨论不适合问题的类型和会议形式不适合参与会议的人员时，结构化或半结构访谈是非常有效的。

（2）特别适合于识别风险控制措施本身的风险因素或/及评价措施本身的后果，可以运用于项目或过程的任何阶段，是利益相关者进行风险评估的一种方法。

（3）访问结果方便量化，便于统计分析，能够控制调查结果的可靠程度。

（4）回收率一般较高。

（5）可以了解到问题之外被访谈者的态度，可选择性地对某些特定问题作深入调查，因而大大扩展了应用的范围。

（6）与自填式问卷相比，可能会触及敏感性、尖锐性或有关个人隐私的问题。

（7）成本相对检查表法或其他问卷方法费用更高。

（8）访谈花费时间较长，往往使调查的规模受到限制。

二、头脑风暴法

头脑风暴法（Brainstorming）又称智力激励法、BS 法、自由思考法，是由美国创造学家 A. F. 奥斯本于 1939 年首次提出、1953 年正式发表的一种激发性思维的方法。它刺激并鼓励一群知识渊博的人员畅所欲言，以发现潜在的失效模式及相关危险、风险、决策标准及/或处理办法。“头脑风暴法”这个术语经常用来泛指任何形式的小组讨论。

此法经各国创造学研究者的实践和发展，至今已经形成了一个发明技法群，如奥斯本智力激励法、默写式智力激励法、卡片式智力激励法等。

该方法广泛运用于风险评估，方法的输入是一个熟悉被评估的组织、系统、过程或应用的专家团队的集中观点，输出取决于该结果所应用的风险管理过程的阶段。

（一）特点

头脑风暴法可分为直接头脑风暴法（通常简称为“头脑风暴法”）和质疑头脑风暴法（也称“反头脑风暴法”）。前者是在专家群体决策中尽可能激发创造性，产生尽可能多的设想方法，后者则是对前者提出的设想、方案逐一质疑，分析其现实可行性的方法。

头脑风暴法的激发机理为联想反应、热情感染、竞争意识、个人欲望。

（1）联想反应。在集体讨论问题的过程中，每提出一个新的观念，都能引发他人的联想，相继产生一连串的新观念，形成新观念堆，为创造性地解决问题提供了更多的可能性。

（2）热情感染。在不受任何限制的情况下，集体讨论问题能激发人的热情。自由发言可以突破固有观念的束缚，最大限度地发挥创造性的思维能力。

（3）竞争意识。人人争先恐后，竞相发言，不断地开动思维机器，力求有独到见解，新奇观念。

（4）个人欲望。在集体讨论解决问题的过程中，个人的欲望自由、不受任何干扰和控制是非常重要的。

（二）步骤

采用头脑风暴法组织群体决策时，要集中有关专家召开专题会议，主持者以明确的方式向所有参与者阐明问题，说明会议的规则，尽力创造融洽轻松的会议气氛。一般不发表意见，以免影响会议的自由气氛。由专家们“自由”提出尽可能多的方案。

头脑风暴法可以是正式的，也可以是非正式的。正式的头脑风暴法组织化程度很高，其中参与人员提前准备就绪，而且会议的目的和结果都很明确，有具体的方法来评价讨论思路。采用电脑头脑风暴法可以是匿名的，这样就可以避免有可能妨碍思路自由流动的个人或政治问题。在名义群体技术中，想法匿名提交给主持人，然后集体讨论。在一个正式的过程中，应至少包括以下七个环节。

（1）讨论会之前，主持人准备好与讨论内容相关的一系列问题及思考提示。

（2）确定议题。明确议会的目标并解释规则，使与会者明确通过这次会议需要解决什么问题，不限制可能的解决方案范围。

（3）资料准备。收集相关资料，以便与会者了解与议题有关的背景材料和外界动态。会场可作适当布置，座位排成圆环形的环境往往比教室式的环境更为有利。

（4）确定人选。一般以 8 ~ 12 人为宜，与会者人数太少不利于激发思维，人数太多则每个人发言的机会相对减少，影响会场气氛。

（5）明确分工。要推选 1 名主持人，1 ~ 2 名记录员（秘书）。主持人的作用是在头脑风暴畅谈会开始时重申讨论的议题和纪律，在会议进程中启发引导大家探讨各种观点，尽量多发现问题。主持人应当掌握进程，正反观点输入都要接受，切忌对任何观点加以批评，同时小组思路快速推进，使这些观点激发出大家的横向思维。记录员应将与会者的所有设想都及时编号，简要记录。

（6）规定纪律。与会者一般应遵守：集中精力，积极投入；不私下议论，影响他人思考；发言针对目标，不做过多解释；相互尊重，平等相待等。

（7）掌握时间。会议时间由主持人掌握，一般以几十分钟为宜。经验表明，创造性较强的设想一般要在会议开始 10 ~ 15 分钟后逐渐产生。美国创造学家帕内斯指出，会议时间最好安排在 30～45 分钟。当某一方向的思想已经充分挖掘或是讨论偏离主题过远，主持人可以引导与会人员进入新的方向，但其目的在于收集尽可能多的不同观点，以便进行后面的分析。

（三）优点及局限

头脑风暴法可以与其他风险评估方法一起使用，也可以单独使用，来激发风险管理过程及系统生命周期中任何阶段的想象力。头脑风暴法可以用作旨在发现问题的高层次讨论，也可以用作更细致的评审或是特殊问题的细节讨论。该方法的主要优点包括：

（1）激发想象力，有助于发现新的风险和全新的解决方案。

（2）让主要的利益相关者参与其中，有助于进行全面沟通。

（3）速度较快并易于开展。

该方法的主要局限包括：

（1）参与者可能缺乏必要的技术及知识，无法提出有效的建议。

（2）相对松散，因此较难保证过程的全面性。

（3）可能会出现特殊的小组状况，导致某些有重要观点的人保持沉默而其他人成为讨论的主角。

三、结构化假设分析

结构化假设分析（SWIFT），最初是作为 HAZOP 的替代方法推出的，它是一种系统的、团队合作式的研究方法，利用了主持人在讨论会上运用的一系列“提示”词或短语来激发参与者识别风险。主持人和团队使用标准的“假定分析”式短语以及提示词来调查正常程序和行为的偏差对某个系统、设备组件、组织或程序产生影响的方式。通过系统化的以小组讨论的形式对一组“如果……怎么办……”问题的回答去识别风险。参与讨论的人员通过对标准的“如果……怎么办……”问题和相关提示，去讨论系统、单元、组织或过程偏离正常操作或行为时产生的影响。与 HAZOP 相比，SWIFT 用于某个系统的更多层面，一般应用于系统复杂水平较低的风险识别过程，对细节要求较低。

（一）步骤

虽然 SWIFT 的设计初衷是针对化学及石化工厂的危险进行研究，但是该技术现在广泛地用于各种系统、设备组件、程序及组织，尤其是用来分析变化的后果以及由此带来的风险变化或新产生的风险。

SWIFT 一般过程如下所示：

（1）确定分析目标。分析目标可以与风险事件相联系，进一步确定要分析的系统、业务单元、组织或活动。讨论会应讨论并约定项目、系统、变化或情况的内外部背景以及研究范围。

（2）选择小组人员。分析人员应熟悉业务流程、生产工艺和识别类似风险的经验，一般应有该工作的现场人员参加。

（3）在开展研究之前，主持人应准备一份相关的词语或短语提示单。该清单可以基于一系列标准的词语或短语，也可以是为便于对危险或风险进行综合分析而形成的词语或短语。

常用准备的资料一般包括工艺流程、岗位说明书、作业指导书、平面布置图、控制图、监测点分布图、岗位联络方式、维修记录等。

（4）主持人要求参与者提问并讨论。

检查和提问，按现场情况和工作流程进行提问，由操作人员进行回答，一直到流程结束，问题可能涉及：

①风险和危害的知识，已知的风险和危险。

②以往的经历、经验、事故或事件。

③已知和现有的控制和保护、保障措施、管理规定。

④监管要求和限制措施。

（5）使用“假定分析”这样的短语及提示词或主题以形成问题，达到引导讨论的目的。计划使用的“假定分析”短语包括“要是……怎么办?” “如果……会发生”“某人或某事会……”以及“有人或有事曾经……”，其目的是激发研究团队探讨潜在的情景及其原因和后果以及影响。

（6）总结归纳发现的风险，分析现有的控制措施。

对提出的问题及答案进行分析整理，找出存在风险的点。由讨论小组确认风险及其原因、后果和预期控制的描述。小组内对于风险描述、原因、结果、期望的措施进行确认并留有记录。

讨论小组分析控制措施是否充分有效，就风险控制效果的声明达成一致。如果未达到满意的效果，应提出可能的风险控制措施，团队应继续风险应对工作并界定潜在的控制措施。

（7）在本次讨论中，提出更多的“假定分析”问题，以识别更多的风险。讨论中可以形成新的“如果……怎么办……”问题，并重复现场提问过程去识别风险。

（8）主持人利用提示单来监督讨论并建议团队讨论其他问题和情景。

（9）通常要使用定性或半定量风险评估方法来对按先后顺序排列的行动进行等级划分。一般来说，在使用这种风险评估方法时，要考虑现有的控制措施及其效果，也可以作为进一步量化分析的基础。

（二）输入输出

SWIFT 方法在开始进行研究之前，必须对系统、设备组件、程序及/或变化进行认真界定。主持人应通过访谈以及对文件、计划和图纸的全面分析建立内外部背景。一般来说，研究涉及的项目、情况或系统应划分成节点或关键要素以便于开展分析过程，而这在 HAZOP 的界定层面中很少涉及。

另一个关键输入数据是经过认真挑选研究团队的专业知识和经验。其中，所有利益相关者的观点都要得到反映，如果可能的话，应当将其与拥有类似项目经验或情况经历人员的观点统筹考虑。

输出结果是一个风险列表，记录了不同风险等级的行动或任务。这些任务就成了风险应对计划的基础。

（三）优点和缺陷

1. SWIFT 方法的优点

（1）广泛用于各种形式的物理设备或系统、情况或环境、组织或活动；作为风险评估的工具时，评估对象可以是工厂、系统、情形、环境、组织或活动。

（2）对团队的准备工作要求较低，讨论小组准备工作量较小。

（3）速度较快，同时主要的危害和风险因素在讨论会上很快凸显出来。

（4）分析是以“系统导向”的，使参与者关注系统对于偏差的响应，而不是仅仅检查现有设施的缺陷及其后果。

（5）可以被用于识别改进系统或流程改进的机会，因此可以发现产生积极影响的措施及其可能性。

（6）加强了参与讨论的人员对现有措施和进一步风险应对的认识，强化了他们的风险意识和责任感。

（7）调研结果简单修改后，可以形成风险登记表和措施计划。

（8）虽然通常使用风险评级的定性或半定量形式来进行风险评估，但是可通过 SWIFT 来识别那些可以进行定量分析的风险和危险。

2. SWIFT 的局限

（1）需要组织者和小组成员有丰富的风险识别经验，有效地组织调研；特别要求组织者经验丰富、能力较强、工作效率高。

（2）如果组织不好可能会浪费团队的时间，如果经验不足，可能是问题不充分，从而遗漏一些风险因素。

（3）如果讨论会团队缺乏足够丰富的经验或是如果提示系统不够全面，那么有些风险或危险可能就无法识别。

（4）即使本技术得到有效运用，且在更高层次使用本方法也可能会显现复杂、细致和因素关联等现象。

四、决策树

决策树（Decision Tree）利用了概率论的原理，用一种树形图（称为决策图）作为分析工具。决策树由一个决策图和可能的结果（包括资源成本和风险）组成，用决策点代表决策问题，用方案分支代表可供选择的方案，用概率分支代表方案可能出现的各种结果，经过对各种方案在各种结果条件下损益值的计算比较，用来创建达到目标的规划。对于项目风险评价，决策树是在已知各种情况发生概率的基础上，通过构成决策树来求取净现值的期望值大于等于零的概率，判断其可行性的决策分析方法。由于这种决策分支画成的图形很像一棵树的枝干，故称决策树。在机器学习中，决策树是一个预测模型，他代表的是对象属性与对象值之间的一种映射关系。这一度量是基于信息学理论中熵的概念。

（一）原理

决策树是一种树形结构，其中每个内部节点表示一个属性上的测试，每个分支代表一个测试输出，每个叶节点代表一种类别。决策树由以下三个部分组成。

（1）决策点（决策节点）。是对几种可能方案的选择，即最后选择的最佳方案。如果决策属于多级决策，则决策树的中间可以有多个决策点，以决策树根部的决策点为最终决策方案。

（2）状态节点（机会节点）。代表备选方案的经济效果（期望值），通过各状态节点的经济效果的对比，按照一定的决策标准就可以选出最佳方案。由状态节点引出的分支称为概率枝，概率枝的数目表示可能出现的自然状态数目，每个分支上要注明该状态出现的概率。

（3）结果节点（终结点）。将每个方案在各种自然状态下取得的损益值标注于结果节点的右端。

每个决策树都表述了一种树型结构，它由其分支来对该类型的对象依靠属性进行分类。每个决策树可以依靠对源数据库的分割进行数据测试。这个过程可以递归式的对树进行修剪。当不能再进行分割或一个单独的类可以被应用于某一分支时，递归过程就完成了。另外，随机森林分类器将许多决策树结合起来以提升分类的正确率。

决策树同时也可以依靠计算条件概率来构造。

决策树如果依靠数学的计算方法可以取得更加理想的效果。数据库如下所示：

$$(x, y) = (x_1, x_2, x_3 \cdots, x_k, y) \tag{5-6}$$

式（5－6）中，相关的变量 y 表示我们尝试去理解，分类或者更一般化的结果。其他的变量 x_1、x_2、x_3 等则是帮助我们达到目的的变量。

（二）过程

决策树的每个节点上的子节点的个数与决策树在用的算法有关，如 CART 算法得到的决策树每个节点有两个分支，这种树称为二叉树。允许节点含有多于两个子节点的树称为多叉树。

每个分支要么是一个新的决策节点，要么是树的结尾，称为叶子。在沿着决策树从上到下遍历的过程中，在每个节点都会遇到一个问题，对每个节点上问题的不同回答导致不同的分支，最后会到达一个叶子节点。这个过程就是利用决策树进行分类的过程，利用几个变量（每个变量对应一个问题）来判断所属的类别（最后每个叶子会对应一个类别）。各种决策树算法之间的主要区别就是对这个“差异”衡量方式的区别。

剪枝是决策树停止分支的方法之一，剪枝分预先剪枝和后剪枝两种。预先剪枝是在树的生长过程中设定一个指标，当达到该指标时就停止生长，这样做容易产生“视界局限”，就是一旦停止分支，使节点 N 成为叶节点，就断绝了其后继节点进行“好”的分支操作的任何可能性。不严格地说这些已停止的分支会误导学习算法，导致产生的树不纯度降差最大的地方过分靠近根节点。后剪枝中树首先要充分生长，直到叶节点都有最小的不纯度值为止，因而可以克服“视界局限”。其次，对所有相邻的成对叶节点考虑是否消去它们，如果消去能引起令人满意的不纯度增长，那么执行消去，并令它们的公共父节点成为新的叶节点。这种“合并”叶节点的做法和节点分支的过程恰好相反，经过剪枝后叶节点常常会分布在很宽的层次上，树也变得非平衡。后剪枝技术的优点是克服了“视界局限”效应，而且无须保留部分样本用于交叉验证，所以可以充分利用全部训练集的信息。但后剪枝的计算量代价比预剪枝方法大得多，特别是在大样本集中，不过对于小样本的情况，后剪枝方法还是优于预剪枝方法的。

（三）优点和缺陷

1. 决策树在进行风险评估中的优势

（1）易于理解和实现，人们在学习过程中不需要使用者了解很多的背景知识，这同时是它能够直接体现数据的特点，只要通过解释后都有能力去理解决策树所表达的意义。

（2）数据的准备往往是简单或者是不必要的，而且能够同时处理数据型和常规型属性，在相对短的时间内能够对大型数据源做出可行且效果良好的结果。

（3）能够同时处理各种数据类型，如定性、定量；连续数据、离散数据；百分比数据，排序数据等。

（4）以“白箱模型”为基础，对于给定的一个观察模型，根据所产生的决策树很容易推出相应的逻辑表达式。

（5）可以通过静态测试来对模型进行评测，易于通过静态测试来对模型进行评测，可以测定模型可信度。

（6）可以在相对短的时间内能够对大型数据源做出可行且效果良好的结果。

2. 决策树的缺陷

（1）对连续性的字段比较难预测。

（2）对有时间顺序的数据，需要很多预处理的工作。

（3）当类别太多时，错误可能就会增加得比较快。

（4）一般算法分类时，只是根据一个字段来分类。

五、情景分析

情景分析（Scenario Analysis）又称脚本法、前景描述法，“情景”一词最早出现于 1967 年 Kahn 和 Wiener 合著的《2000 年》一书中，是对事物所有可能的未来发展态势的描述，既包括对各种态势基本特征的定性和定量描述，同时还包括对各种态势发生可能性的描述。该方法是对未来可能变化的描述性模型，通常要和其他方法一起使用；一般是定义现实系统的简化模型，考虑未来可能变化对模型结果的影响。情景分析最早出现在第二次世界大战之后不久，当时是一种军事规划方法。美国空军试图想象出它的竞争对手可能会采取哪些措施，然后准备相应的战略。在 20 世纪 60 年代，赫尔曼·卡恩（Herman Kahn），把这种军事规划方法提炼成为一种商业预测工具。该方法使壳牌石油成功地预测到 1973 年的石油危机，并使得这种管理方法的应用和研究逐渐在企业界和学术界流行起来。

（一）原理

情景分析可用来帮助决策并规划未来战略，也可以用来分析现有的活动。它在风险评估过程的三个步骤中都可以发挥作用。在识别和分析那些反映诸如最佳情景、最差情景及期望情景的多种情景时，可用来识别在特定环境下可能发生的事件并分析潜在的后果及每种情景的可能性。

情景分析是一套在不确定的环境中支持风险评估的方法，它不仅能够帮助分析人员提出一些特定的决策建议，同时也使分析人员对需要变革的信号更为敏感。作为一种风险评估的方法，其主要有三个特性。

（1）系统思考。情景与通常的框架模型相比，不是从原则和信念出发，而是从对商业图景的敏锐、切身的感知出发。不是为了“好玩”或“游戏”设定情景，而是看到环境、组织演进的趋势、形态，以及影响变化趋势的系统结构并基于一连串的逻辑和经验事实的推演，可以将影响决策的各种风险因素做周密的全盘深入剖析。

（2）改善心智模式。情景规划是一种使心智保持开放状态的学习方式，是一种思维上的独特的修炼，其核心是改变组织的心智模式。激发参与者的雄心、远见和想象力。

（3）情景分析可用来预计威胁和机遇可能发生的方式，以及如何将威胁和机遇用于各类长期及短期风险评估。在周期较短及数据充分的情况下，可以从现有情景中推断出可能出现的情景。对于周期较长或数据不充分的情况，情景分析的有效性更依赖于合乎情理的想象力。如果积极后果和消极后果的分布存在比较大的差异，情景分析就会有很大用途。

（二）步骤

应用于风险评估的情景分析可以用正式或非正式两类，其中非正式的情景分析有许多不同的方式，如获得风险暴露信息，作为敏感性分析，设定临界值等。正规的情景分析模式与风险管理模式非常相像。

（1）识别与沟通利益相关者，建立分析小组和相关沟通渠道。

（2）关键问题界定与背景分析，如新产品、服务、投资活动等，可以由当前状况的 SWOT 分析为起点。确定了需要处理的问题和事件的背景之后，下一步就是确定可能出现变化的性质。

（3）界定关键要素，对主要趋势、趋势变化的可能时机以及对未来的预见进行研究，根据确定的关键问题以及时间范围来思考决定未来环境发展的可能因素。考虑的变化有：

①外部变化（如技术发展）。

②即将做出的决策，这些决策可能会产生各种不同的后果。

③利益相关者需求及需求的可能变化方式。

④宏观环境的变化（如监管、人口数量等，可能是隐形的、可能带有不确定性）。某种变化可能归因于另一个风险带来的结果。例如，气候变化的风险正在造成与食物链有关的消费需求发生变化，这样会改变哪些食品的出口会盈利以及哪些食品可能在当地生产。

（4）对情景变数予以分类、评级及选定，设计每种情景的因素组合。分类与评级依据重要性、不确定性，可以对分级后情景图示化。选定那些可能最高的情景作为深入分析的“故事”。局部及宏观因素或趋势可以按重要性和不确定性进行列举并排序。应特别关注那些最重要、最不确定的因素。可以绘制出关键因素或趋势的图形，以显示哪些情景可以作为进行开发的区域。

（5）确认各项可能的情景是否被决策人员了解；建议使用一系列的情景，关注每个情景参数的合理变化。为每个情景编写一个“故事”，讲述你如何从此时此地转向主题情景。这些故事可以包括那些能为情景带来附加值的合理细节。

（6）分析、阐释选定情景，比较选定情景与核心问题的关系，该情景下有哪些风险因素存在？提出的措施建议在各种情景下都是有效的吗？这项测试考虑到任何重要但可预测的因素（例如，使用模式），然后分析政策在这种新情景中的“成功”概率，并通过使用以模型假设为基础的“假定分析”来“预先测定”结果。情景只是可能出现的未来经过界定的“片段”，因此关键是要确定需考虑的正在发生的某个特定结果（情景）的可能性。例如，对于最好的情景、最差的情景以及预期的情景，应努力描述或说明每个情景发生的可能性。

（7）运用情景支持组织策略决策，采取的措施在各种情景下的适应性，对于事实上已发生的变化有哪些先兆指标（这些先兆指标对于获得优势和机遇是至关重要的）。当对每个情景的问题或建议进行评估时，显然需要进行修正，以使其更全面或风险更小。

（8）监控选择的先行指标，记录监控过程以便让相关者可以回顾未预期变化的发生和处理过程。当情景正在发生变化时，也可能找出一些能够表明变化的先行指标，监测先行指标并做出反应，可以为改变计划好的战略提供机会。

（三）优点与缺陷

情景分析的必要前提是要有一支团队，其成员了解相关变化的特征（例如，可能的技术进步），同时有丰富的想象力，能预见未来发展，而无须从过去事件中进行推断。掌握现有变化的文献和数据也很必要。分析的结果可能不会有最合适的情景，但可以对最终应对各种选项以及随着指标的变化而调整行动方案的方法有更清晰的认识。使用情景分析法的优点和缺陷有以下三点。

（1）情景分析考虑到各种可能的未来情况，而这种未来情况更适合于通过使用历史数据，运用基于“高级—中级—低级”的传统方法而进行的预测。这些预测假设未来的事件有可能延续过去的趋势。如果目前不甚了解预测的依据或者现在探讨的风险会何时发生，那么这一点就很重要了。

（2）当存在高度不确定因素时，情景分析也可能带来一些根本不现实的情景，这样的分析是浪费时间和可能引起误导。在运用情景分析时，主要的难点涉及数据的有效性以及分析师和决策者开发现实情境的能力，这些难点对结果的分析具有修正作用。

（3）如果将情景分析作为一种决策工具，其危险在于所用情景可能缺乏充分的基础，数据可能具有随机性，同时可能无法发现那些不切实际的结果。本方法最大的困难是数据的可用性、设计现实情景的能力、洞察可能结果的知识背景，这些方面的不足，可能是使用情景分析作为决策支持工具的最大风险。

第三节　其他风险分析方法

一、蝶形图分析

蝶形图分析（Bow Tie Analysis）是一种简单的图解形式，用图示的方法描述风险从因素到后果的路径，可以认为是从左边用事故树分析事件的原因（用蝴蝶结的结表示，构成故障树），到右边用事件树分析结果的统一体。本方法的重点是关注因素与事件、事件与结果之间的屏障。蝴蝶结图可以从事故树或事件树开始，但通常直接从头脑风暴开始。

蝶形图分析用于显示风险的一系列可能原因和后果，用于分析完整的事故树过于复杂而不可靠，或分析更关注失误路径上是否存在屏障或控制的情形，特别是对于有明确、独立的失误路径的风险分析非常有帮助。它比事故树和事件树更容易理解，是分析完成后使用复杂技术的交流工具。

（一）蝶形图分析具体步骤

（1）输入资料，包括风险事件的原因、结果、屏蔽、控制（实际的或模拟的）。

（2）识别需要分析的具体风险，表示为蝶形图的中心结。

（3）识别由风险源到事件的传导机制，列示引致结果的原因清单。

（4）在每项原因（风险因素）和风险事件（结果）之间连线形成蝴蝶结的左边；如果有引起风险事件的新原因也标注在图中同一条线上。

（5）如果有可以阻止不希望结果的屏蔽画成穿过雷达线的竖线，对新原因的屏障也可以表示出来。产生正向后果的屏障就是“控制措施”，用于模拟控制效果。

（6）蝶形结的右边画出识别出风险的不同潜在后果，从风险（中心结）发散到不同潜在后果。

（7）支持控制的管理职能（如培训和检查）应表示在蝶形图中，并与各自对应的措施相联系。对于后果的屏障表现为穿越雷达线的竖线，正向屏障表达的是“控制”产生的结果。

（8）如果路径是独立的，蝶形图可以一定程度的量化。特定结果和后果的可能性可以求出，控制的效果也可以模拟。但在多数情况下，路径和屏障不是独立的，控制是程序性的，因而效果是不清楚的。控制效果更适合由事故树或事件树去分析（见图5－6）。

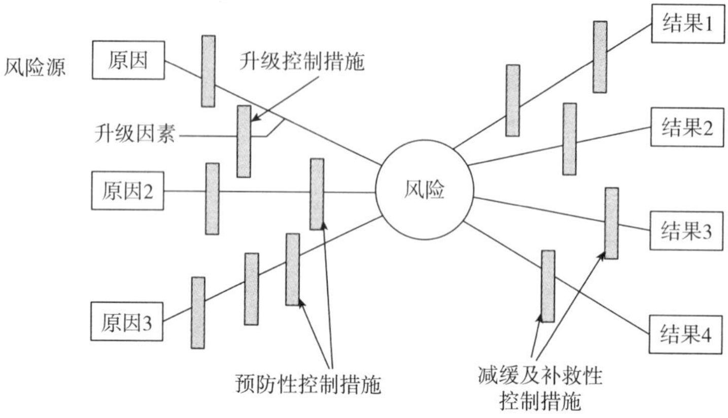

图5－6　风险的蝶形分析图

（9）蝶形图的输出结果是一个简单的图标，说明了主要的风险传导路径，以及预防或减缓不良后果或者刺激及促进期望结果的现有屏障。

（二）蝴蝶结分析具有的特点

（1）简单清晰地给出问题的图解，便于风险评估人员理解。

（2）关注的是能够发挥阻止或降低风险结果的屏障及其效力。

（3）可以用于达到期望控制结果的屏障设计。

（4）不需要高水平专业知识和经验就可以完成。

（5）不能表现多种原因同时发生引起后果的情形（如故障树中的“闸”的概念）。

（6）当需要量化时，可能出现被过度简化的情形。

二、根原因分析

根原因分析（Root Cause Analysis，RCA）也称为风险源分析、故障根本原因分析（Root Cause Failure Analysis，RCFA，失误根源分析）或者损失分析（Loss Analysis）。RCA 分析是对主要的损失进行分析防止其再次发生，主要集中在各种失误对财产带来的损失，LA 则主要侧重在外部因素或灾难造成的财务或经济损失。RCA 方法试图识别出根本的或源头的因素，而不是观察到的现象，或仅处理非常明显的“症状”。该方法的理念是纠正活动不总是完全有效的，而连续的改进是需要的。该方法经常运用于重要损失的评估，也被用于在全球化带来的损失分析以及可能的改进方向中。

（一）用途

RCA 适用于各种环境，拥有广泛的使用范围。

RCA 方法的资料为各种失误或损失的证据，包括从其他类似失误，对于特定假设的检验数据。本方法广泛应用于以下几个方面。

（1）以安全为基础的 RCA 用于意外事件调查和职业健康安全。

（2）失误分析应用于技术系统的可靠性与系统维护。

（3）以产品为基础的 RCA 应用于工业制造的质量控制领域。

（4）以过程为基础的 RCA 关注经营管理或商业过程的风险。

（5）以系统为基础的 RCA 是结合上述各个领域应用，处理复杂系统的管理变化、风险管理和系统分析。

RCA 的基本输入数据是指从故障或损失中搜集的全部证据。分析中也可以考虑其他类似故障的数据。其他输入数据可以是为了测试具体假设而得出的结果。

通过 RCA 分析，可以得到整理的证据数据文档、假设检验、最有可能的失误或损失根源结论、纠正建议等。RCA 有四个输出结果。

（1）记录收集的数据及证据。

（2）分析假设。

（3）归纳有关最有可能造成故障或损失的原因。

（4）纠正行为的建议。

（二）步骤

本方法的运用需要一批专家，专家的类型应考虑对于特殊失误的分析与建议。主要有七个工作步骤。

（1）组建团队。

（2）建立 RCA 分析目标和工作范围。

（3）搜集有关故障或损失的数据及证据。

（4）运用结构化分析确定根源，其中结构化分析包括 5W、失误模式和影响分析、事故树分析、鱼骨图或 Ishikawa 分析、帕累托分析、风险图示。

（5）开发解决方案和建议文案，失误原因的评估常常从物理现象开始到人的因素，最终到管理和基本因素，其中带有因果关系的因素必须通过纠正活动得到控制或消除。

（6）贯彻和实施建议。

（7）检验实施建议的有效性。

（三）RCA 方法具有的特点

（1）在团队环境下发挥专家的作用。

（2）运用了结构化分析。

（3）考虑了所有的可能假设。

（4）结果文档化。

（5）需要实施最终的建议。

（6）未必有所需的专家。

（7）关键证据可能在故障中被毁或清理时已被删除。

（8）团队的时间和资源可能不允许全面评估现状。

（9）可能难以充分实施建议，使改进效果打折扣。

三、事故树分析法

事故树分析法（Accident Tree Analysis，ATA）又称故障树分析法（Fault Tree Analysis，FTA），其是一种描述事故因果关系有方向的“树”，通过使用事故树，能对系统或活动的风险因素进行识别与评价，既可以用于定性分析，也可以定量分析。具有形象化、逻辑性强、全面简洁的特点，体现了系统工程学方法应用与风险评估时的系统性、准确性和预测性。

20 世纪 60 年代初期，很多高新产品在研制过程中，因对系统的可靠性、安全性研究不够，新产品在没有确保安全的情况下就投入市场，造成大量使用事故的发生，用户纷纷要求厂家进行经济赔偿，从而迫使企业寻找一种科学方法确保安全。

事故树分析首先由美国贝尔电话研究所于 1961 年为研究民兵式导弹发射控制系统时提出的，1974 年美国原子能委员会运用 FTA 对核电站事故进行了风险评价，发表了著名的《拉姆逊报告》。该报告对事故树分析作了大规模有效的应用。此后，在社会各界引起了极大的反响，受到了广泛的重视，从而迅速在许多国家和许多企业应用和推广。中国开展事故树分析方法的研究是从 1978 年开始的。当时很多部门和企业进行了普及和推广工作，并取得一大批成果，促进了企业的安全生产。20 世纪 80 年代末，铁路运输系统开始把事故树分析方法应用到安全生产和劳动保护上来，并已取得了较好的效果。

事故树分析方法可用于洲际导弹（核电站）等复杂系统和其他各类系统的可靠性及安全性分析，各种生产的安全管理可靠性分析和伤亡事故分析。它同时也可向成功树进行转换。

（一）原理

事故树是从要分析的特定事故或故障（顶上事件）开始，层层分析其发生原因，直到找出事故的基本原因（底事件）为止。这些底事件又称为基本事件，它们的数据已知或者已经有统计或实验的结果。

基本原理是运用布尔代数的逻辑门，来描述事故产生过程中各种风险因素之间的逻辑关系，经过化简运算处理，得出导致事故发生的各类因素及其组合，揭示出系统设计、操作中的缺陷，进而为提高系统性能，减少事故发生提供运用措施的途径。

“树”的分析技术是属于系统工程的图论范畴。“树”是其网络分析技术中的概念，要明确什么是“树”，首先要弄清什么是“图”、什么是“圈”、什么是连通图等。图论中的图是指由若干个点及连接这些点的连线组成的图形。图中的点称为节点，线称为边或弧。节点表示某一个体事物，边表示事物之间的某种特定的关系。比如，用点可以表示电话机，用边表示电话线；用点表示各个生产任务，用边表示完成任务所需的时间等。在一个图中，若任何两点之间至少有一条边则称这个图是连通图。若图中某一点、边顺序衔接，序列中始点和终点重合，则称之为圈（或回路）。树就是一个无圈（或无回路）的连通图。

（二）步骤

（1）熟悉系统。要求要确实了解系统情况，包括工作程序、各种重要参数、作业情况，围绕所分析的事件进行工艺、系统、相关数据等资料的收集。本步骤是描述系统，详细了解系统或活动状态及各种参数，给出流程图、布置图。

（2）调查事故。要求在过去事故实例、有关事故统计的基础上，尽量广泛地调查所能预想到的事故，即包括已发生的事故和可能发生的事故，设想系统或活动可能的风险因素。

（3）确定顶上事件。所谓顶上事件，就是我们所要分析的对象事件。选择顶上事件，一定要在详细了解系统运行情况、有关事故的发生情况、事故的严重程度和事故的发生概率等资料的情况下进行，而且事先要仔细寻找造成事故的直接原因和间接原因。然后，根据事故的严重程度和发生概率确定要分析的顶上事件，将其扼要地填写在矩形框内。顶上事件可以是已经发生过的事故，如车辆追尾、道口火车与汽车相撞事故等。通过编制事故树，找出事故原因，制定具体措施，防止事故再次发生。其也可以是未发生的事故。

（4）确定控制目标。根据以往的事故记录和同类系统的事故资料，进行统计分析，求出事故发生的概率（或频率），然后根据这一事故的严重程度，确定我们要控制的事故发生概率的目标值。

（5）调查分析原因。顶上事件确定之后，为了编制好事故树，必须将造成顶上事件的所有直接原因事件找出来，尽可能不要漏掉（直接原因事件可以是机械故障、人的因素或环境原因等）。常用的调查方法有三种。

①调查与事故有关的所有原因事件和各种因素，包括设备故障、机械故障、操作者的失误、管理和指挥错误、环境因素等，尽量详细查清原因和影响；

②召开有关人员座谈会；

③根据以往的一些经验进行分析，确定造成顶上事件的原因。

（6）绘制事故树。这是 FTA 的核心部分。在找出造成顶上事件的各种原因之后，就可以从顶上事件起进行演绎分析，逐级地找出所有直接原因事件，直到所要分析的深度，再用相应的事件符号和适当的逻辑门把它们从上到下分层连接起来，层层向下，直到最基本的原因事件，这样就构成一个事故树。

画成的事故树图是逻辑模型事件的表达。既然是逻辑模型，那么各个事件之间的逻辑关系就应该相当严密、合理，否则在计算过程中将会出现许多意想不到的问题。因此，对事故树的绘制要十分慎重。在制作过程中，一般要进行反复推敲、修改，除局部更改外，有的甚至要推倒重来，有时还要反复进行多次，直到符合实际情况，比较严密为止。在用逻辑门连接上下层之间的事件原因时，注意逻辑门的连接问题是非常重要的，含糊不得，它涉及各种事件之间的逻辑关系，直接影响着以后的定性分析和定量分析。例如：若下层事件必须全部同时发生，上层事件才会发生时，必须用“与门”连接。

（7）定性分析，根据事故树结构进行化简，求出事故树的最小割集和最小径集，确定各基本事件的结构重要度排序。当割集的数量太多，可以通过程序进行概率截断或割集阶截断。

（8）计算顶上事件发生概率，首先根据所调查的情况和资料，确定所有原因事件的发生概率，并标在事故树上。根据这些基本数据，求出顶上事件（事故）发生的概率。

（9）进行比较，根据风险管理对策，区分可以控制的风险因素和不可（不去）控制的风险因素。前者结合采取对策后，后者直接计算剩余风险影响。对于机械系统就是要根据可维修系统和不可维修系统分别考虑。对可维修系统，把求出的概率与通过统计分析得出的概率进行比较，如果两者不符，则必须重新研究，看原因事件是否齐全，事故树逻辑关系是否清楚，基本原因事件的数值是否设定得过高或过低等。对不可维修系统，求出顶上事件发生概率即可。

（10）定量分析。如果数据支持，可以对上述步骤全部以量化的形式进行运算。定量分析包括下列三个方面的内容：

①当事故发生概率超过预定的目标值时，要研究降低事故发生概率的所有可能途径，可从最小割集着手，从中选出最佳方案；

②利用最小径集，找出根除事故的可能性，从中选出最佳方案；

③求各基本原因事件的临界重要度系数，从而对需要治理的原因事件按临界

重要度系数大小进行排队，或编出安全检查表，以求加强人为控制。

这一阶段的任务是很多的，它包括计算顶上事件发生概率即系统的点无效度和区间无效度，此外还要进行重要度分析和灵敏度分析。

（三）优点和不足

（1）FTA 可以事前预测事故及不安全因素，估计事故的可能后果，寻求最经济的预防手段和方法。

（2）事后用 FTA 分析事故原因，十分方便明确。

（3）FTA 的分析资料既可作为直观的安全教育资料，也有助于推测类似事故的预防对策。

（4）当积累了大量事故资料时，可采用计算机模拟，使 FTA 对事故的预测更为有效。

（5）在安全管理上用 FTA 对重大问题进行决策，具有其他方法所不具备的优势。

（6）事故树的缺点是对于复杂的系统或活动，工作量很多，需要用专门的分析软件。

（7）对事故发生的严重程度不能很好地描述。

四、事件树分析

事件树（Event Tree Analysis，ETA）采用一种从原因到结果的自上而下的分析方法。从一个原因事件开始，交替考虑成功与失败的两种可能性，然后以这两种可能性作为新的原因事件，如此继续分析，直到找出最后结果为止。

用表示初始事件之后互斥性后果的图解技术，其根据是为减轻其后果而设计的各种系统是否起作用（见图 5－7）。图 5－7 显示了当分支完全独立时对简单事件树的计算，它可以定性地和定量地应用。

ETA 具有散开的树形结构，考虑到其他系统、功能或障碍，ETA 能够反映出引起初始事件加剧或缓解的事件。

ETA 可用于初始事件后建模、计算和排列（从风险观点）不同事故情景，也可用于产品或过程生命周期的任何阶段。还可进行定性使用，对初因事项之后可能出现的情景及依次发生的事项进行集思广益，同时就各种处理方法、障碍或旨在缓解不良结果的控制手段对结果的影响方式提出各种看法。定量分析有利于分析控制措施的可接受性。这种分析大都用于拥有多项安全措施的失效模式。

ETA 可用于对可能带来损失或收益的初始事件建立模型。但是，在追求最佳收益路径的情况下，更经常地使用决策树建立模型。

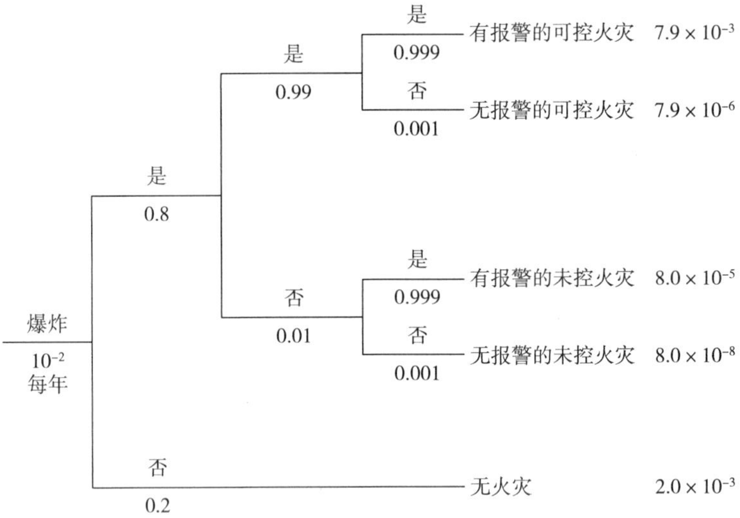

图 5－7 事件树分析图示例

（一）输入与输出

1. 该方法的输入

（1）相关初始事项清单。

（2）应对障碍和控制及其失效概率的信息。

（3）了解最初故障加剧的过程。

2. 该输出结果

（1）对潜在问题进行定性描述。

（2）对事项频率或概率以及各种故障发生时序和导致故障事项的相对重要性进行定量估算。

（3）降低风险的建议措施清单。

（4）对建议措施效果的定量评价。

（二）步骤

（1）确定初始事件。一般为设想或估计的风险因素，同时也设定防止风险发生的措施。例如，初因事项可能是粉尘爆炸（事故）或是停电（因果事项），那些旨在缓解结果的现有功能或系统应按时序列出。

（2）绘制事件树（ETA）图。用一条线来代表每个功能或系统的成功或失败。每条线都应带有一定的失效概率，同时通过专家判断或故障树分析的方法来估算这种条件概率。这样，初始事件的不同途径就得以建模。

（3）通过 ETA 由初始事件导出各种风险事件。事件树的可能性是一种有条件的可能性，如启动洒水功能的可能性并不是正常状况下测试得到的可能性，而是爆炸引起火灾状况下的可能性。

（4）根据定量计算结果，作出风险严重程度的分级。事件树的每条路径代表着该路径内各种事项发生的可能性。鉴于各种事项都是独立的，结果的概率用单个条件概率与初因事项频率的乘积来表示。

（三）优点及局限

事件树分析的理论基础是决策论，思路与事故树的分析相反。其层次清楚、阶段明显，可以看作是事故树方法的补充。事件树可以进行多阶段、多因素复杂事件动态过程的分析。其有三个优点。

（1）以清晰的图形显示了经过分析的初因事项之后的潜在情景，以及缓解系统或功能成败产生的影响。

（2）能说明时机、依赖性，以及故障树模型中很烦琐的多米诺效应。

（3）生动地体现事件的顺序，故障树则不可能表现。

该方法的局限包括以下三个方面。

（1）为了将 ETA 作为综合评估的组成部分，一切潜在的初因事项都要进行识别，可能需要使用其他分析方法（如 HAZOP、PHA），还有可能错过一些重要的初因事项。

（2）事件树只分析了某个系统的成功及故障状况，很难将延迟成功或恢复事项纳入其中。

（3）任何路径都取决于路径上以前分支点处发生的事项。因此，要分析各种可能路径上众多从属因素。人们可能会忽视某些从属因素，如常见组件、应用系统以及操作员等。如果不认真处理这些从属因素，就会导致风险评估过于乐观。

五、因果分析法

中文因果分析法对应的是两类方法和工具。一种是指 Causal Analytical Method，亦称特性要因图、鱼刺图或石川图，由石川馨 1953 年提出的利用事物发展变化的因果关系来进行预测的方法。它是以事物发展变化的因果关系为依据，抓住事物发展的主要矛盾与次要矛盾的相互关系，建立数学模型进行预测。运用因果分析法进行市场预测，主要是采用回归分析方法，除此之外，计算经济模型和投入产出分析等方法也较为常用。在这里，我们只介绍回归分析法。回归分析法，是研究两个以上变量之间关系的数学方法。如果只涉及两个变量，叫作一元回归分析或单回归分析；如果涉及两个以上的变量，则叫作多元回归分析或复回归分析。

另一种因果分析法是指CCA（Cause Consequence Analysis），是事故树和事件树分析的结合，识别与一个风险因素相关的所有风险因素和潜在后果。因果分析方法最初是为安全性要求很高的系统分析、系统性缺陷而开发的可靠性分析工具。像事故树分析一样，从缺陷发生到危害事件以逻辑关系表达，但增加了事件树对于缺陷的时间顺序的分析功能，同时后果分析中引入了时滞，这点在事件树中是不允许的。本节主要介绍后者。

该方法用于分析系统在一项风险事件发生后，通过特定子系统（如应急响应系统）的传递后，不同路径产生的后果。在可能的情况下，还可以给出一项风险事件发生后不同后果发生的概率。该方法的流程很复杂，一般只有当缺陷的现在后果被认为亟待控制才使用。

（一）原理

因果分析（CCA）综合了故障树分析和事件树分析，它开始于关键事件，同时通过结合"是/否"逻辑来分析结果。这代表了可能发生的条件，或者旨在减轻初始事件后果的系统失效。事件的原因或故障可通过故障树分析。

根据特定子系统（如应急反应系统）的行为，这种方法可分析某个系统在关键事件之后可能的各种路径。如果进行量化，它们可估算出某个关键事件过后各种不同结果发生的概率。由于因果图中的每个序列是子故障树的结合，因果分析可作为一种建立大故障树的工具。

本方法的输入是对系统及其失效模式和故障情景的认识。本方法的输出是因果分析的结果可用图形表示，对系统故障的原因进行图形表示既可说明原因，也可说明结果。通过对引起关键事件特定条件发生的概率进行分析，我们就可以估算出各潜在结果发生的概率。

（二）步骤

使用本方法需要对系统和它的缺陷模式、缺陷情景有深入的理解。主要有六个步骤。

（1）识别初始的关键事件（或初因事件、缺陷事件），相当于事故树的顶上事件和事件树的初始事件。

（2）绘制并验证描述该初因事件引致的事故树。

（3）确定被考虑条件的次序，这个次序是一种逻辑顺序，如按条件发生的时间顺序。

（4）构建不同条件后果发生的路径。推导方式类似事件树，在事件树的路径分支上要标注分支产生的特定条件。

（5）按条件导出事件树。

（6）给出各独立条件分支的失误（故障）情况，可以计算出各种可能后果的概率。可以先对各条件分支下的基本事件进行概率赋值，按事件树结构进行概率的相乘或相加。

确定条件栏内每个输出结果的概率（如果可以的话，使用相关的故障树），通过将各次序条件的概率相乘，就可以得出产生特定结果的任一次序的概率，该次序条件结束于上述特定结果。如果一个以上的次序最终有相同的结果，那么各次序的概率应相加。如果某个序列中各条件的故障存在依存关系（例如，停电会造成多个条件出现故障），那么必须在计算前分析依存关系。通过这样的推导计算，可以把系统的失误原因和结果绘制在一张图上，风险事件发生后，在设定概率的不同条件下，各种潜在的后果及其发生概率都可以标注在图上。

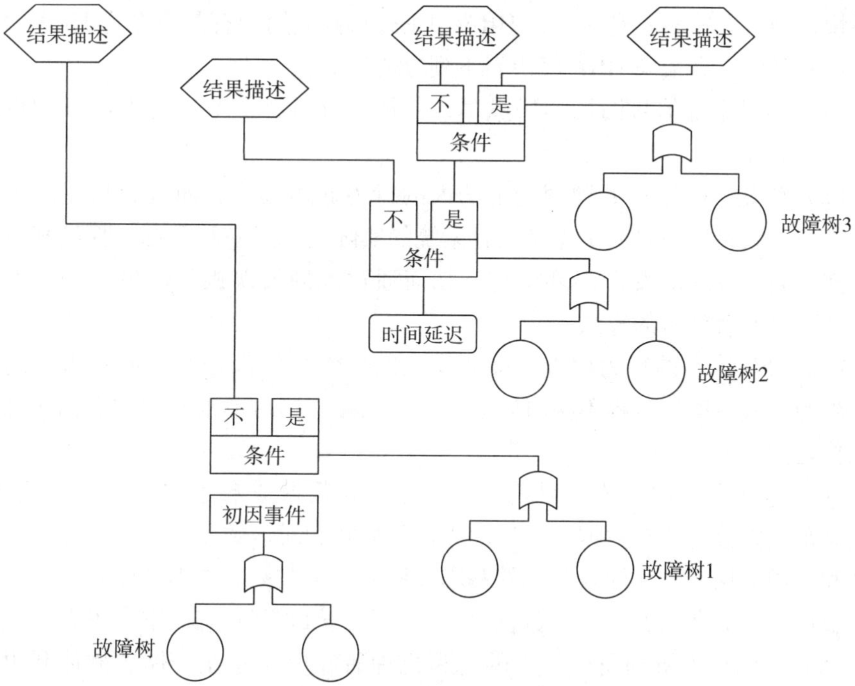

图5－8　因果分析法示意图

（三）优点及局限

因果分析的优点相当于事件树及故障树的综合优点。而且，通过分析一段时间内发展变化的事项，这种分析克服了那两种技术的局限，是一种全面综合的系统分析方法。因果分析提供了系统的全面视角。

该方法的局限是建构过程要比故障树和事件树更复杂，其中的事故树和事件树都需要量化和推理，在定量过程中必须处理依存关系。

六、人因可靠性评估

人因可靠性评估（Human Reliability Analysis，HRA）处理人与系统运行的关系，可以用于评估人失误对系统的影响。许多过程存在人失误的可能，特别是在做决策的时间很短时。尽管问题发展成为严重事故的可能性很小，但人的行动只能阻止引致事故的初始失误。HRA 展示了人的失误产生灾难性后果的各种可能意外事故，这些事故是风险评估集中在系统硬件或软件上的风险因素。HRA 可以使阻碍生产效率的失误更清晰，并且反映出这些失误和（硬件和软件的无效）如何能够通过人的操作和维护“恢复”功能。

HRA 方法的模型是以多种学科为基础而建立的，近年来 HRA 的具体方法发展很快，种类也较多。有些已在 HRA 中正式得到应用，有些是作为 HRA 的可选择方法着重研究。未来 HRA 将沿着下列方向发展。

（1）通过干扰信号图形的操纵员事件树，分析各个节点处人的事物机理和可能的事物模式。

（2）建立人的信息处理理论上的人的行为通用模型，即带有反馈的序贯式行为模型。该模型的研究重点是结合系统的实际运行经验和数据，探究和查找人的认知不同阶段的诱发失误环境与它如何通过人的失误机理产生人的非安全全动作，并给出定量分析的方法。

（3）循环式人的行为模型，即假设人的任何行为都是在意向或事件的驱动下产生的，人的动作过程不是事先规定而是依赖于当时情景条件建造出来的，这些动作之间高度相关。

（4）建立人因数据库。目前，单纯数字式数据或数字加简要条件式数据，不能满足人因分析者对数据所描述的人误的理解和对该数据的有效使用，因此需研究和使用能保持失误因素间原始基本关系的新型数据。数据的收集是一个严重的、长期未决的老问题，这与数据收集方式和人的心理状态有很大关系。

（5）人的行为机理研究。人的行为机理研究应建立在个体、群体和组织行为的基础上，系统地研究人的行为特性、行为模式、失误源、控制管理、失误形态等，完善和拓展人的行为机理研究的内涵。

（一）原理

人的可靠性可定义为在规定的最小限度内，在系统运行的任一要求阶段，由人成功地完成工作或任务的概率。它由下列要点组成。

（1）影响人操作可靠性的因素包括人的因素和环境的因素，其中：

人的因素有心理因素、生理因素、个体因素、操作能力；

环境因素有机械因素、环境因素和管理因素。

（2）群体习惯是人可靠性的重点。

习惯是人长期养成而不易改变的语言、行动和生活方式，习惯分个人习惯和群体习惯。群体习惯是指在一个国家或一个民族内部，人们所形成的共同习惯。符合群体习惯的机械工具，可使作业者提高工作效率，减少操作错误。群体习惯的研究，在人机工程学中占有重要的位置。

（3）人的内在状态可以用意识水平或大脑觉醒水平来衡量。

第Ⅰ层次——睡眠状态，大脑的觉醒水平极低，反应迟钝，易于发生人为失误或差错。

第Ⅱ层次——意识松弛状态，正常状态。

第Ⅲ层次——意识清醒状态，大脑信息处理能力、决策能力、创造能力都很强。

第Ⅳ层次——超常状态。

（4）压力由紧张状态造成。

压力是人在某种条件刺激（在机体内部的或外部的）的作用下，所产生的生理变化和情绪波动，使人在心理上所体验到的一种压迫感或威胁感。紧张状态的发展可分为三个阶段：警戒反应期、抵抗期、衰竭期。工作中对人造成压力的原因通常有四个方面：

①工作的负荷；

②工作的变动；

③工作中的挫折；

④不良的环境。

（二）步骤

HRA 可以定性化或定量化运用，定性化用于识别人的失误及其原因，以减少失误发生的可能性；定量化使用可以为事故树或其他方法提供数据。本方法需要输入实际中或潜在的失误发生的类型，专家对于人失误的量化判断。各种具体方法有以下几个步骤（可能条件下，有些步骤可能并行完成）。

（1）定义问题，参与调查和评估人的活动类型。

（2）任务分析，任务完成方式、需要哪些工具辅助。

（3）人的失误分析，任务失败的原因，如何发生的，如何能够恢复。

（4）问题呈现，失误和失败如何与硬件、软件、环境事件关联，计算出系统缺陷的可能性。

（5）筛选确认，失误和任务是否需要进一步量化。

（6）统一量化，每项人的失误和任务失败的可能性数量。

（7）影响分析，哪些失误或任务是最重要的，即哪项对于可靠性和风险最敏感。

（8）失误降低，如何提高人的可靠性。

（9）文档整理，整理 HRA 方法的细节部分。

（三）优点与局限

1. HRA 方法的优点

（1）可以得到失误一览表包含失误发生情况、控制方法（也许要重新设计）、失误模式（失误原因和后果）、失误作为风险因素的定性或定量评估。

（2）给出了人失误的分析机理，人在系统的风险事件中经常扮演重要的角色。

（3）对于人的失误模式和机理的正确认识，能够降低失误发生的可能性。

2. 现有 HRA 方法的局限

（1）人的复杂性和易变性使简化失误模式和确定概率很困难。常用的 HRA 事件树的两分法逻辑（成功与失败）不能真实、全面地描述人的行为现象。许多人的活动不是简单的失误通路，HRA 很难处理部分失误、质的失误或低能的决策问题。

（2）专家判断法的使用常常难以保证判断的一致性，预测的准确性受到很大的主观因素影响。但复杂系统中人在真实运行环境下或培训模拟机上的人员失误数据严重不足，现阶段弥补的方式主要是以辅助模型或专家判断作为 HRA 的基础。

（3）方法的正确性与准确性难以验证。HRA 的各种方法，对于真实环境下人的可靠性预测的正确性几乎无法得到证明。同时，模拟机实验常常不能完全反映真实运行环境，如何修正模拟机的数据以反映真实环境下人的绩效也尚未解决。

（4）人的可靠性依赖于心理学基础，许多方法/模型对人的认知行为及心理过程的研究是短板；另外，许多认知模型难以找到与工程实际的结合点。重要行为形成因子缺乏恰当考虑和处理，如组织管理的方法和态度、文化差异、社会背景和不科学行为等，在处理方法上也缺乏一致性和可比性。

七、蒙特卡罗法

蒙特卡罗（Monte Carlo）法，又称随机抽样或统计试验方法，属于计算数学的一个分支，它是在 20 世纪 40 年代中期为了适应当时原子能事业的发展而发展起来的。很多系统过于复杂，无法运用分析技术对不确定性因素的影响进行模拟。这也是由于传统的经验方法不能逼近真实的物理过程，而蒙特卡罗法能够真实地模拟实际物理过程，进而得到很圆满的结果而解决问题。蒙特卡罗模拟因摩纳哥著名的赌场而得名，它能够帮助人们从数学上表述物理、化学、工程、经济学以及环境动力学中一些非常复杂的相互作用。

（一）原理

蒙特卡罗法是以概率和统计理论方法为基础的一种计算方法，它是使用随机数（或更常见的伪随机数）来解决很多计算问题的方法。将所求解的问题同一定的概率模型相联系，用计算机实现统计模拟或抽样，以获得问题的近似解。

在风险评估运用中，通过描述输入数据的不确定性并开展多项模拟（其中，对输入数据进行抽样以代表可能出现的结果）加以评估，这种表述称为“模式”。当一种模式足够精确时，产生与实际操作中对同一条件相同的反应。从数学上讲，蒙特卡罗法主要解决两方面问题：解析模型的不确定性的分布和解析技术无效时以概率测算。

当求解的问题是了解某种风险事件出现的概率或者是某个随机变量的期望值时，可以通过蒙特卡罗法进行某种“试验”，得到该风险事件出现的频率，或者这个随机变数的平均值。蒙特卡罗法需要以一个概率模型为基础，按照这个模型所描绘的过程，对风险事件和风险控制相关过程的模拟，发现需要评估的风险事件或应对措施有效性发生的概率。因此，蒙特卡罗法在金融工程学、宏观经济学、生物医学、计算物理学（如粒子输运计算、量子热力学计算、空气动力学计算）等领域也有广泛应用。

蒙特卡罗法的输入是一个系统模型和关于输入类型的信息、不确定性源和期望值。具有不确定性的输入数据被表示为具有一定分布的随机变量，根据不确定性的水平其分布具有或多或少的离散性。为此，均匀分布、三角分布、正态分布和对数正态分布经常被使用。输出结果可能是单个数值，如上例确定的单个数值。它也可能是表述为概率或频率分布的结果，抑或是在对输出结果产生最大影响的模型内主要功能的识别。一般来说，蒙特卡罗法可用来评估可能出现结果的整体分布，或是进行期望结果出现的概率；在某个置信概率下的结果值分布的关键测评。

对输入数据与输出结果之间关系的分析可以说明目前正发挥作用因素的相对重要性，同时能识别那些旨在影响结果不确定性的工作的有用目标。

（二）步骤

1. 构造或描述概率过程

应尽可能准确描述和寻求符合系统特性的模型或算法。对于本身就具有随机性质的问题，主要是正确描述和模拟这个概率过程；对于本来不是随机性质的确定性问题，就必须事先构造一个人为的概率过程，它的某些参量正好是所要求问题的解，即要将不具有随机性质的问题转化为随机性质的问题。

2. 从已知概率分布抽样

用随机数将模型运行多次，产生模型（系统模拟）输出。在模拟不确定性效应的应用场合，模型以方程式的形式提供输入参数与输出之间的关系。所选择的输入值取自这些参数中代表不确定性特点的适当的概率分布。

构造了概率模型以后，由于各种概率模型都可以看作是由各种各样的概率分布构成的，因此产生已知概率分布的随机变量（或随机向量），这就成为实现蒙特卡罗法实验的基本手段。最简单、最基本、最重要的一个概率分布是（0，1）上的均匀分布（或称矩形分布）。

3. 建立各种估计量

在每一种情况下，计算机以不同的输入运行模型多次（经常到一万次）并产生多种输出。这些输出可以用传统的统计方法进行处理，以提供均值、方差和置信区间等信息。建立各种估计量，是对可能的风险因素或风险事件的模拟实验结果进行分析和记录，并从中识别和分析出风险或应对措施的统计规律。

（三）优势和不足

计算机技术的发展使得蒙特卡罗法快速普及。现代的蒙特卡罗模拟，都是借助计算机的高速运转能力，使原本费时费力的实验过程，变成了快速和轻而易举的事情。蒙特卡罗法有以下六个特点。

（1）省却了繁复的解析式的数学推导和演算过程，使一般人也能够理解和掌握。该方法适用于任何类型分布的输入变量，包括产生于对相关系统或过程观察的实证分布。输入数据与输出结果之间关系的透明性，使该方法的模型便于理解。

（2）简单和快捷是蒙特卡罗法在评估复杂系统或过程风险应用的技术基础。模型便于开发，并可根据需要进行拓展。

（3）输入因素的任何影响或关系都可以识别和分析。对于微小的影响，如对某些条件依赖关系，也可以识别和发现。同时，敏感性分析可以用于识别较强及较弱的关系和影响，能提供结果准确的衡量。

（4）依赖于代表参数不确定性的有效分布。如果模式中输入的并不是设想的随机数，那么整个模拟及其预测结果可能引起误导。

（5）解决方案的准确性取决于可执行的模拟次数，随着计算机运行速度的加快，这一限制越来越小。大型复杂的模型可能对建模者具有挑战性，很难使利益相关者参与到该过程中。

（6）可能无法取得满意的结果和较低的可能性事项，因此无法让组织的风险偏好体现在分析中。

第四节　风险分析案例

不同组织类型的风险具有不同特点，营利性组织风险管理目标服务于企业的经营活动。非营利组织则应更多考虑组织的定位、服务宗旨和社会影响。公共风险则主要从活动或项目的合规性、安全性、社会稳定性进行风险识别与风险分析。本节改编的三个案例，分别从企业风险、非营利组织和公共活动三方面展示风险分析的应用情况。

一、以海航为例，说说企业风险融资风险①

（一）企业概况

海航的存在是一个商业奇迹。从1000万元起步于海南的小公司，到如今总资产1.6万亿元、16家上市公司、41万余名员工的资本巨头，海航集团仅用了25年的时间，就登上了2017年《财富》世界500强榜单第170位。

自诞生之日起，海航集团就以善用资本杠杆实现融资并购而出名。在纷繁复杂的高超财技下，海航一方面实现了滚雪球般的高速发展，取得了令人羡慕的成绩，另一方面则是负债高企，被人质疑有资金链断裂的危险。根据海航旗下平台财报披露，截至2017年上半年，多家上市公司负债率超过50%。负债较多的包括渤海金控（000415.SZ）2746亿元、天海投资（600751.SH）975亿元、海航控股（600221.SH）1183亿元、海航基础（600515.SH）461亿元，多家上市公司负债总计高达5873.81亿元，仅利息支出已达到156亿元，集团短期债务则达到1852亿元。海航系上市公司股价下跌，累计停牌公司达到7家，引起投资者们的恐慌（见表5-1）。

表5-1　海航旗下上市公司负债率统计

证券简称	海航系股东	持股比例（%）	总市值（亿元）	负债率（%）	股东户数
海航创新	海航旅游集团有限公司	13.81	55.84	61.12	81506
海越股份	浙江海越科技有限公司	18.49	46.48	82.51	24051

① 参见网络、南方周末、和讯名家等相关报道编辑整理。

续表

证券简称	海航系股东	持股比例（%）	总市值（亿元）	负债率（%）	股东户数
海航基础	海航基础控股集团有限公司	57.56	484.54	51.00	20926
海航投资	海航资本集团有限公司	19.98	50.77	57.52	97422
东北电气	香港中央结算（代理人）有限公司	29.43	28.86	46.85	73255
凯撒旅游	海航旅游集团有限公司	32.18	103.59	58.19	42425
供销大集	海航商业控股有限公司	15.31	287.17	43.39	52585
海航控股	大新华航空有限公司	24.33	547.02	59.84	441.341
天海投资	海航科技集团有限公司	20.76	178.89	85.12	78905
渤海金控	海航资本集团有限公司	34.64	361.18	88.34	103831

注：东北电气是海航通过港股持有的。

数据来源：Wind 资讯。

与庞大的债务相比，是海航有限的现金流生产能力。近期，高盛发布报告称，海航集团 2016 年全年以及 2017 年上半年分别产生了 505 亿元和 311 亿元的经营性现金流。仅以数据看，海航难以依靠自身盈利填补资金缺口。自 2008 年后，海航的业务不断扩张，收购各个领域的资产，触手遍及多个行业，旗下分布六大板块：科技（海航科技）、旅游（海航旅游）、金融（海航资本）、不动产（海航实业）、物流（海航现代物流）、现代金融（海航创新金融）六大业务板块（见图 5－9），拥有超过 300 家实体运营企业，体系内财务人员就有 4000 多人，业务繁杂可见一斑。

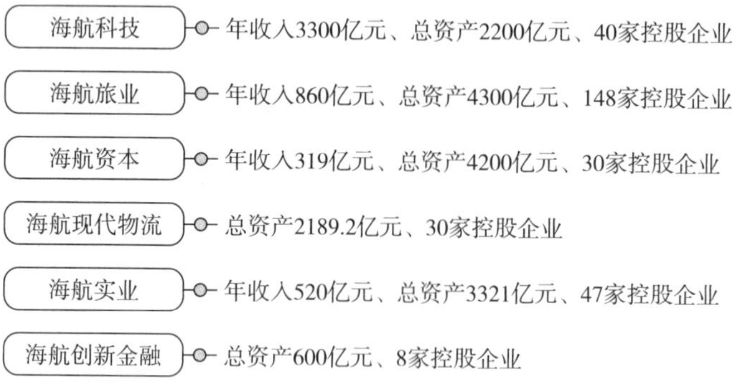

图 5－9 海航旗下业务板块

与此同时，海航过去频繁进行海外并购，也获得了与风险相对应的回报。总资产从2015年的6025.32亿元，暴增81.56%至2016年底的10939.43亿元。据不完全统计，海航自2010年在海外资本市场上高歌猛进，至今开展了40宗跨境并购，交易总额超过450亿美元。其跨境投资布局主要涉及航空公司、物流供应商、餐饮集团、酒店、租赁公司及办公楼等。仅在2016年前十大海外并购交易中，海航独占3席。截至2016年底，海航境外资产超过3300亿元人民币。

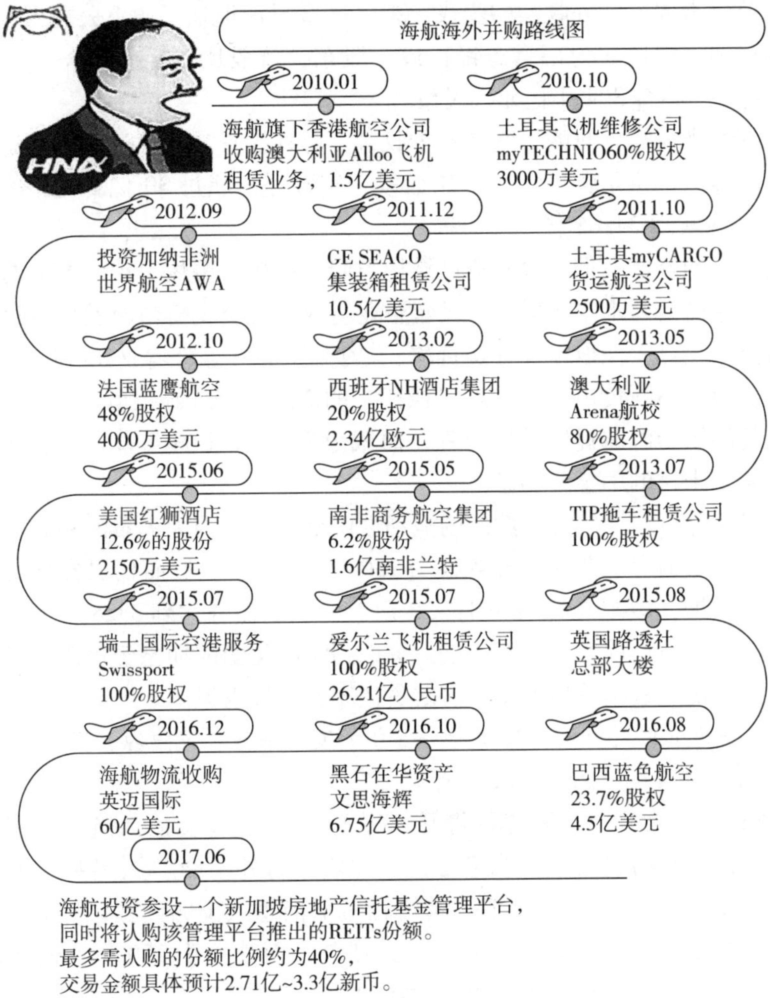

图5-10 海航海外并购路线图

资料来源：来自“大猫财经”。

2016 年 2 月，海航采用杠杆收购手法以 60.09 亿美元收购了美国 IT 分销商英迈国际。彼时，海航用于并购英迈国际的旗下子公司天海投资营收不足 10 亿元，净利润不足 3 亿元，为弥补资金缺口，天海投资除了借助发行总额为 10 亿元公司债外，还通过非公开发行募集资金 120 亿元促成收购。

2016 年 10 月，海航分别斥资 100 亿美元和 65 亿美元收购金融控股公司 CIT GROUP 旗下的商业飞机租赁业务以及希尔顿国际控股（Hilton Worldwide Holdings）的 25% 股份，成为当时出海收购最活跃的民营资本企业。直至 2017 年 6 月前，海航仍未放缓海外收购的步伐，2017 年 2 月海航通过旗下公司入股德意志银行，随后两次增持成为德意志银行最大股东，持股比例至 9.92%，市值约为 38.85 亿欧元（约合 304.4 亿元人民币）。

海航在大规模海外收购中获得不少收益，海外投资浮盈已达 287 亿元，其中带来收益较多的是希尔顿集团的 25% 股权，实现浮盈超过 30 亿美元；德意志银行 9.92% 股权实现 24.05 亿元浮盈等。

海航过高的资产负债率以及资产结构引起了市场的警惕。2017 年 6 月，多家媒体报道，银监会要求银行对部分民营企业境内外融资支持情况及可能存在的风险进行排查，重点关注所涉及并购贷款、“内保外贷”等跨境业务风险情况。

此后，市场不断传出海航陷入“钱荒”的消息。据外媒报道，至少有 4 家香港银行拒绝继续为海航提供长期贷款，而截至 2018 年 1 月 4 日，海航在多家国内银行有逾期未付的本金或利息。

业内专家分析，海航集团此次的流动性困难很可能因为大量海外并购导致的现金流紧张，目前海航总体债务规模为 2500 亿元左右。然而根据标准普尔全球市场情报的数据，截至 2017 年 6 月底，海航的长期债务达到 3828 亿元，净债务达到税息折旧及摊销前利润的 6.5 倍。考虑到海航集团前期已经出现过部分债务逾期未付的情况，资本输出太多，海航负债率面临极大风险。

（二）并购中的风险识别与分析——分析风险事件、风险源、风险原因

1. 大肆海外收购，海航资金链问题

“海航的飞机飞到哪，酒店就将开到哪里。”仅一年多后海航就出现资金困境，而出售海外酒店股份成为当务之急。此前在海外不断“买买买”的海航突然变得缺钱了，2018 年 1 月 30 日，彭博社援引消息人士的话称，海航集团告知债权人称，集团第一季度需偿还 650 亿元债务，面临至少 150 亿元的流动性缺口。为缓解资金压力，自 2017 年底开始，海航接二连三传出变卖资产的消息，出售所持西班牙 NH 酒店集团共计 30.64% 股份，以约合 10.5 亿元人民币售出位于澳大利亚的写字楼项目等。2017 年 12 月中旬《华尔街日报》报道，海航还计划出售位于纽约、香港和伦敦等地资产，总计约 60 亿美元（约合人民币 380 亿

元)，而这距离偿清千亿元债务尚有不小缺口。

2017 年 11 月，有外媒报道称，海航集团旗下一家子公司新发美元计价债券收益率达到 8.875%，债券期限为 363 天，该收益率水平比其 5 月份发行的 3 年期债券高出近三个百分点。以成本较高、期限较短的债务置换部分即将到期的债务，被市场解读为海航集团面临流动性压力的迹象。因担忧海航集团即将有大量债务到期且借贷成本上升，随后评级公司标普下调了海航的信用状况，虽然并非正式的信用评级，但它意味着海航信用水平深陷“垃圾”区间。

2. 银行停贷和股权质押被拒

据经济观察报报道，北京某银行对涉及海航的所有业务都是禁入，这意味着对海航不再放贷，海航系旗下所有上市公司的股权质押项目一概不做，公司出现流动性难题。之后，海航系股票连续三个交易日出现下跌。仅在 2018 年 1 月 22 日，海航系所持有的 5 家上市公司市值就蒸发 30.11 亿元。

中国证券登记结算总公司数据显示，截至 2018 年 1 月 20 日，海航集团旗下 8 家 A 股上市公司的股权均被质押，总数高达 834 笔。据不完全统计，海航集团通过直接和间接质押旗下公司（非上市公司）股权融资金额超过 1000 亿元。从 2018 年 4 月开始，还有大批公司债到期，海航集团即将面对 59 亿元的还款，以及后续超过 443 亿元的债务。

根据上市公司法定信息披露材料显示，海航基础的负债为 461 亿元，供销大约负债为 237 亿元，海航投资负债为 58.8 亿元，渤海金控负债为 2746 亿元，天海投资负债为 975 亿元，海航创新负债为 21.7 亿元，凯撒旅游负债为 32.7 亿元，海航控股负债为 1183 亿元，东北电气负债为 1.59 亿元，海越股份负债为 62.9 亿元，香港国际建投负债为 70.64 亿元，海航科技投资负债为 0.33 亿元，海航实业股份负债为 23.15 亿元。经粗略计算，上述国内和港股上市公司总负债达 5873.81 亿元。当然，这还只是海航旗下公司公开的债务，隐性债务究竟是多少无人得知，海航的收入和利润能不能偿还债务，还待算过细账。

对于海航来说，仿如提款机的海外银行和投行，也纷纷终止了与海航的资金往来和业务合作，海航即使开出超过 10% 的息票来发行短债也乏人问津。进入 2018 年，海航面临的危机越来越严峻，如果不以举国之力来拯救，海航或许很难像过去那样安然度过危机。

3. 逾期未付飞机租赁款

2018 年 1 月 16 日，路透社消息，数位银行和租赁业人士表示，海航集团关联几家航空公司已经逾期未付飞机租赁款，部分款项已经逾期两个多月。据财新网报道，近期海航正在市场上与各路机构讨论出售国内物业和资产，同时陆续出售包括纽约、悉尼等地的房产。

海航旗下的海南航空、祥鹏航空和首都航空都没有按期付款，天津航空正设法将今年到期的款项延期。其中，天津航空公司拖欠三架飞机 6 月的租金，还有一家关联航空公司表示没法支付 1 月的租金。

4. 海航高息融资凸显内部系统风险

FT 中文网则报道称，海航集团正以异常高的利息筹措短期融资，这是该公司面临资金短缺的最新迹象。2018 年 1 月 15 日，英国《金融时报》援引知情人士的信息报道称，海航愿意为一年期融资支付11% ~12% 的利息。中国人民银行一年期贷款基准利率为 4. 35% ，而评级为 AA - （相当于中国在岸市场的“垃圾”级）的一年期商业票据基准收益率为 6. 33% 。海航的报价使其融资成本甚至高过了中国的 P2P 贷款。然而，从 P2P 贷款的，都是无法从金融机构获得信贷的小型企业和消费者。

上述事件风险源来自盲目扩张，以“负债式收购”模式迅速扩张，资产负债表实质上是以信贷膨胀所推动的资产价格增值，掩盖了企业在扩张过程中的种种问题。风险直接原因为内部风控未及时跟上政策调整的步伐及自身的现金流承受能力。间接原因是宏观政策调整、金融监管强化、银根收紧、环保督察等。

（三）分析发生的可能性及后果的性质及影响程度

进入 2018 年，海航面临的危机越来越严峻。风险发生的可能性均在 50% 以上，其后果显示：标普（标准普尔 S&P）将海航集团的信用评级下调一档至 B，比投资级低五档，理由是其在未来几年有大量债务到期，且融资成本上升。集团被迫出售资产，扭转此前大肆收购的策略。截至 2017 年 6 月末，海航利息费用同比增长逾一倍，达到 156 亿元人民币（24 亿美元）纪录高位。短期负债增至1852 亿元人民币，超过现金余额。

影响范围及程度：海航集团最大的资金来源应该是银行。近期海航集团的子公司未能如期偿付几家中资银行的债务，促使三家银行冻结了部分未用信贷额度。2017 年全年，海航集团累计获批银行综合授信超 8000 亿元，较年初新增授信规模超 1900 亿元，未使用授信额度逾 3000 亿元。虽然银行给海航集团的授信充足，风险在可控范围内。但宏观环境正在发生变化，银行信贷稍有收紧，海航的资金链条就会受到影响，千万职工的失业问题直接威胁到社会稳定。

（四）风险措施

需要解决过于复杂的集团结构、高财务杠杆率和缺乏透明度的关键问题。在汇率波动、美联储加息的背景下，在资产运营方面，通过有效稳定被收购公司的经营团队和经营模式，并多方给予资源支持，同时采用多种金融工具进行风险对冲及规避，确保资产良性运转。

目前，有关专家已对海航集团高额债务是否能有效偿还，并降低其利息支出提出三种建议，第一是整合航空资产，第二是出售股权，而第三就是放缓对外收购。

1. 整合航空资产

海航手上还有大量优质资产，比如2016年海航65亿美元收购的酒店管理集团希尔顿25%股权，就是很多资本所青睐的优质资产。出售部分资产，进一步提高资产流动性，可能能够渡过外媒所说的难关。

2. 出售股权

海航集团内部做出出售整合后航空业务的部分股权的安排，改变过去花费了数以百亿美元计资金、导致了财务吃紧的收购狂潮，以应对面临着逾280亿美元短期债务到期，以缓解现金紧张问题。

3. 放缓对外收购的步伐

目前海航的风险还在继续发酵，大规模的海外并购固然是产业升级的绝佳机遇，但步子过大会导致无论是人力或财力的内部管控压力过大，形成系统风险爆发。其实并购本身就存在较大的风险，如何强化风险管控，稳定资金链，及时调整收购战略，将并购存在的不可控制的因素做好预警的量化分析，使并购得以持续健康前行，让危机转化为机遇成为海航的当务之急。

二、乡镇卫生院临床护理医疗风险分析

以我国乡镇卫生院临床护理医疗情况做案例分析如下。

（一）医疗风险的特性

（1）风险发生可能性较大，医学存在着很多未知的答案，人类对自己身体认知的还不够，还有很多疾病搞不清，很多疾病不能够及时发现，很多疾病找不到致病原因，因此导致很多意外无法预料。医学意外事件的发生常常对患者健康带来负面影响。

根据2001年的一项统计，人的一生中死于飞机失事的概率为两万分之一，死于车祸的概率为百分之一，死于心脏病的概率为五分之一。美国每年有44000～98000人死于医疗差错，超过车祸、乳腺癌和AIDS。国内资料显示，我国的临床误诊率在30%左右，疑难病例误诊率达40%以上。中华医院管理学会误诊误治研究会的调查报告显示，个别单病种的误诊率高达90%。

（2）风险主要是负面的，是药三分毒，任何医疗活动都伴随着一次伤害，如抗癌药不可避免地杀伤正常细胞，手术不可避免地损伤正常组织等。

（二）乡镇医院临床护理医疗风险源的识别

乡镇医院由于医生水平、医疗设备、药物供应等方面的原因，医疗风险比率高于大城市大医院，其中护理风险相对大医院尤为高发。

根据护理风险事件是否直接造成对病人的损害，可将护理风险事件分为直接

风险和间接风险两大类，采用设计好的调查表对临床护理风险事件进行登记和资料收集。依据风险事件的定义，结合本院实际列出风险事件的范围，将护理风险源分为四类。

（1）护理差错事故，如执行医嘱给药不当发生给药错误、因护士对病人查对不当引发的执行医嘱错误、因护理操作不当给病人造成伤害等。

（2）投诉事件，如因护士态度不好引发病人投诉、因病情观察不到位引发护患纠纷或护士操作技术欠缺引发患方投诉等。

（3）意外事件，如病人输液反应、摔倒、自杀。

（4）护士纪律问题，如护士脱岗等。

（三）风险事件发生率统计

临床护理风险事件的多发区是外科、内科、产科、妇科、儿科和急诊科，临床护理风险事件以直接风险为主，占医院年度风险事故总数的80.6%，间接风险事件占医院年度风险事件总数的19.4%（见表5－2）。

表5－2 事件发生统计表

序号	风险事件发生区域	发生数量统计	后果（按件数）	
			直接风险	间接风险
1	外科	26.4%		
2	内科	18.1%		
3	产科	19.4%		
4	妇科	12.5%	80.6%	19.4%
5	儿科	11.1%		
6	急诊科	6.9%		
7	其他	5.6%		

直接风险主要来自护士自身，如由于护理操作过程中发生错误而引起风险事件。间接风险主要来自医院其他医疗部门，包括药房或后勤系统，如药物使用方法写错，护理设施没有及时维修，采购的护理用品存在质量问题等。

临床护理风险事件以直接风险为主，占风险事件总数的80.6%。给药问题、抽血问题和压疮是临床护理中最为常见的护理风险事件，分别占12.5%、11.1%和9.7%。三类风险事件占全年护理风险事件总数的33.3%。临床护理风险事件的多发区是外科、内科和产科，其风险事件的发生数占全院全年总数的63.9%。其原因可能与这些科室平时工作任务较其他科室重，病人病情重、变化快，并且病人对护理质量要求高有一定的关系。直接风险直接带来伤害，且主要由护士产生，病人及其家属看得清楚，因此无论从生理和心理上，都给病人及其家属带来痛苦，风险的结果更加严重。

根据护理风险分析的统计结果提示，医院相关管理者应当特别重视外科、内科、产科、妇科、儿科、急诊科这六个科室的直接护理风险工作。因为这六个科室的直接风险占到该乡镇医院所有风险的94.4%，在数量上和后果严重程度都是主要风险。如果不能采取有效应对措施，这些风险发生的可能性将很高，医院的整体风险等级将很大，直接影响该乡镇医院的发展目标。

三、PPP项目中政府风险分析

PPP项目是政府和社会资本在公共领域的合作，项目成功与否有赖于政府和社会资本良好的合作，且具有公共性、合作的平衡性、合作的周期较长、结构和调整事项复杂、法规和政策多又不统一、合规性要求强的特征。故影响PPP项目的三个主要因素是政府、社会资本和项目。结合上述特征，PPP项目的主要风险有政策风险、汇率风险、市场风险、财务风险、营运风险。无论其分配机制如何，最后都是公私合作双方以及项目受众的共同风险，所以在项目前期做好主要风险的防控及应对措施显得至关重要。

（一）PPP项目中政府风险的识别

PPP项目的可行性研究为项目风险识别提供了很好的基础，在进行可行性研究时对项目可能发生的风险类别和发生的概率可能性等都做了一定程度的研究。在此期间可以利用风险分析矩阵对主要的风险类别及其在项目执行期间发生的可能性进行简单的描述。

PPP项目决策阶段的主要风险有政策风险、汇率风险、市场风险、财务风险、营运风险，每类风险有多项潜在的风险事件。在PPP项目实施的不同阶段，可能风险的事件将会发生变化（见表5-3）。

（二）对风险发生的可能性及后果分析

对所有风险诱发因素可能产生的影响进行评估，这种评估从定性和定量两个方面来进行描述；对项目的影响可能使其项目的商业可行性发生改变（如项目回报率过低），或者这种风险对项目最终的产出和结果产生间接的影响（如项目输出质量和工期发生变化）。依据过去经验而进行判断的风险分析方法和高级复杂的风险建模分析手段的并存和应用使风险管理成为了一种定性定量相结合、介于科学和艺术之间的管理方法。

表 5-3 风险识别一览表

风险分类		风险事件	后果	发生可能性	风险源
决策阶段风险	政策	PPP 项目实施后影响社会安定	较高	50%	公众反对
	汇率	融资成本加大；融资渠道不畅；回报率下降或资金紧张	高	30% ~50%	未对市场预期做好充分研究，汇率定得不合理
	财政	直接债务；或有债务；由隐形担保导致的资金需求	较高	≦30%	未安排长期预算；公共服务使用费未达到合规水平的要求
	法律	项目的合法性、市场需求、产品或者服务收费、合同协议的有效性等要素发生变化，影响项目运行或者各方收益甚至直接导致项目中止和失败	高	≥50%	目前 PPP 模式的法律法规体系不健全，多以规范性文件与政策为主，不同政府部门颁布的规范性文件与政策存在冲突、矛盾或者不一致，且不稳定
	不可抗力	私人承担的损失较大，导致项目中断	一般	10%	自然灾害或事故、社会异常事件、考古文物、战争、禁运等
操作风险	识别阶段	存在违约	一般	30% ~50%	对项目范围、主体及物有所值论证和财政承受能力论证未做充分分析
	准备阶段	合作方履约积极性差	较高	≥30%	投融资结构回报机制、运作方式设计不合理
	采购阶段	适用《政府采购法》规定的竞争性谈判等非招标方式依据不足	较高	≥30%	招投标的竞争性和透明性有待进一步提高，政府采购、招投标过程中的合谋串标、贪污腐败等现象，PPP 与现行法律法规存在脱节等
	执行阶段	项目失败	严重	50% ~80%	由于经验和能力不足，导致融资和技术风险
	移交阶段	相关方的利益损失	高	50%	缺乏权威公正的第三方监督评估机构

在 PPP 项目的风险管理过程中，对风险发生概念及风险发生后果影响的重要性排序是风险管理的前提，风险量化的依据包括：风险管理规划；风险及风险条件排序表；历史资料，如类比项目的文档、风险专家对类比项目的研究成果及所在行业或其他来源的相关信息数据；专家判断结果，专家既可以是项目团队、组织内部的专家，也可以是组织外部的专家，既可以是风险管理专家，也可以是工

程或统计专家。

依据风险的不同类型，风险量化可分为确定性风险量化和非确定性风险量化。对于确定性风险，通常采用盈亏平衡分析和敏感性分析等技术在各种方案之间进行选择；而对于不确定性风险，则往往采用概率分析法、期望值法以及概率树法加以分析。

风险量化的损失大小要从三个方面来衡量：损失性质、损失范围和损失的时间分布。

（1）损失性质：损失是属于政治性的、经济性的还是技术性的。

（2）损失范围：包括严重程度、变动幅度和分布情况。严重程度和变动幅度分别用损失的数学期望和方差表示，而分布情况是指那些项目参与者的损失。

（3）时间分布：指风险事件是突发的还是随着时间的推移逐渐发生作用，该损失是马上就感受到了，还是随着时间的推移逐渐显露出来。损失的时间分布往往对于项目的成败关系极大，不可不察。

（三）融资结构的风险分析

此处以财务风险为例，展示风险分析的设计。由于融资结构不合理、金融市场不健全、融资的可及性等因素引起的风险，其中最主要的表现形式是资金筹措困难。PPP 项目的一个特点就是在招标阶段选定中标者之后，政府与中标者先草签特许权协议，中标者要凭草签的特许权协议在规定的融资期限内完成融资，特许权协议才可正式生效。如果在给定的融资期内发展商未能完成融资，将会被取消资格并没收投标保证金。在湖南某电厂的项目中，发展商就因没能完成融资而被没收了投标保函。

在 PPP 运用过程中突出的特点主要还是在融资模式上，政府为降低其风险，往往要求私营合作方权益融资占全部资本一定的比例，要求的权益融资所占比例越大，在基础设施项目建设与运营及公共服务的提供过程中就越能成功运用 PPP 模式。

为了能够选择最佳的融资资本结构，即确定整个项目总资本中权益融资与债务融资中所占的合理比例。采用加权平均资本成本的公式：

$$WACC = K_b * A + K_s(1—A) \qquad (5-7)$$

式（5－7）中：A 表示权益融资占全部资本的比重；

K_b 表示权益融资资本成本；

K_s 表示债务融资资本成本。

项目公司在进行债务融资时，债权人往往要求对债务资金提供一定的担保，因此项目公司必须支付一定的费用给融资担保公司，这将减少项目公司的现金流，从而权益融资风险加大，权益融资资本成本提高。在 WACC 基本公

式中，

$$K_b = K_0 + K_1 * A + K_2(1—A) * B \qquad (5-8)$$

式（5－8）中，K_0 表示无风险报酬率；

K_1 表示政策风险（含汇率风险）系数；

K_2 表示融资担保机构要求支付的担保费率；

B 表示有担保债务资金占总债务资金的比例。

同样的 $K_S = K_0 + K_3(1-A) + K_4(1-B) \qquad (5-9)$

式（5－9）中，K_0 表示纯粹利率；K_3 表示破产风险系数；K_4 表示债务风险系数；将式（5－8）式（5－9）代入式（5－7）得：

$$WACC = K_0A + K_1A^2 + K_2A(1-A)B + K_0(1-A) + K_3(1-A)2 + K_4(1-A)(1-B) \qquad (5-10)$$

对式（5－10）进行分析发现：如果破产风险较小时（K_3 较小），当 A＝0 即意味着项目全部资本由债务资本构成，且债务资金都由融资担保机构担保时，项目加权平均资本成本最低，项目的价值最大，对私营机构的吸引力最强。当然在实际操作过程中，融资担保机构对项目公司提供债务担保时，要求项目公司的权益资本占一定比例而且通常拒绝对债务提供全额担保。如果项目融资担保机构对债务资金提供担保时要求交纳的担保费是相对昂贵的并且权益资本需占的最小比例有规定时，那么当支付的担保费越小，项目公司加权平均资本成本越小。当项目破产风险很大（K_3 较大）时，项目的权益资本所占的比例越大，项目的加权平均资本成本越小，这时项目公司支付给融资担保机构的担保费是微不足道的。当政策风险和担保费率都很低时，加权平均资本成本的较小值在权益资本所占比例较低时取得。

（四）确定风险等级和相应控制措施

依据后果和可能性的结合来确定风险等级。具体需列出所有的风险之后，确定不同风险的优先次序或等级，每一个被识别的风险均要确定风险等级，对于风险级别高的应采取措施重点防范。风险等级由以下两方面组成：一是风险影响所导致的最坏的并可确定的严重程度；二是风险产生的可能性。划定的等级可以是定性的，上例中给出的风险评估标准分为一般、较高、高、严重四级，也可以是半定量的，半定量的评估可用数字来表示风险等级，以判断风险是否在可接受的范围内。

在对风险等级进行划分后，应根据项目实际，确定风险控制措施，对不可接受的风险选择适当的处理方式及控制措施，并形成风险处理计划。一般情况下，风险控制措施应优先考虑消除风险，再考虑降低风险，最后考虑采取个体防护或应急预案等。

对绝大多数的风险而言，都存在相应的对冲措施。只有在项目规划前期实现考虑项目的风险管理才不失为一种有效的策略。当这种风险管理措施逐步成熟以后，需要将其纳入到项目合同的拟定和谈判当中，以便于后期施工和运营时执行。

第六章　风险评价

风险评价是风险评估的第三个子过程，理论上，它以风险分析的结果为输入，给出风险评估的结果。根据采用的技术和方法不同，有些技术和方法同时以风险识别、风险分析为输入，有些技术和方法同时应用于风险识别、风险分析和风险评价三个子过程。

第一节　风险评价及其相关概念

一、风险评价定义

风险评价是风险管理领域的重要术语，在 ISO Guild73 中将其定义为："风险评价（Risk Evaluation）是将风险分析的结果与风险准则相比较，以决定风险和/或其大小是否可接受或可容忍的过程。"

风险评价的目的是协助决策，决策是基于风险分析的结果。这里的决策包括两个方面的内容：一是要决策对风险（一个或多个）是否需要采取应对措施；二是在这些需要采取应对措施的风险决策中应对的优先顺序。这就表明风险评价要对比需要应对的风险，通过比较来决定哪些风险优先采取应对措施。

风险分析为风险评价提供输入，为风险评价提供基础。但当风险分析并不一定满足风险评价的要求时，风险评价的有关意见将进一步反馈给风险分析，以便组织开展进一步分析，这也是标准所说的"风险评价可能会导致开展进一步分析的决定"。同时，风险评价需要向风险应对提供输入，输入的结果可能导致组织决定对某类风险不采取任何风险应对措施，那么现行的控制措施就有可能进一步取消，这也体现了风险评价对风险应对过程输入作用的重要性。

二、风险评价作用

从组织管理范畴来说，风险评价是组织风险评估的重要环节。通过对识别出的风险因素进行度量和评估，对组织面临的风险状况给出综合的评价，以便选择适当的风险管理策略，对每一种重要的风险制定出风险对策或对策组合。风险评价的预期结果包括但不限于以下七项。

（1）组织整体风险状况。

（2）组织风险的类型分布、严重性分布。

（3）组织风险评估的方法的有效性。

（4）组织面临的主要风险（前10位）及其发生后的损失估算。

（5）风险机会及其预期收益。

（6）可选择的全面风险管理战略。

（7）主要风险的备选策略。

三、风险评价相关概念

在ISO31000的构架中，风险评价子过程还涉及下列相关术语。

（一）风险态度

风险态度（Risk Attitude）是指组织在评估、追踪、保留、承担或规避风险方面的处理方式。

风险态度一词具有比较宽泛的意义，但其范围集中在风险管理过程的风险评估和风险应对阶段。其中，追踪、保留、承担和规避属于风险应对的内容。风险态度主要是指组织对风险评估和风险应对所采取的方式。

（二）风险偏好

风险偏好（Risk Appetite）是指组织准备追求、保留或承担的风险数量和种类。

风险偏好的术语出现在ISO31000标准的FDIS和ISO Guild73：2009中，但是在正式发布的ISO31000：2009标准中并未出现风险偏好一词。鉴于风险偏好一词在风险管理领域中属于常用词，在此依然给出了这个词的术语解释。

（三）风险接受

风险接受（Risk Acceptance）是指承担某一特定风险的决定。

该术语在定义后有两个注释：

注1：风险接受可以不经风险应对，也可以在风险应对的过程中发生。

注2：接受的风险要受到监测和评审。

不同于风险容忍，风险接受与是否实施风险应对无关。注1更是表明了这个观点。从定义上来说，风险接受是组织承担特定风险的一个决定。通常来说，这种决定应该以文件化的形式予以明确。由于可接受的风险可能未经风险应对，故定义中的注 2 指出需要对风险进行监测和评审。

（四）风险容忍

风险容忍（Risk Tolerance）是指组织或利益相关方在风险应对后愿意承担的风险。

也可以说，风险容忍是组织或利益相关方为实现目标，在采取风险应对后承担风险的意愿。该术语在定义后有一个注释，即风险容忍会受到法律法规要求的影响。对该术语的理解上，应该明确对于风险是否可容忍针对的是风险应对的过程，即应该在风险应对之后。在组织实施完风险应对过程后，可以自行承担的风险即为可容忍风险；相反，不可自行承担的风险为不可容忍风险。同时，风险容忍不一定完全由企业内部判定，还可能受到组织外部各项法律法规要求的影响。

（五）风险厌恶

在 ISO Guild 73 中，风险厌恶（Risk Aversion）定义为避开风险的态度。

风险厌恶是一个人在承受风险情况下其偏好的特征。可以用它来测量人们为降低所面临的风险而进行支付的意愿。在降低风险的成本与收益的权衡过程中，厌恶风险的人们在相同的成本下更倾向于做出低风险的选择。

（六）风险组合

风险组合（Risk Aggregation）是指将一些风险结合成为一个风险，以建立对所有风险的更全面理解。

风险组合又可以称为风险聚合、风险集合，在将一些风险总和起来，一并分析、评价，以便于了解这些风险之间的联系，以及它们的发生是可能产生的共同结果。因此，风险组合不是简单地风险加总，而是考虑一组风险关联关系后的有机构成。

第二节 风险准则

一、风险准则的内涵与作用

在 ISO31000 中，风险准则是一个极为重要的概念，贯穿于风险管理过程的始终。组织在开展活动的过程中会面临不同的风险，对应的会有不同的不确定性对目标产生着不同程度的影响，这就导致了风险具有大小高低的不同程度。所以，组织在实施风险管理时，必须要对已识别出的风险进行重要性评价。评价风险的重要性就必须建立重要性评价的依据，按照既定的依据对风险清单中的风险进行重要性评价，这一评价依据就是“风险准则”。风险准则就像一把标尺，度量着组织所面临的风险，是组织在实施风险管理前必须完成的一项前置工作。

ISO31000 给出了风险准则的明确定义，即评价风险重要性的参照依据。同时，给这个定义做出了两个注释，其中：

注 1：风险准则基于组织的目标、外部和内部环境。

注 2：风险准则可能来自于标准、法律、政策和其他要求。

注 1 和注 2 的解释对组织建立风险准则至关重要，明确了组织建立风险准则的内外部基础。组织评价风险重要性时，除了受到组织内部各种情况的条件约束外，还必须考虑来自组织外部的标准、法律、政策和其他要求。组织在建立风险准则时要兼顾内部、外部两方面要求，保证其重要性评价全面、准确。在某些特定风险因素下，对于其风险的重要性评价可能需要更加关注外部法律法规的要求。

需要特别提出的是，ISO31000 在其 2009 年版的文件中对风险准则的要求出现在风险管理过程中，并未出现在整个风险管理框架部分。因此，建立风险准则是组织实施风险管理过程中的一项重要活动。注 1 中所指的目标和内外部环境主要是指与实施风险管理过程相关的目标和此过程所处的内外部环境。这也就给目标和内外部环境作了限制，避免了其过于空泛，不具有针对性。

二、风险准则确定过程

ISO31000 对确定风险准则过程的表述为组织应确定风险准则，用于评价风险的重要性。风险准则应反映组织的价值观、目标和资源。某些风险准则直接或间接反映了法律、法规要求和组织需要遵循的其他要求。风险准则应与组织的风险管理方针相一致，并应在开始任何风险管理过程之前确定，且得到持续评审。该定义强调了以下几点。

（一）强调了风险准则应反映的内容

风险准则用于评价风险的重要性，而风险的重要性本身就体现了组织的价值观、目标和资源。所以，作为评价风险重要性的依据，其内容应反映组织的价值观、目标和资源情况。

（二）风险准则与法律、法规的关系

这一条对组织确定风险准则十分重要，尽管风险准则是由组织制定的，但风险的重要性不仅仅取决于组织内部，还包括外部法律、法规、监管等对组织的要求，很多是强制性要求，是组织行为的红线。因此，在制定风险准则时需要对此

给予重点关注，它们将严重影响组织的风险重要程度。风险准则中对法律、法规、监管等内容的忽视将会给组织的风险重要性评价带来极大偏差，可能导致整个组织风险管理的失效，系统性风险最终演变为系统性危机。

（三）风险准则应与风险管理方针相一致

风险管理方针是组织在实施风险管理时的指导方向和约束条件，风险准则在其制定过程中也同样受到风险管理方针的约束。在对某一特定业务过程的评价细则上，同样应当与组织的风险管理方针保持一致。

（四）制定的时间要求

ISO31000 中对组织制定风险准则提出了明确的时间要求，即风险准则的制定应在开始任何风险管理过程之前。也就是说在风险管理过程嵌入第一个业务过程之前，应完成对该过程风险准则的制定。

任何一次风险管理的循环过程都会经历风险评价环节，这就要求组织的风险准则要持续地与组织的环境、目标、方针、资源等相适应。组织在第一次制定风险准则以后，应该针对风险管理过程的运行情况，定期对风险准则进行持续评审。

从操作角度，建立风险准则必须具备一定的前提条件。

（1）明确风险准则所对应的业务过程。

风险准则作为风险管理过程的重要前置条件，针对的是特定的业务过程。只有明确特定的业务过程，才能确定管理风险的范围，识别相应的风险事件，才能进行风险的重要性划分，以便真正实现风险管理的嵌入性。

（2）明确组织的风险偏好。

风险偏好是组织建立风险准则的基础，在建立风险准则之前，应明确组织的风险偏好。在实践中，风险偏好纳入风险准则的内容，风险准则本身能够体现出组织的风险偏好。

三、确定风险准则的关键因素

在 ISO31000 中，明确描述了在确定风险准则时应考虑的因素，具体包括：

（1）风险的特性和原因的种类，可能出现的后果以及如何对其进行测量。

（2）如何确定风险发生的可能性。

（3）可能性和/或后果的时限。

（4）如何确定风险等级。

（5）利益相关方的意见。

（6）风险可接受或可容忍的等级。

（7）考虑是否需要组合多个风险，如需要，应考虑如何组合和哪些组合方式。

（一）风险的特性

第一方面是对风险特性的认识，比如客观还是主观，是系统性还是局部性，对正面、负面影响的判断等。风险产生的原因可能有多种，如何划分。风险的后果是什么，如何对后果进行测量。

（二）发生的可能性

第二方面是对风险发生的可能性进行测量，强调对风险的“后果”和“可能性”进行赋值。

（三）后果诸方面

第三方面是风险发生后果、可能性的时限问题。在一般的风险管理教材和法规中，风险的发生可能性和后果的严重程度受到普遍的重视，但对于时限这一概念较少用到。我们习惯于将“一段时间内”作为风险管理的潜在假设，但客观来说，时限对于风险管理具有较大影响。对于某一风险事件的发生可能性和风险后果来说，时间敞口越大，其风险就越大。COSO 在《企业风险管理——整合框架》中也有关于风险时限的描述。COSO 认为评估风险的时间范围应该与相关战略和目标的时间范围相一致，因为许多主体的战略和目标着眼于短期到中期的时间范围，所以企业管理层自然更关注这个时间范围的相关风险。但是，战略方向和目标需要考虑长期时间条件下的相关因素，因此企业管理层需要认识到更长的时间范围，并且不能忽略那些可能延伸的风险。

（四）风险等级

第四方面是确定风险等级，也就是要评价风险的重要性。风险等级是指一个风险或组合风险的大小，以结果和可能性的两者结合来表示。在风险准则中应该进一步提出如何确定风险等级、确定的依据等内容，同时明确组织在实施风险管理过程中的风险等级划分。

（五）相关方参与

第五方面是指风险准则是从主观上评价风险的重要性，但评价的主体不仅仅是组织自身，还必须包括组织的利益相关方。利益相关方参与风险准则的制定更有利于风险重要性评价的全面和公正。

（六）容忍与接受

第六方面也是关于风险等级的问题。该风险等级是组织可接受或可容忍的风险等级，处于这一等级的风险，组织是可以接受的，可以保持现有的控制措施，不需要实施进一步的风险应对措施，只需要进行日常监控。不可灭失性作为风险的重要性质之一决定了组织不可能彻底消灭风险，只能通过风险应对的方法把风险控制在风险准则中规定的可接受范围内。

（七）风险组合

第七方面涉及的是风险组合的问题。组织所面对的风险通常不是一个，而是多个。在评价风险的重要性时，只考虑一个风险无法看到风险的全貌，需要从风险组合的角度去全貌地评价风险。对于风险组合的问题在COSO《企业风险管理——整合框架》中有更充分的体现。COSO明确要求企业风险管理要求主体对风险采取风险组合观。主体中单个单元的风险可能处于可接受或可容忍的等级，但当多个单元的风险整合到一起时可能会超过组织的可接受范围。更多的情况可能来自另外一个方面，一项风险在单个单元内可能意味着不可容忍，但从全局来看，不同单元间的风险会产生相互抵消的情况。因此，在风险管理时应从风险组合的角度进行考量，使组织整体面临的风险处于可接受和可容忍的范围。

四、常见风险准则表达方式

（一）C准则

1. C准则的概念

在风险准则中，如何对风险后果的严重程度进行度量是风险评价重要的内容之一。组织应建立对风险后果的测量指标，用于测定风险后果的严重程度。通常情况下，我们用字母C表示风险后果，因此鉴于这一指标的重要性和实际使用的方便，我们将在风险准则中用于测量后果严重程度的相关内容称为C准则。

C风险准则用于对风险后果严重程度的测量，故在建立风险准则时，应考虑从最轻到最重的严重程度，使风险准则能应用于评价风险严重程度的全部范围。

同时，C准则中的严重程度是指风险后果对组织目标的影响大小，C准则不仅用于负面影响的严重程度，也用于正面影响的严重程度，这需要通过后果性质给予判定。

2. C准则的常见形态

在C准则中，对后果严重程度的测量可是定量或半定量的。“定量”是指大于或等于零、可以有小数的数值。“半定量”是大于或等于零、只能有整数的数值。不能采用定性的方式表示C准则。定性不能用于测量，也不能与可能性P相结合使风险等级R具有大小的意义。

通常一个事件的后果有多种形态，应对各种后果形态建立严重程度的准则，以用于测量不同后果形态的严重程度。在这种情况下，可用式（6-1）计算一个风险事件的后果严重程度C。

$$C = \sum_{i=1}^{n} \rho_i C_i \qquad (6-1)$$

式（6-1）中，C_i 是风险后果形态中第i中形态的严重程度数值，ρ_i 是 C_i

在 C 中所占有的权重，$\sum$ 表示对 n 种形态求和。对于 ρ_i 的获得通常可以用已积累的历史数据，选用或参考使用已发生相同或类似风险事件中各种形态严重程度所占有的比重数据。

需要在此指出的是，在实践中对式（6-1）有两种简单的处理方式。

第一种方式是计算各种后果形态的算术平均值，这就相当于式（6-1）中 ρ_i 为常数；第二种方式是认为某种后果形态最为重要。进而用这一最为重要的后果形态 C_i 作为事件后果的严重程度 C，这就相当于令该种后果形态的权重 ρ 为 1，其他后果形态的 ρ 为零。

以上两种方式均为简单的处理方式，但有悖于识别不同后果形态及其不同严重程度的初衷。以地震为例，在地震事件中，生命死亡的后果形态是人们最关注的，将其与其他形态的后果进行"平均"显然不符合客观实际，但如果仅仅考虑该后果形态而忽略了如伤残、房屋倒塌、公路毁坏、通信中断等同样也是不可接受的。随着历史数据的积累和风险管理能力的逐渐提升，识别符合客观事实的后果形态，正确给相应的后果形态的重要性赋值是我们在风险管理实践中不断追求的目标。

3. C 准则举例

一般情况下 C 准则用半定量的方式表示，根据后果的严重程度将 C 准则分为五级，从第一级（低严重程度）到第五级（高严重程度）。为了量化分析的需要，对每一严重程度进行了赋值：1～5。同时，针对每一级的程度用定性或者定量的方式详细描述。以下就通过几个具体的例子来说明 C 准则的建立方式（见表 6-1 至表 6-5）。

表 6-1　战略风险 C 准则举例

影响程度	不重要	较小	中等	较大	重大
分数	1	2	3	4	5
战略	对战略实施几乎没有影响	对战略实施有轻微影响	对战略实施有一定程度影响	对战略实施有重大影响	导致战略实施失败

表 6-2　财务风险 C 准则举例（1）

影响程度	轻微	较小	中等	重大	灾难性
分数	1	2	3	4	5
利润总额 4400 万元	影响 44 万元以下	影响 44 万～220 万元	影响 220 万～440 万元	影响 440 万～660 万元	影响 660 万元及以上

续表

影响程度	轻微	较小	中等	重大	灾难性
营业收入44300万元	影响443万元以下	影响443万~2215万元	影响2215万~4430万元	影响4430万~6640万元	影响6640万元及以上
管理费用860万元	影响8.6万元以下	影响8.6万~43万元	影响43万~86万元	影响86万~129万元	影响129万元及以上
经济增加值2000万元	影响20万元以下	影响20万~100万元	影响100万~200万元	影响200万~300万元	影响300万元及以上

表6-3 财务风险C准则举例（2）

超出预算	超出预算3%以下	超出预算3%~8%	超出预算8%~15%	超出预算15%~20%	超出预算20%以上
经营目标	影响年度经营目标1%以下	影响年度经营目标1%~5%	影响年度经营目标5%~12%	影响年度经营目标12%~18%	影响年度经营目标18%及以上

表6-4 公司治理风险C准则举例

后果程度		确定公司治理风险的影响或后果	
		绩效以及利益均衡	备注
1	极低	极小或没有影响，正面绩效非常好，利益均衡效果很好	对关键职责、目标和绩效标准以及利益相关者的利益影响极小或没有影响，所以关键职责完成得很好，达成的目标比预期要好，出现了高水平的绩效，利益分配很合理，极少出现一例倾斜
2	低	影响较小，但会降低正面绩效表现，利益均衡能够维持	对关键职责、目标和绩效标准以及利益相关者的利益有较小影响，但能够很好地完成关键职责，达成目标，实现绩效标准，利益相关者的利益能够达到均衡，只是偶尔会出现利益倾斜
3	中	影响一般，但会大大降低正面绩效表现，从一定程度上，利益均衡有些被破坏	对关键职责、目标和绩效标准以及利益相关者的利益有一定程度影响，关键职责基本完成，目标基本达成，绩效标准也基本实现，利益均衡有些被打破，存在利益倾斜问题，但是并不能或偶尔引发利益相关者的冲突
4	高	影响较大，会导致无正面绩效表现，利益均衡破坏较严重	对关键职责、目标和绩效标准以及利益相关者的利益有较大影响，关键职责完成得不太好，有些目标没有达成，有些绩效标准没有实现，利益均衡受到严重打破，从而较大程度上引发利益相关者的冲突

续表

<table>
<tr><td colspan="2" rowspan="2">后果程度</td><td colspan="2">确定公司治理风险的影响或后果</td></tr>
<tr><td>绩效以及利益均衡</td><td>备注</td></tr>
<tr><td>5</td><td>极高</td><td>影响很大，绩效非常差，利益均衡受到极大破坏</td><td>对关键职责、目标和绩效标准以及利益相关者的利益影响重大。关键职责没有完成，目标没有达成，绩效标准也没有实现，利益均衡受到特别大的破坏，引发利益相关者的冲突非常严重</td></tr>
</table>

表 6-5 投资建设高速公路风险的 C 准则举例

影响程度	费用超支（超过预算）	工期拖延（月）	年现金流入不足（达到预计的）
1	1%以下	一个月以下	60%
2	1%~5%	1~6	50%
3	5%~20%	6~12	40%
4	20%~50%	12~24	30%
5	50%以上	两年以上	20%

（二）P 准则

1. P 准则的概念

在风险准则中，如何对风险发生的可能性进行度量同样也是风险评价重要的内容之一。组织应建立对风险发生可能性的测量指标，用于测定风险后果发生的可能性。通常情况下，我们用字母 P 表示风险后果，因此鉴于这一指标的重要性和实际使用的方便，我们将风险准则中用于测量后果严重程度的相关内容称为 P 准则。

与 C 准则类似，P 准则也需要考虑从最轻到最重的严重程度，使风险准则能应用于评价风险后果发生可能性的全部范围。通常在建立 C 准则后建立 P 准则。有了风险事件及其后果，再去确定风险事件发生的可能性。

2. P 准则的常见形态

在风险管理实践中，我们经常用概率表示风险发生的可能性。在建立 C 准则的论述中，我们提出了要考虑后果形态的问题。但是对于 P 准则，一般不考虑后果形态，即不对每一种后果形态建立 P 准则，只需要对风险事件本身建立 P 准则即可。因为对于后果的不同形态表明了风险事件发生后的不同严重程度，但是任何一种形态的发生概率和风险事件发生概率是相同的。简单举例来说，比如对于地震，伴随着地震的发生，各种形态的后果也就随之而来，区别在于各种形态的后果严重程度不同。

对于C准则而言，后果严重程度的级别数量可以根据实际情况而定，但是在建立P准则时，一般情况下应使P准则的级别数量大于或等于五，包括基本不发生、很低可能要发生、可能发生、很有可能发生、基本要发生。在风险评估实践中，对于P准则、C准则中严重程度的级别数量并无评判优劣的统一标准，主要还是适用，过粗或者过细都是不可取的。

3. P准则举例（见表6-6至表6-8）

表6-6 常见风险P准则举例

可能性	很低	低	中等	高	很高
分数	1	2	3	4	5
概率	年发生概率在6.25%以下	年发生概率在6.25%~12.5%	年发生概率在12.5%~25%	年发生概率在25%~50%	年发生概率在50%以上
频率	未来五年几乎不会发生	未来3~5年可能发生1次	未来1~2年可能发生1次	可能1年内发生1次	可能1年内发生多次

表6-7 公司治理风险的P准则举例

可能性等级	风险事件发生的可能性	备注
1	极小	风险事件几乎不会发生
2	不太可能	风险事件很少发生
3	可能	风险事件在某些情况下发生
4	很可能	风险事件在较多情况下发生
5	基本确定	风险事件几乎肯定会发生或常常发生

表6-8 投资建设高速公路风险的P准则举例

可能性等级	发生概率	征地受阻	资金不到位	设计与施工	过往车辆数
1	0.1	严重受阻必须改线	投资方撤资	严重拖延须重新设计	不到预测数的40%
2	0.3	严重受阻局部改线	投资方资金不足	严重拖延局部重新设计	预测数的40%~50%
3	0.5	严重受阻	同银行谈判不顺	施工严重拖延	预测数的50%~60%
4	0.7	一般受阻	建设债券发行不顺	施工一般拖延	预测数的60%~70%
5	0.9	轻微受阻	汇率发生不利变动	施工轻微拖延	预测数的70%~80%

（三）R准则

R准则即风险等级，即一个风险或组合风险的大小，依据后果和可能性结合来表示。风险等级是风险管理领域中关于风险大小所使用的术语。无论对于一个风险还是风险组合，其大小都定义为风险等级，因此风险等级应以定量或者半定量的方式来表示。

如果用 R 来表示风险等级，用 P 来表示风险发生的可能性，用 C 来表示风险后果的严重程度，则风险等级 R 的一般表达式可以写成：

$$R = R(P,\ C) \tag{6-2}$$

风险等级 R 是可能性 P 和后果的严重程度 C 两者的函数，结合后可获得风险等级 R。但从 P 和 C 的结合方式来看，这种结合方式可以是明确的，如乘积，也可以是隐含的。

在式（6－2）中，当风险等级为常数 R_0，则在以横坐标 P，纵坐标 C 所构成的二维平面上会形成一条曲线，该曲线上所有的点（P，C）所对应的风险等级 R 具有相同的大小 R_0，其公式表达如式（6－3）所示：

$$C = C(R_0,\ P) \tag{6-3}$$

该条曲线便是风险等位线。风险等位线在风险评估中具有重要的意义：在一定的风险等级数值 R_0 下，风险后果 C 对可能性 P 的分布关系。

（四）其他风险准则

风险准则也可以根据组织面对风险的特点来确定，如对于安全风险中的作业条件风险的评价准则，在 R 准则的基础上，加入了人体暴露在危险环境中的状况因素。

$$R = P * C * E \tag{6-4}$$

式（6－4）中：R 为风险等级；P 为发生事故的可能性；C 为事故发生会造成的后果；E 为人体暴露在危险环境中的频繁程度。

（五）总风险等级

对于某一个风险的风险等级判断我们可以应用式（6－2）通过风险的可能性和后果 C 的结合来进行，但是对于具有多种类型和不同大小的项目或过程总风险该如何判断呢？通常这一总风险等级的数值是重要的决策依据。

一般来说，项目或过程的总风险等级数值 R 可以由式（6－5）计算得出。

$$R = \sum_{i=1}^{n} \rho_i R_i \tag{6-5}$$

在式（6－5）中，R_i 是项目或过程中某一风险的风险等级数值，i 是已识别出的风险序号，n 是风险的总数，ρ_i 是第 i 个风险在总风险中所占的权重，即该风险在项目或过程中所占的权重，通过计算即可得出总风险等级 R 的数值。

（六）风险带

通常所说的风险带是指以横坐标 P，纵坐标 C 所构成的二维平面的封闭区域，在该区域的风险具有特殊的意义。

在风险管理中，有三类具有实践意义的风险带。

风险上带：无论活动能带来什么利益，风险带中的风险等级都是不可容忍的，无论应对成本多大，都必须应对。

风险中带：对该风险带中的风险，要考虑实施风险应对的成本与收益，并平衡机会与潜在的后果。

风险下带：该风险带中的风险重要性较低，风险影响较小以至于无须采取风险应对。

风险带是风险管理过程中的重要工具，也是风险重要性的具体表现，不同风险带的风险具有不同的重要性。划分风险带后，组织的风险分部处于不同的风险带中，针对不同风险带所代表的重要程度不同，组织可实施有区别的管理。在风险接受和风险容忍的概念中，对于风险来说，其是否可接受或者可容忍属于风险等级的范畴，即用风险等级来表明其大小，只不过是赋予特殊意义下的两类风险等级。当赋予特殊意义后，该风险等级所在的风险等位线就成了风险接受线和风险容忍线。通常我们称风险接受线为 A 线，对应的风险等级为 RA，风险容忍线为 T 线，对应的风险等级为 RT。在组织的风险准则中应对风险接受和风险容忍的风险等级大小进行清晰地阐述。

一般情况下，不同重要性的风险对应不同的风险应对方式，而位于同一风险带中的风险具有相同等级的重要性，故其对应于同一种风险应对方式。表 6 - 9 是一个实际的例子，显示了不同风险带所对应的风险应对方式。表 6 - 9 中对三个风险带还区分了可控与不可控，对不同的风险带还提出了风险应对原则，是对所选择的风险应对方式的补充、说明。

表 6 - 9　风险带与风险应对方式的关系

风险带		风险应对方式	风险应对原则
风险上带	可控	风险控制 风险转移 风险规避 其他	优化现有内控制度和业务流程，使该风险的剩余风险落入风险下带；如无法将剩余风险降低到风险下带，可考虑寻求外部单位分担该风险；如剩余风险仍然较大，考虑规避该风险
	不可控	风险规避 风险转移、预案 风险控制、其他	考虑规避该风险，如无法规避则可汛期外部单位分担该风险，或制定事前、事中、事后应对方案，并建立预警指标体系，保持每月跟踪

续表

风险带		风险应对方式	风险应对原则
风险中带	可控	风险控制	优化现有内控制度和业务流程，将风险负面后果及发生概率最小化，正面后果及发生概率最大化，使该风险的剩余风险落入风险下带
	不可控	风险转移、预案风险控制	制定应急预案和预警指标，保持每月跟踪，及时避免风险的发生，或降低风险影响程度
风险下带	可控	风险接受	保持现有的内控力度不放松

第三节　常用风险评价技术

风险评价的目的是依据风险准则划分组织或特定风险事项的重要性，以确定风险是否可以接受，或应采用的应对措施。在理论和实务上，有多重技术和方法进行风险准则对比与风险大小的评判。

在风险识别、风险分析的基础上，把风险因素发生的概率、损失程度结合其他因素综合考虑，得出系统发生风险的程度以及可能性就是风险评价，它是应用各种风险分析的技术，用定性、定量的方法或是两者相结合，来处理不确定性风险因素的过程。风险评价是工程项目实施阶段风险管理对策选择的重要依据，具有重要的作用。

风险分析与风险评价方法的选用，因不同国家、不同行业、风险分析人员的个人偏好而有所不同。国际上将近百种风险评价方法分为三大类：定性方法、定量方法、混合型方法。其中：

（1）定性风险分析是评估已识别风险的影响和可能性的过程。这一过程用来确定风险对项目目标可能的影响，对风险进行排序。它在明确特定风险和指导风险应对方面十分重要。

（2）定量风险分析是对通过定性风险分析排出优先顺序的风险进行量化分析。尽管有经验的风险分析人员有时在风险识别之后直接进行定量分析，但定量风险分析一般在定性风险分析之后进行。

一、ALARP 原则

ALARP 是最低合理可行原则（As Low As Reasonably Practicable）的缩写，又称为“二拉平”原则。ALARP 原则是当前风险可接受水平普遍采用的一种项目风险判据原则。

该风险判据原则依据风险的严重程度将风险评价事项可能出现的风险进行分级。该原则的实质是任何系统都有风险，凭借防范措施完全消除风险是不可能的；当系统的风险水平越低时，要再次降低风险水平就越困难，其费用成本常常以指数规律上升。因此，需要在系统的风险水平和费用成本之间做出一个合理的选择。

风险由不可容忍线和可忽略线组成，将其分为三个区域，即不可接受风险区、最低合理可行区（ALARP 区）和可忽略风险区。在风险管理中，如果通过风险分析得出的风险评价值在不可接受风险区，那就必须采取强制措施降低风险；如果风险评价值在可忽略风险区，则说明系统风险水平很低，是可以忽略的，不需要采取任何风险预防措施；如果风险评价值在 ALARP 区，就需要在实际情况下对各种风险防范措施进行费用效益分析，最后选择费用少效益高的风险防范措施尽量降低风险。

其实，ALARP 原则就是要界定两个风险分界线，即可接受风险线和可忽略风险线。如图 6－1 所示，上面这条水平线为可接受风险线，下面这条水平线为可忽略风险线。一般情况下，可忽略风险线小于可接受风险线 1～2 个数量级。

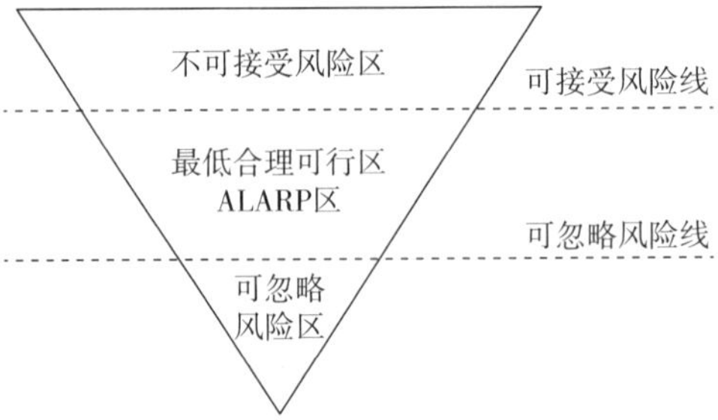

图 6－1　ALARP 标准

二、FN 曲线

1967 年，首次利用概率论的方法建立了一条适用于各种灾害事故的限制曲线，即 FN 曲线。FN 曲线最初应用于核电站的风险评价中，后来又广泛用于定义风险评价标准。FN 曲线图的横轴表示某一事故造成的后果，纵轴表示在该事故发生情况下人员死亡的累积概率，将事故发生情况下的致死累积概率和事故造成的后果以曲线的形式表示出来。每次事故都对应 FN 曲线图中的一个点，如果这个点落在曲线上方，则该事故具有较高的风险；如果这个点落在曲线下方，则该事故具有较低的风险。FN 曲线可用式（6-6）表示：

$$P_f(x) = 1 - F_N(x) = \int_0^{\infty} x f_N(x)\,dx \tag{6-6}$$

风险评价标准的分界线可表示为：

$$P_f(x) = 1 - F_N(x) \leq \frac{C}{x^n} \tag{6-7}$$

式（6-7）中，F_N（x）为年死亡人数小于 X 的概率分布函数，C 为决定 FN 曲线位置的常数，n 为分界线的斜率。

通常情况下，n 只取 1、2 两个值。当 n=1 时，风险水平为中立型风险；当 n=2 时，风险水平为厌恶型风险，由于厌恶型风险的事故后果比较严重，因此其风险的可接受概率就会较低。例如，当给定事故导致的死亡人数 x=1 时，社会可接受风险为 C；但当该事故死亡人数 x=10 时，则社会可接受风险就变为 0.01C。这表明社会对事故后果比较严重的风险更为关注，要求更为严格。一些国家和地区的 FN 曲线标准如图 6-2 所示。

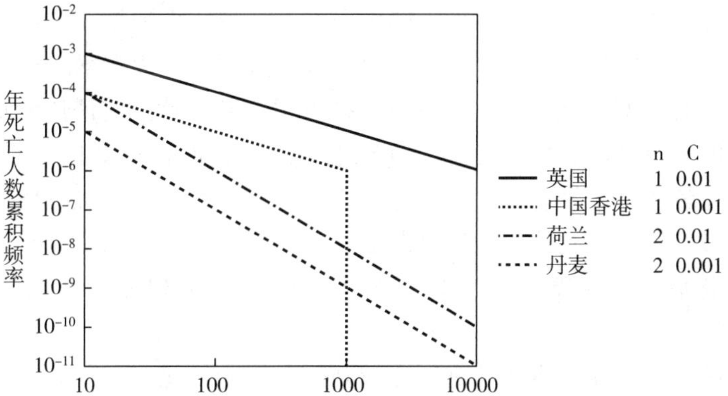

图 6-2　一些国家的 FN 曲线标准

例如，用 FN 曲线界定社会风险评价标准时，原则上可以把待评价 FN 曲线与标准 FN 曲线进行比较即可。如果待评价 FN 曲线高于或者低于标准的 FN 曲线，那么就可以立刻得出待评价 FN 曲线的事故风险水平高于或者低于标准 FN 曲线的事故风险水平；如果待评价 FN 曲线与标准 FN 曲线交叉时，那么就不能确定待评价 FN 曲线的事故风险水平的高低了，此时 FN 曲线社会风险评价方法就显得无能为力了。

三、层次分析法

层次分析法（Analytic Hierarchy Process，简称 AHP）为相互关联、相互制约的众多因素构成的复杂而往往缺少定量数据的系统问题的决策和排序提供了一种新的、简洁而实用的建模方法，它特别适用于那些难于完全定量分析的问题。

在目标因素结构复杂且缺乏必要数据的情况下，以其系统性、灵活性、实用性等特点特别适合于多目标、多层次、多因素的复杂系统的决策使用更为方便，同时它也被广泛应用于社会、经济、科技、规划等很多领域的评价、决策、预测、规划等。

（一）原理

所谓层次分析法，是指将一个复杂的多目标决策问题作为一个系统，将目标分解为多个目标或准则，进而分解为多指标（或准则、约束）的若干层次，通过定性指标模糊量化方法算出层次单排序（权数）和总排序，以作为目标（多指标）、多方案优化决策的系统方法。

层次分析法是将决策问题按总目标、各层子目标、评价准则直至具体的备投方案的顺序分解为不同的层次结构，然后用求解判断矩阵特征向量的办法，求得每一层次的各元素对上一层次某元素的优先权重，最后再加权的方法递阶归并各备择方案对总目标的最终权重，此最终权重最大者即为最优方案。这里所谓“优先权重”是一种相对的量度，它表明各备择方案在某一特点的评价准则或子目标下优越程度的相对量度，以及各子目标对上一层目标而言重要程度的相对量度。层次分析法比较适合于具有分层交错评价指标的目标系统，而且目标值又难以定量描述的决策问题。其用法是构造判断矩阵，求出其最大特征值。其所对应的特征向量归一化后，即为某一层次指标对于上一层次某相关指标的相对重要性权值。

对任意两因素的相对重要性进行比较判断，给予量化。各种方案相对于总目标的重要排序。

（二）步骤

运用层次分析法建模，大体上可按下面四个步骤进行。

（1）建立递阶层次结构模型。

（2）构造出各层次中的所有判断矩阵（正互反矩阵）。对每个层次各指标之间进行两两对比之后，然后按确定的标准排定各评价指标的相对优劣顺序，依次构造出评价指标的判断矩阵。

（3）针对某一个标准，计算各备选元素的权重。

关于判断矩阵权重计算的方法有两种，即几何平均法（根法）和规范列平均法（和法）。

（4）层次单排序及一致性检验。

当判断矩阵的阶数时，通常难于构造出满足一致性的矩阵来。但判断矩阵偏离一致性条件又应有一个度，为此须对判断矩阵是否可接受进行鉴别，这就是一致性检验的内涵。

（5）层次总排序及一致性检验。

其中后两个步骤在整个过程中需要逐层地进行。

（三）优点及局限

AHP 法的优点在于较好地体现了系统工程学定性与定量分析相结合的思想。决策者通过直接参与决策，其定性思维过程被数学化、模型化，有助于保持思维过程的一致性。具体如下：

（1）系统性的分析方法。

层次分析法把研究对象作为一个系统，按照分解、比较判断、综合的思维方式进行决策，成为继机理分析、统计分析之后发展起来的系统分析的重要工具。系统的思想在于不割断各个因素对结果的影响，而层次分析法中每一层的权重设置最后都会直接或间接影响到结果，而且在每个层次中的每个因素对结果的影响程度都是量化的，非常清晰、明确。这种方法尤其可用于对无结构特性的系统评价以及多目标、多准则、多时期等的系统评价。

（2）简洁实用的决策方法。

这种方法既不单纯追求高深数学，又不片面地注重行为、逻辑、推理，而是把定性方法与定量方法有机地结合起来，使复杂的系统分解，能将人们的思维过程数学化、系统化，便于人们接受，且能把多目标、多准则又难以全部量化处理的决策问题化为多层次单目标问题，通过两两比较确定同一层次元素相对上一层次元素的数量关系后，最后进行简单的数学运算。即使是具有中等文化程度的人也可了解层次分析的基本原理和掌握它的基本步骤，计算也非常简便，并且所得结果简单明确，容易为决策者了解和掌握。

（3）所需定量数据信息较少。

层次分析法主要是从评价者对评价问题的本质、要素的理解出发，比一般的定量方法更讲求定性的分析和判断。由于层次分析法是一种模拟人们决策过程思维方式的一种方法，层次分析法把判断各要素相对重要性的步骤留给了大脑，只保留人脑对要素的印象，化为简单的权重进行计算。这种思想能处理许多用传统的最优化技术无法着手的实际问题。

局限在于很大程度上依赖于人们的经验，主观因素的影响很大，它至多只能排除思维过程中的严重非一致性，却无法排除决策者个人可能存在的严重片面性；比较、判断过程较为粗糙，不能用于精度要求较高的决策问题。具体如下：

（1）不能为决策提供新方案。

层次分析法的作用是从备选方案中选择较优者。这个作用正好说明了层次分析法只能从原有方案中进行选取，而不能为决策者提供解决问题的新方案。这样，我们在应用层次分析法的时候，由于我们自身的创造能力不够，造成了我们尽管在我们想出来的众多方案里选了一个最好的出来，但其效果仍然不如企业所做出来的效果好。然而对于大部分决策者来说，如果一种分析工具能替我分析出在已知方案里的最优者，然后指出已知方案的不足，又或者甚至再提出改进方案的话，这种分析工具才是比较完美的。但显然，层次分析法还没能做到这点。

（2）定量数据较少，定性成分多，不易令人信服。

在如今对科学的方法评价中，一般都认为一门科学需要比较严格的数学论证和完善的定量方法。但现实世界的问题和人脑考虑问题的过程很多时候并不是能简单地用数字来说明一切的。层次分析法是一种带有模拟人脑决策方式的方法，因此必然带有较多的定性色彩。

（3）指标过多时数据统计量大，且权重难以确定。

当我们希望能解决较普遍的问题时，指标的选取数量很可能也就随之增加。这就像系统结构理论需要分析一般系统的结构，弄清楚关系环，就要分析到基层次，而要分析到基层次上的相互关系时，需要确定的关系就非常多了。指标的增加就意味着要构造层次更深、数量更多、规模更庞大的判断矩阵。

（4）特征值和特征向量的精确求法比较复杂。

在求判断矩阵的特征值和特征向量时，所用的方法和多元统计所用的方法是一样的。在二阶、三阶时还比较容易处理，但随着指标的增加，阶数也随之增加，在计算上也变得越来越困难。

四、HAZOP

HAZOP 是危险与可操作性分析（Hazard and Operability Analysis）的简称，又称危害性及运作能力研究，是英国帝国化学工业公司于 1974 年针对化工装置开发的一种风险评价方法。该方法的基本原理是以关键词为引导，找出系统中过程或状态的变化（或偏离），分析造成偏差的原因、后果及其可采取的管理对策。

（一）原理

HAZOP 分析法是按照科学的程序和方法，从系统的角度出发对工程项目或生产装置中潜在的危险进行预先的识别、分析和评价，识别出生产装置设计及操作和维修程序，并提出改进意见和建议，以提高装置工艺过程的安全性和可操作性，为制定基本防灾措施和应急预案进行决策提供依据。

HAZOP分析方法的主要目的是对装置的安全性和操作性进行设计审查，由生产管理、工艺、安全、设备、电气、仪表、环保、经济等工种的专家进行共同研究；这种分析方法包括辨识潜在的偏离设计目的的偏差、分析其可能的原因并评估相应的后果。它采用标准引导词，结合相关工艺参数等，按流程进行系统分析，并分析正常/非正常时可能出现的问题、产生的原因、可能导致的后果以及应采取的措施。

HAZOP分析方法具有三大特点：首先是确立了系统安全的观点，而不是单个设备安全的观点；其次是系统性、完善性好，有利于发现各种可能的潜在危险；最后是结构性好，易于掌握。

（二）步骤

HAZOP分析方法既可以用于系统设计阶段（系统或活动策划），也可以用于风险现状评估。根据风险事件带来的影响确定系统、活动、企业的主要风险，作为继续深入分析的基础，因此是确定事故树中“顶上事件”的一种方法。

本方法的主要步骤：

（1）确定研究对象。建立多专业、多角色的研究组，如研究组成员可以包括设计、管理、使用、监察、产品、环境、综合等多方面人员。根据问题，搜集资料。

（2）划分单元。将分析对象划分为若干单元，在连续过程中单元以流程为主，在间歇过程中以控制点为主。明确每个单元的功能，描述每个单元状态。

（3）定义关键词表。按关键词逐一分析每个单元可能产生的偏差。关键词表可以根据研究对象和环境确定，表6-10是三组参考关键词。

表6-10 关键词

关键词	意义	关键词	意义	关键词	意义
空白	设计与操作所要求事件没有发生	否	对标准值完全否定	部分	质的减少
过量	与标准值比较数量增加	多	数量增加	相反	逻辑上与规定功能相反
减量	与标准值比较数量减少	少	数量减少	其他	其他运行状况
部分	只完成功能一部分	而且	质的增加	—	—
伴随	在完成功能同时，有多余事件发生	—	—	—	—

续表

关键词	意义	关键词	意义	关键词	意义
相逆	出现与设计和操作相反的事件	—	—	—	—
异常	出现与设计和操作不相干事件	—	—	—	—

（4）分析发生偏差的原因及后果。

（5）制定对策。

（三）不同阶段应用

HAZOP 分析是一种结构化的危险分析工具，最适用于在详细设计阶段后期对操作设施进行检查或者在现有设施做出变更时进行分析。对于不同阶段，HAZOP 的应用方式也不同。

1. 概念和定义阶段

在系统生命周期的这一阶段，将确定设计概念和系统主要部分，但开展 HAZOP 分析所需的详细设计和文档并未形成。然而，有必要在此阶段识别出主要危害，以便在设计过程中加以考虑，并有利于随后进行的 HAZOP 分析。为开展上述研究，应使用其他一些基本方法（关于这些方法的描述，见 IEC 60300－3－9）。

2. 设计和开发阶段

在系统生命周期的这一阶段，形成详细设计，并确定操作方法，编制完成设计文档。设计趋于成熟，基本固定。开展 HAZOP 分析的最佳时机恰好在设计固定不变之前。在此阶段，设计足够详细，便于通过 HAZOP 问询方式得到有意义的答案。建立一个系统用于评估 HAZOP 分析完成后的任何变更非常重要，该系统应该在系统整个生命周期都起作用。

3. 制造和安装阶段

如果系统试运行和操作有危险，或正确的操作步骤和说明至关重要，或后期阶段出现设计目的的较大变动时，建议在系统开测前进行一次 HAZOP 分析。此时，试运行和操作说明等数据资料应可用。此外，该分析还应重新检查早期分析时发现的所有问题，以确保它们得到解决。

4. 操作和保养阶段

对于那些影响系统安全、可操作性或影响环境的变更，应考虑变更前进行 HAZOP 分析。此外，应对系统进行定期检查，消除日常细微改动带来的影响。在进行 HAZOP 分析时，应确保在分析中使用最新的设计文档和操作说明。

5. 停止使用和报废阶段

在本阶段可能发生正常运行阶段不会出现的危险，所以本阶段可能需要进行危险分析。如果存在以前的分析记录，则可以迅速完成本阶段的分析。在系统整个生命周期都应保存好分析记录，以确保能迅速处理停用或报废阶段出现的问题。

第四节 风险矩阵（风险地图）

风险矩阵（Risk Matrix）是一种将定性或半定量的后果分级与产生一定水平的风险或风险等级的可能性相结合的方式。矩阵格式及适用的定义取决于使用背景，关键是要在这种情况下使用合适的设计。风险矩阵按不同色空的形式表达出来，就是一种风险地图（Risk Map）。风险地图也泛指各种表现风险分布的图示方法，但其最主要的应用就是对于风险矩阵的图示化。

本书采用风险矩阵方法来建立企业的风险地图。在 ISO31010：2009《风险管理——风险评估技术》标准中推荐了“风险矩阵”的方法，ISO 指南 73：2009《风险管理——术语》给出了风险矩阵的术语定义：通过测定后果和可能性来排序和显示风险的工具。从以上两个 ISO 的标准所给出的信息看，风险矩阵是一种方法、工具，可以使用该方法建立组织的风险地图。

鉴于风险矩阵方法是风险评估实务中应用最广泛的技术和方法，本书专列一节介绍其应用，以下将混用风险矩阵和风险地图的称呼。

一、用途

风险可用来根据风险等级对风险、风险来源或风险应对进行排序。它通常作为一种筛查工具，以挑选哪些风险此时无须进一步考虑。根据其在矩阵中所处的区域，决定给定的风险是否被广泛接受或不接受。也可以用于帮助在全组织内沟通对风险定性等级的共同理解。设定风险等级的方法和赋予他们的决策规则应当与组织的风险偏好一致。

风险矩阵的一种形式可用于 FMECA 的危险度分析，或是在 HAZOP 结束后确定先后顺序。如果缺乏足够的数据进行细致的分析，或是实际情况无法保证进一步定量分析的时间和精力时，后果可能性矩阵也可以使用。

在风险评价过程的主要输出是基于风险带下的风险地图，向风险应对过程提供输入，为风险应对决策提供重要依据。本书所指的风险地图是以风险事件发生可能性 P 和事件后果 C 所组成的（P，C）二维平面上的一张风险地图。值得重点强调的是，基于风险管理嵌入性是实现风险管理有效性的重要前提，实施风险管理的风险地图一定是依赖于组织的特定业务过程。由于一个企业具有多个业务过程，所以从严格意义上讲，一个特定企业的风险地图应该不是一张图，而是一套或者一组风险地图。

二、步骤

风险地图的输入数据为个性化的结果及可能性等级，以及将两者结合起来的矩阵。后果等级应涵盖需要分析的各类不同的结果（例如，经济损失、安全、环境或其他取决于背景的参数），并应从最大可信结果拓展到最小结果。输出结果是对各类风险的分级或是确定了重要性水平的、经分级的风险清单。

为了进行风险分级，使用者首先要发现最适合当时情况的结果描述符，其次界定那些结果发生的可能性，并从矩阵中读取风险等级。很多风险事项会有各种结果，并有各种不同的相关可能性。

通常，次要问题比灾难更为常见。因此，选择时对最常见的问题评分还是对最严重的结果抑或是两者的统一体进行评分。在很多情况下，有必要关注最严重的可信事项，这些事项有可能会带来最大的威胁。有时，要将常见问题和不可能的灾难归为独立风险。关键是要使用与所选结果相关的可能性，而不是整个事项的可能性。矩阵定义的风险水平可能与是否应对风险的决策规则相联系。

标度可以为任何数量的点。最常见的是有 3、4 或 5 点的等级。

可能性标度也可为任何数量的点。需要选择的可能性定义应尽量避免含混不清。如果使用数字指南来界定不同的可能性，应给出单位。可能性等级需要跨越现有研究范围，牢记最低可能性必须为最高界定结果所接受，否则就把一切最严重结果的活动界定为不可容忍。如图 6－3 所示的部分示例。

可能性等级	1	2	3	4	5	6
E	Ⅳ	Ⅲ	Ⅱ	Ⅰ	Ⅰ	Ⅰ
D	Ⅳ	Ⅲ	Ⅲ	Ⅱ	Ⅰ	Ⅰ
C	Ⅴ	Ⅳ	Ⅲ	Ⅱ	Ⅱ	Ⅰ
B	Ⅴ	Ⅳ	Ⅲ	Ⅲ	Ⅱ	Ⅰ
A	Ⅴ	Ⅴ	Ⅳ	Ⅲ	Ⅱ	Ⅱ
	结果等级					

图 6－3 风险矩阵示例

绘制矩阵时，结果在一个轴上，可能性在另一个轴上。如图 6－3 显示了矩阵的部分示例，该矩阵带有 6 点结果和 5 点可能性等级。各单元的风险等级将取决于可能性结果等级的定义。可以以特别突出结果（见图 6－3）或可能性建立矩阵，根据实际应用情况，该矩阵可以是对称的。风险等级与决策规则相关，如管理层关注度水平或所需反应的时间标度密切相关。

分级评分和矩阵可以用定量等级进行建立。例如，在可靠性背景中，可能性等级表示指示故障率，而结果等级表示故障的美元成本。工具的使用需要有掌握相关专业知识的人员（最好是团队），以及有助于对结果和可能性进行判断的现有数据。

三、风险地图的分类

一般企业的风险地图以企业所建立的 P、C 准则为依据。就 P、C 准则而言，按照数值的连续和离散，可以分为定量和半定量两大类，与此相对应，企业的风险地图也可以分为定量风险地图和半定量风险地图两大类。

（一）半定量风险地图

表 6－11 所示的是半定量风险地图的示例。由于半定量的风险地图中是以整数格为单位，因此在风险分析阶段，组织应当对 P、C 的数据进行处理，明确数据取整的原则，以保证最终的 P、C 值是正整数。

在实际绘制半定量地图的过程中，我们可以根据风险 P 值和 C 值的大小将风险序号标识在对应的矩形内，也可将每个矩形内的风险数量标注在矩形内，表 6－11 内的数字标识了在该矩形内所具有的风险数量，且经过取整后，在该矩形内的风险具有相同的 P 值和 C 值。像这样可能包含多个风险的小矩形称为风险结。

表 6－11　半定量风险地图示例

后果 / 可能性	1	2	3	4	5
1				12	
2			14		
3		7		5	3
4		15	6	4	0
5	11		3	2	1

（二）定量风险地图

图 6－4 是定量风险地图的示例，对应的 P 准则和 C 准则都是 5 级，根据风

险分析得出的 P 值和 C 值，可按照坐标找到标度并在风险地图上准确地标出其位置。图中任意一个●代表一个风险在风险地图中的位置，由于每一风险点的坐标（P，C）是连续的，故可以在风险地图上标注每一个风险。相比于半定量风险地图，定量风险地图不会出现风险结。

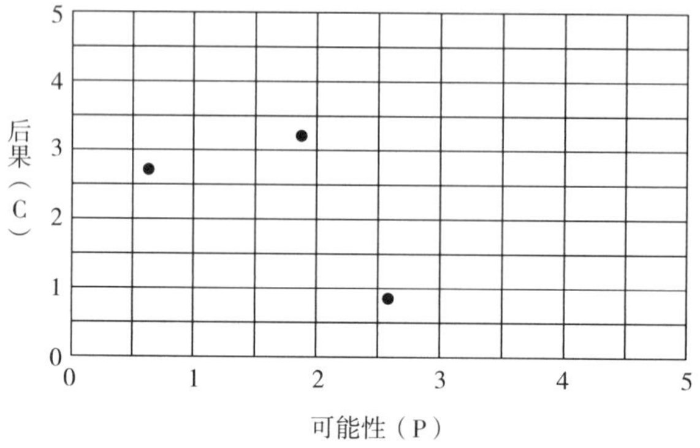

图 6－4　定量风险地图示例

四、风险带

风险矩阵方法在风险管理中有着最为广泛的应用，而在风险矩阵方法中，普遍使用的是 R＝P×C 来计算风险等级的数值。当使用 P 和 C 的这种结合方式时，很容易通过风险等位线来确定风险地图上的风险地势。

值得一提的是，尽管由于 P 和 C 的结合方式不同而影响到风险地图上的风险地势，但在实际的工作中，我们还是认为 P、C 值越大，风险越大；P、C 值越小，则风险越小。因此，在风险地图上，右上方区域所对应的 P、C 值相对较大，左下方区域所对应的 P、C 值较小，我们就可以获得风险地势的基本走势，即风险地势依次沿着右上、中心和左下区域递减，这个趋势对风险接受线和风险容忍线的划分也依然成立。

（一）风险等位线

无论从风险地图的使用还是建立来讲，风险等位线均具有极为重要的意义和作用。

在半定量风险地图中，由于 P 值和 C 值的不连续导致风险走势也是不连续的，并且风险等位线并不是一条光滑的曲线，而是由若干个风险结构成的一条风险等位线。表 6－12 是一张以 R＝P×C 为结合方式的风险地图，表格中所列示的是该风险结所具有的风险等级。根据定义，半定量风险地图中的若干风险结如果具有相同的风险等级，则这些风险结将构成半定量风险地图中的风险等位线。因此，表中有两条风险等位线，一条是 R=4，由三个风险结构成的风险等位线，另一条是 R=16，由一个风险结构成的风险等位线。

表 6-12　半定量风险地图风险等位线示例

后果 / 可能性	1	2	3	4	5
1	1	2	3	4	5
2	2	4	6	8	10
3	3	6	9	12	15
4	4	8	12	16	20
5	5	10	15	20	25

在定量风险地图中，由于 P 值和 C 值都是连续的，故其风险等位线是一条连续的光滑曲线。同样以 $R=P\times C$ 为例，很容易得到绘制其风险等位线的计算公式：

$$C=\frac{R_0}{P} \tag{6-8}$$

图 6-5 是由 $R_0=4$ 和 $R_1=16$ 得到的两条风险等位线。由风险地势的基本走势可知，处于 R_0（R_1）右上方的区域，其风险等级 R 均大于 R_0（R_1）；处于 R_0（R_1）左下方区域，其风险等级 R 均小于 R_0（R_1）。同时，鉴于 $R=P\times C$ 的使用普遍性，以下给出风险等位线 $C=R_0/P$ 的重要性质。

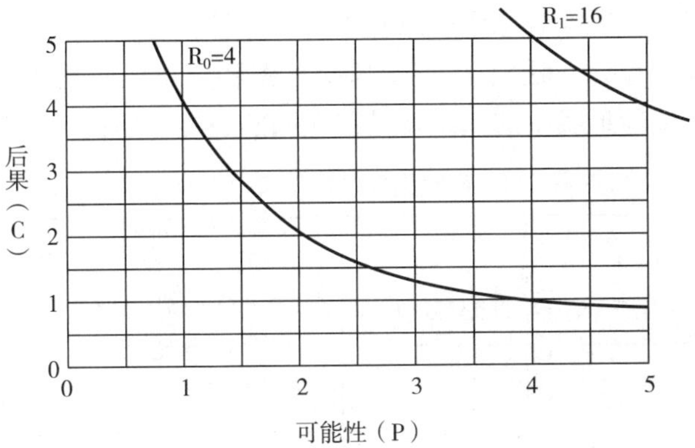

图 6-5　定量风险地图风险等位线示例

（1）等位线是一条凸向坐标轴原点的曲线，越靠近坐标原点，凸的程度越严重；越远离原点，越趋于平直。这是采用 $R = P \times C$ 这种结合方式后，对于确定的风险等级 R_0，风险后果 C 对发生可能性 P 分布最突出的特征。

（2）越靠近坐标轴原点，曲线所具有的风险等级数值越低；越远离坐标原点，曲线所具有的风险等级数值越高。

（3）不同的风险等位线不会相交。

（4）风险等位线是一条分别以 C 轴和 P 轴为渐近线的等轴双曲线，当 C 和 P 为有限值时，该风险等位线不会与 C 轴或 P 轴相交。

（5）由于 C 准则和 P 准则中的 C 值和 P 值均存在最大值，因此 C 值和 P 值的边界性决定了我们在绘制风险等位线的时候也需要考虑其边界性，在绘制时要注意两个特征点（P_0，CMAX）和（C_0，PMAX）。

（6）风险等位线的斜率是变化的，且小于零。

（二）风险接受带和风险容忍带

应该说从一幅没有区域划分的风险地图到有区域划分（风险带）的风险地图之间不是自然形成的结果，而是组织在主观上根据管理风险和组织目标的需要建立某种依据后，再按照这种依据而完成风险地图上不同区域（风险带）的划分。不明确区域划分的依据，使不同区域不具有明确的意义，也很难建立不同风险带与风险应对的对应关系。因此，为了便于管理风险，在实践中我们通常将风险地图上的区域划分成风险接受带、风险容忍带和风险不可容忍带。

前面已经给出了风险接受和风险容忍的概念，也给出了风险带的概念及其与风险应对的关系。风险接受和风险容忍从本质上来说是某一数值的风险等级，对应在风险地图上就成为风险接受线和风险容忍线，本质上也是某一数值的风险等位线。当我们给特定的风险等级和风险等位线赋予特定的意义后，风险地图上便出现了风险接受带、风险容忍带和风险不可容忍带。

表 6－13 和图 6－6 列示了半定量风险地图和定量风险地图风险带划分的示例，在该示例中风险地图中的风险带具有相同的边界，即：

表 6－13　半定量风险地图风险带划分示例

后果 / 可能性	1	2	3	4	5
1	1	2	3	4	5
2	2　Ⅲ	4	6	8	10
3	3	6	Ⅱ　9	12	15
4	4	8	12	16	Ⅰ　20
5	5	10	15	20	25

风险不可容忍带Ⅰ：16≤R≤25。

风险中带Ⅱ：4 < R < 16。

风险接受带Ⅲ：0≤R≤4。

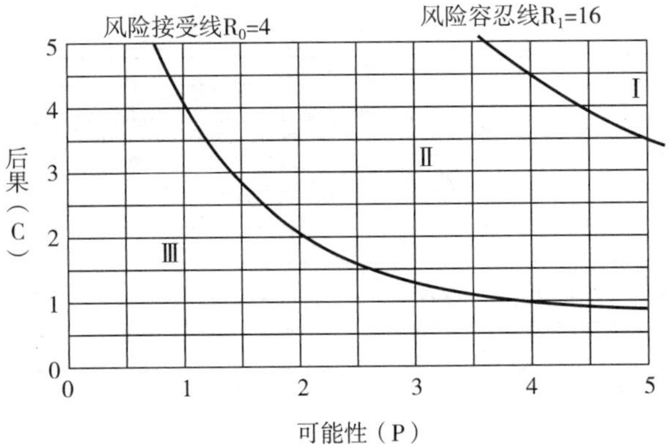

图6－6　定量风险地图风险带划分示例

值得一提的是，在以上的风险带意义中，风险带Ⅰ的意义是明确的，在该区域的风险均为不可容忍。但风险带Ⅱ并不能说是风险容忍带。根据风险容忍的术语定义，在该带中的风险仍有可能实施风险应对，只有在风险应对后，根据风险等级的大小才能决定是否可容忍。因此，对于风险容忍线的意义在于明确界定组织所面临的不可容忍的风险，这对组织实施风险应对具有重要的意义。

五、风险的动态特征

组织一般需要对所面临的风险进行定期评估，而在每次组织实施风险评估所留存的数据中，每次风险评估形成的风险地图是最重要的结论部分，这些数据提供了风险随着时间变化的趋势，为风险的动态特征提供了重要的信息，从而使我们对风险的动态特征进行分析、研究。

图6－7是风险等级数值R随着时间t的变化图，该图不同于一般的风险地图，其能够直观地跟踪三个风险的风险等级数值在6个时间点的变化情况。在该图中，R_A = 12.8和R_T = 17.5是风险接受线和风险容忍线，将整个二维平面图分隔成了三个部分，即我们通常所说的不可容忍带、接受带和风险中带。从图6－7可以明显看出，风险1在跟踪的时间内呈现不断增大的趋势，在最近一个观察期内已经突破了风险接受线，需要进行进一步分析；风险2的风险等级一直处在较高等级，且具有缓慢上涨的趋势；风险3已经从前期的高位逐步下降至风险中

带的范围内，需要判断是否要维持原有的风险应对措施。从中发现跟踪风险的动态特征能够很好地找到需要重点分析原因的风险，进而找到影响风险等级变化的内在原因。

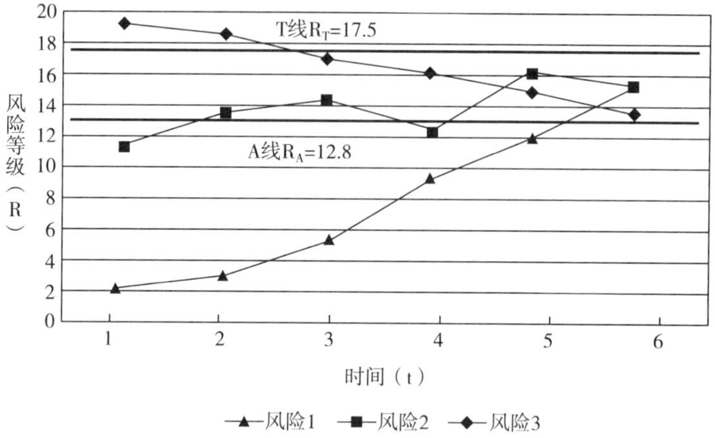

图6－7 风险的动态特征图示例

除了跟踪历史变化轨迹，图6－7更重要的意义在于能够通过数据拟合预测未来，即当时间t=7的时候，风险1、风险2和风险3所具有的风险等级。以上的数据拟合工作使用Excel软件能够十分简便地进行操作，在本书中不再赘述。

六、风险图的其他表现形式

一般而言，公式R=R（P，C）仅仅表明风险等级是由风险事件发生可能性P和后果的严重程度C通过某种结合方式构成，这种结合方式可以是明确的，比如R=P×C，也可以是隐含的。隐含的意义就是在构建风险等级的过程中考虑了P和C的结合，但是并未明确给出P和C具体的结合方式。

在ISO/IEC 31010：2009《风险管理——风险评估技术》标准中在介绍风险矩阵方法时给出了隐含式风险带构建的示例（见表6－14）。在该风险矩阵中，后果严重程度划分了6级，发生的可能性划分了5级，整个风险矩阵划分了5个风险带，而在风险带的划分上并非以直接的乘积作为结合方式，而是采用了一种隐含的方式。在ISO/IEC 31010标准中仅以此作为举例，并未对形成风险带的依据和每一风险带的内涵做出任何说明。

表 6－14　一种隐含结合方式的风险带

		可能性程度				
		A	B	C	D	E
后果严重程度	1	Ⅴ				
	2		Ⅳ			
	3			Ⅲ		
	4			Ⅱ		
	5				Ⅰ	
	6					

在 P 和 C 隐含结合方式的使用上，美国国家航空航天局（NASA）在航天项目风险管理过程中在其“风险过滤、排序和管理框架”（RFRM）中也进行了运用。如表 6－15 所示，NASA 将风险发生的概率分为经常发生、有可能发生、偶尔发生、很少发生、几乎不可能发生五个层次；风险后果则按照从无影响到人员伤亡的轻重次序也分为五个等级；将风险发生概率和风险后果结合起来考虑将每一种风险按照严重程度标定为严重风险、高风险、中等风险和低风险四个等级，而对于每一种风险的风险等级均采取隐性的结合方式，逐个确定。

表 6－15　NASA 航天项目风险管理 RFRM 风险评估矩阵

	几乎不可能（Unlikely）	很少发生（Seldom）	偶尔发生（Occasional）	有可能发生（Likely）	经常发生（Frequent）
A. 人员伤亡	高风险	高风险	高风险	严重风险	严重风险
B. 任务失败	中等风险	中等风险	高风险	高风险	严重风险
C. 某些性能不可靠，对任务成功有影响	低风险	中等风险	中等风险	高风险	严重风险
D. 某些性能不可靠，对任务成功无影响	低风险	低风险	中等风险	中等风险	高风险
E. 没有影响	低风险	低风险	低风险	低风险	中等风险

七、优点和局限

风险矩阵有以下的特点。

（1）简明清晰，益于理解。

（2）可将风险很快划分为不同的重要性水平，便于使用。

（3）可以按区域表现风险应对策略。

（4）可以仅限风险评估的跨期管理，服务与风险管理的持续改进。

（5）很难有一个适用于组织各相关环境的通用系统，必须设计出适合具体情况的矩阵，清晰地界定等级。

（6）组合或比较不同类型后果的风险等级较难，分级者之间的主观性判断会有明显的差别且无法对风险进行总计（例如，人们无法确定一定数量的低风险或是界定过一定次数的低风险相当于中级风险）。

（7）分析结果将取决于详细程度，即分析越详细，情景数字就越高，每个数字的概率越低。会低估实际风险等级。在描述风险时，将情景分组的方法应当在研究开始时确定并且是一致的。

第五节　风险评价其他方法

一、危害分析和临界控制点

危害分析的临界控制点（Hazard Analysis Critical Control Point，HACCP）提供一种结构化的方法去识别危害，把过程的所有部分置于控制之下，防范危害，维护产品的安全性和可靠性。HACCP 的目标是通过过程而不是最终产品确保风险最小化。其是国际上共同认可和接受的食品安全保证体系，主要是对食品中微生物、化学和物理危害进行安全控制。

HACCP 是进行空间项目研制时，为确保食品质量而开发的。现在发展为确保食品在消费的生产、加工、制造、准备和食用等过程中的安全，在危害识别、评价和控制方面是一种科学、合理和体系化的方法。识别食品生产过程中可能发生的环节并采取适当的控制措施防止危害的发生。通过对加工过程的每一步进行监视和控制，从而降低危害发生的概率。

（一）历史

HACCP 发展大致分为两个阶段。创立阶段和应用阶段。

HACCP 系统是 20 世纪 60 年代由美国 Pillsbury 公司 H. Bauman 博士等与宇航局和美国陆军 Natick 研究所共同开发的，主要用于航天食品中。1971 年在美国第一次国家食品保护会议上提出了 HACCP 原理，立即被食品药物管理局（FDA）接受，并决定在低酸罐头食品的 GMP 中采用。FDA 于 1974 年公布了将 HACCP 原理引入低酸罐头食品的 GMP。1985 年美国科学院（NAS）就食品法规中 HACCP 有效性发表了评价结果。随后由美国农业部食品安全检验署（FSIS）、美国陆军 Natick 研究所、食品药物管理局（FDA）、美国海洋渔业局（NMFS）四家政府机关及大学和民间机构的专家组成美国食品微生物学基准咨询委员会（NACMCF）于 1992 年采纳了食品生产的 HACCP 七原则。

1993 年 FAO/WHO 食品法典委员会批准了《HACCP 体系应用准则》，1997 年颁发了新版法典指南《HACCP 体系及其应用准则》，该指南已被广泛地接受并得到了国际上普遍的采纳，HACCP 概念已被认可为世界范围内生产安全食品准则。联合国粮农组织和世界卫生组织 20 世纪 80 年代后期开始大力推荐这一食品安全管理体系。开展 HACCP 体系的领域包括饮用牛乳、奶油、发酵乳、乳酸菌饮料、奶酪、生面条类、豆腐、鱼肉火腿、蛋制品、沙拉类、脱水菜、调味品、蛋黄酱、盒饭、冻虾、罐头、牛肉食品、糕点类、清凉饮料、机械分割肉、盐干肉、冻蔬菜、蜂蜜、水果汁、蔬菜汁、动物饲料等。在 HACCP 体系中推广应用较好的国家，大部分是强制性推行采用 HACCP 体系。

（二）原理

HACCP 实施的基本原则是：

（1）实施危害分析。

（2）测定临界控制点（CCPs），一项 CCP 就是一个在临界点上控制得到实施的步骤。在预防或消除食品安全风险或将其降至一个可接受的水平方面，具有重要意义。

（3）确定关键限制因素（一个关键因素可以满足一个 CCP 准则）。

（4）建立监控 CCPs 的体系。

（5）当监测表明某项 CCP 失控，采取可操作的纠正措施。

（6）建立确保 HACCP 体系有效运作的确认程序；建立涉及所有程序和针对这些原则的文件化实施记录。

HACCP 质量管制法，是美国 Pillsbwg 公司于 1973 年首先发展起来的管制法。它是一套确保食品安全的管理系统，这种管理系统一般由下列各部分组成。

（1）对从原料采购→产品加工→消费各个环节可能出现的危害进行分析和评估。

（2）根据这些分析和评估来设立某一食品从原料直至最终消费这一全过程的关键控制点（CCPs）。

（3）建立起能有效监测关键控制点的程序。

（三）HACCP 的优势和不足

HACCP 方法有以下特点。

（1）强调过程中预防风险，比仅通过检测、检验控制更可靠，风险控制点前移。

（2）结构化过程记录为提高质量控制、识别和降低风险提供文件支持。

（3）从实践的角度提供了在业务过程中如何、在哪里防范和控制风险，即使以前未经历过类似的失效问题。

（4）可以识别由于人的行为带来的危害，如控制引入风险的关键点。

（5）本方法要求危害识别，风险因素、对过程的介入、适当的控制被清晰的定义，以便确定临界控制点和参数，这些往往需要其他方法配合使用。

（6）HACCP 概念可推广延伸应用到质量管理的其他领域，控制各种产品缺陷。

（7）HACCP 有助于改善企业与监管方、消费者的关系，树立对产品质量的信心。

（四）与常规质量控制模式的区别和联系

以食品安全为例，常规质量控制模式运行特点对于食品安全控制原有惯常做法是监测生产设施运行与人员操作的情况，对成品进行抽样检验，包括理化、微生物、感官等指标。传统监控方式有以下不足：

（1）常用抽样规则本身存在误判风险，而且食品涉及单个易变质生物体，样本个体不均匀性十分突出，误判风险难以预料。

（2）数理统计为基础的抽样检验控制模式，必须做大量成品检验，费用高、周期长。

（3）检验技术发展虽然很高，但可靠性仍是相对的。

（4）消费者希望无污染自然状态的食品，检测结果符合标准规定的危害物质的限量不能消除消费者对食品安全的疑虑。

二、在险值法（VaR）

银行和监管当局普遍地运用在险值法（Value at Risk，VaR）衡量风险。在险值法又被称为“风险价值”或“在险价值”，是指在一定的置信水平下，某一金融资产（或证券组合）在未来特定的一段时间内的最大可能损失。与传统风险度量手段不同，VaR 完全是基于统计分析基础上的风险度量技术，它的产生是 J. P. 摩根公司用来计算市场风险的产物，随后逐步被引入信用风险管理领域。目前，基于 VaR 度量金融风险已成为国外大多数金融机构广泛采用的衡量金融风险大小的方法。

在实际工作中，对于 VaR 的计算和分析可以使用多种计量模型，如参数法、历史模拟法和蒙特卡罗模拟法。参数法是 VaR 计算中最为常用的方法。

（一）原理

利用 VaR 可以比较全面地描述和评估风险。许多风险度量方法只能用来度量一类资产的风险或一类特定的风险，而在险值不依赖个别风险的特性或受资产种类的限制，具有整体性。因其适用于各种风险，所以在险值可提供一个基准单位，用来比较不同的风险。在险值也可以应用于投资组合之中，投资者可以通过成分 VaR 来判断投资组合中哪笔交易对投资组合的风险暴露起到了对冲效果，从而优先把新投资投向该交易。在险值的概念还可以用来衡量诸如企业现金流和盈利的风险。这就是所谓的现金流在险值和收益在险值。

使用参数法计算 VaR 仅需要将市价、当前头寸面临的风险和风险数据三种数据相结合，因此比较易于操作。VaR 法可以给出特定持有期内、一定置信水平下资产组合面临的最大损失，有效描述资产组合的整体市场风险状况。

（二）过程

参数法利用资产组合的价值函数与市场因子间的近似关系、市场因子的统计分布（方差—协方差矩阵）简化 VaR 计算。

参数法的主要计算步骤包括：

（1）列出各种风险因素。

（2）对投资组合中所有金融工具的线性风险进行映射。

（3）加总不同金融工具的风险。

（4）估计风险因子的协方差矩阵。

（5）计算总体投资组合风险。

由于在使用参数法时，一般假定资产收益率服从正态分布，这对于股票、债券、商品等基础资产以及外汇远期等线性衍生产品而言是恰当的，但对期权等非线性衍生品而言，由于它们的收益分布是非正态的，即使假设标的资产收益率呈正态分布，经过非线性收益形态转换后，仍有巨大的偏移。因此，该方法仅适用于线性资产和线性衍生品。

VaR 基本模型为：

$$VaR = E(\omega) - \omega * \tag{6-9}$$

式（6-9）中 E（ω）为资产组合的预期价值；ω 为资产组合的期末价值；ω∗为置信水平 α 下投资组合的最低期末价值。又设：

$$\omega = \omega 0(1 + R) \tag{6-10}$$

式（6-10）中 ω0 为持有期初资产组合价值，R 为设定持有期内（通常一年）资产组合的收益率。

$$\omega * = \omega 0(1 + R *) \tag{6-11}$$

R∗为资产组合在置信水平 α 下的最低收益率。

根据数学期望值的基本性质，将（6-10）（6-11）式代入（6-9）式，有

$$VaR = \omega 0[E(R) - R *] \tag{6-12}$$

式（6－12）中即为该资产组合的 VaR 值，根据式（6－12），如果能求出置信水平 α 下的 R＊，即可求出该资产组合的 VaR 值。

在估计 VaR 时，置信区间和时间段的选取依赖于我们的管理需要和风险本身的特性。例如，商业银行通常采用 95% 或 99% 的置信区间，国际银行业监管机构的巴塞尔协议则规定商业银行应使用 99% 的置信区间和 10 天的时间段。

（三）优点及局限

优点：过程简单，结果简洁，非专业背景的投资者和管理者也可以通过 VaR 值对风险进行评判；可以事前计算风险，不像以往风险管理的方法都是在事后衡量风险大小；不仅能计算单个金融工具的风险，还能计算由多个金融工具组成的投资组合风险。

局限：过分依赖统计数据和模型，当统计数据不足时难以支持可信赖的在险值模型，比如一次性投资决策的数据。VaR 方法衡量的主要是市场风险，如单纯依靠 VaR 方法，可能会忽视其他风险；VaR 值表明的是一定置信度内的最大损失，但并不能排除高于 VaR 值损失发生的可能性。

在险值描述的是正常市场条件下的情景。在极端情景下，在险值可能就会失去作用。因此，在使用在险值时，要结合其他的方法去进一步考虑这些极端的情形，如使用情景分析和压力测试的分析方法。

三、可靠性为中心维修

以可靠性为中心的维护（RCM），用于识别为适合各种设备的，为有效率和有效果地管理失误以获取安全、可行、经济的操作规则。于 20 世纪 60 年代开发，最初用于商业航空工业，以运输协会（ATA）发布“操作/制造维护时间表展开计划（MSG－3）”为基础，现在被证明是可以广泛应用于各个行业的方法。

RCM 提供了一个决策过程，去识别可行的、有效的、防范性的设备维护需求，通过降级机制，保障设备在安全性、可操作性、经济性下应对已识别的缺陷。这一过程的最终结果是判断实行一项维护任务的必要性。所有的任务是基于人和环境的安全，兼顾操作性和经济性，但标准的设定是依赖于产品的性质和使用情况。RCM 方法在设计阶段、开发阶段使用保障可维护性，并在操作和维护中具体实施。

成功地运用 RCM 方法，需要很好地理解设备、结构、操作环境、相关系统、子系统、设备组件、可能的失效、失效的后果。其基本流程是：

（1）规划和初始准备，RCM 方法与风险评估的基本步骤是一样的，只是在方法细节和意图上有些不同。

（2）功能失效分析（风险评估）。风险评估关注潜在的失效可能出现的地方，如何通过维护任务减少失效的出现频率和/或后果，方法是识别所需的功能和执行标准。功能失效通过识别发挥功能的设备组件状况实现。风险分析需要估计每项失效在没有维护情况下的发生频率，这可以通过可靠性技术如 Weibull 分析进行量化，或根据行业缺陷数据库查询，根据实际经验数据可以进行半定量化。后果则通过确定该情形的失效影响和危害程度来建立。

（3）任务选择，通过风险矩阵的形式可以暴露风险对失效的频率和危害程度进行分类。

（4）实施，风险评价通过对每种失效模式实施适当的失效管理规则来实现。

（5）持续改进，整个 RCM 过程应该整理好文档，以备未来参考和回顾。整理失效和维护数据可以检测改进措施的实施效果。

通过使用 RCM 方法，可以规定维修任务的内容，如条件检测、定期重置、定期更换、差漏或预防性维修等，其他的成果包括重新设计、操作调整、维护过程、附加培训，任务执行间隔和所需要的资源也同时确定。

四、贝叶斯分析

贝叶斯分析（Bayesian Analysis）是人们根据不确定性信息作出推理和决策需要对各种结论的概率做出估计，这类推理称为概率推理。贝叶斯分析的问题是条件概率推理问题，这一领域的探讨对揭示人们对概率信息的认知加工过程与规律、指导人们进行有效的学习和判断决策意义重大。自 20 世纪 50 年代以来，贝叶斯理论通过考克斯定理、最大熵原理的论证得到了广泛的应用。

风险分析是对风险因素和风险事件的发生可能性、影响方向、影响程度、发生条件等进行分析，贝叶斯分析就是在不完全信息下，对部分未知的状态用主观概率估计，然后用贝叶斯公式对发生概率进行修正，最后再利用期望值和修正概率做出的最优判断。

将贝叶斯分析视为风险评估的一种应用，可以通过贝叶斯推论来更新概率，即从对于不同假设的初始信任度出发，采集新的信息（如通过做试验或测试），然后根据新的信息调整原有的判断。其基本思想是：

（1）已知条件概率密度参数表达式和先验概率。

（2）绘制树型图。

（3）利用贝叶斯公式转换成后验概率。

（4）根据后验概率大小进行判断分类。

如 Google 公司使用了贝叶斯定理为数据搜索提供近似的（但是技术上不确切）结果。研究人员还使用贝叶斯模型来判断症状和疾病之间的相互关系，开发能够根据数据和经验来决定行动的人工智能设备。

第七章 风险评估报告

风险评估明确了是由“风险识别、风险分析和风险评价”组成的全过程，而风险评估报告则是针对进行风险评估的事项，如对于特定项目/新项目风险评估、组织风险状况评估、特定风险事件评估、合规性风险披露要求等做出的风险评估所形成的总结表述。风险评估报告是各类组织（企业、非营利组织、政府、项目团队等）进行风险监控的独特工具，在组织实施全面风险管理中有突出的地位。组织的决策层（或管理者）必须及时、准确、可靠、系统地获取风险评估报告，才能有利于提高决策的科学性，使组织避免遭遇风险或减少风险损失。

风险评估报告旨在系统地、准确地揭示进行风险评估的事项当前面临的以及今后可能面临的全部的、需要进行管理的各种风险，为该事项决策者实现预期的目标提供决策及操作依据。

在信息技术的支持下，风险评估报告可以通过形式多样的各种方式展现组织风险评估报告的各种内容，包括采用丰富多彩的计算机图形界面、各种制式化的报表和模板化的报告等。

第一节 风险评估报告类型

风险评估报告按照进行风险评估的事项赋予报告的作用和使用方需求，大致分为：特定项目（事项）/新项目风险评估报告、风险状况报告、风险事件报告、风险披露报告。它们的特点如表 7－1 所示。

一、特定项目（事项）/新项目风险评估报告

针对组织的特定项目（事项）/新项目风险状况报告，通常为一次性的。一般需要组织技术、项目专家等参加，报告的作用是为新项目是否进行、特定活动

是否举办，从该项目/活动面临的风险角度提供决策支持。其中，对于投资项目的风险评估报告可以是组织自愿的，也可以是组织的决策程序或法规要求强制执行的。该类报告一般的内容格式为：

表7-1 风险评估报告的类型及特点

名称＼特点	频次	全面的或局部的	提供决策支持	组织自愿	组织决策程序	组织法规要求	使用人
特定项目（事项）/新项目风险	一次性	局部	是	是	是	是	组织
风险状况	常规	全面	是	—	是	是	组织、上级组织
风险事件	一次性	全面	—	—	—	是	公众
风险披露	多次	局部	—	—	是	是	组织、公众

（1）特定项目（事项）/新项目风险评估的目的、范围、时间安排。

（2）风险评估小组成员和参与人员。

（3）特定项目（事项）/新项目介绍（也就是本次风险评估的环境）。

（4）特定项目（事项）/新项目风险评估的依据。

（5）特定项目（事项）/新项目风险评估技术方法。

（6）特定项目（事项）/新项目风险准则描述与选择。

（7）结论和建议。

二、风险状况报告

针对组织的风险状况报告，通常为日常性的或组织全面摸底，涉及面广而宽，作为综合性的，报告的作用是为了组织或法规的要求，对组织进行全面的、例行的，或在某一领域、某个业务线进行风险评估报告，该类报告一般的内容格式为：

（一）风险评估的目的、任务、范围、时间安排

（1）确定并说明风险评估的目的（提供指导和方向）。

（2）确定并说明风险评估的任务。

（3）确定并说明风险评估的范围（组织、事业部、部门、产品、关键业务流程等）。

（4）确定并说明风险评估的时间（起止时间）。

（二）风险评估小组成员和参与人员

说明建立风险评估小组组长及成员、参与人员，描述评估人员的职责、任务。

（三）背景介绍（也就是本次风险评估的环境）

说明评估环境，可以是外部环境、内部环境、风险管理过程的环境和风险准则。

（四）风险评估的依据

应列出执行风险评估工作所依据的法律、法规，企业颁布执行的风险评估管理规定等文件。

（五）风险评估技术方法

风险评估方法，根据组织的要求，进行技术方法的选择，如事件树、头脑风暴法等。

（六）风险准则描述与准则甄选

（1）C准则。

（2）P准则。

（七）风险评估实施过程和结果的描述

（1）风险评估启动阶段。

（2）风险评估阶段。

（3）总结阶段。

（八）结论和建议

对风险评估结果提交风险管理委员会或组织的风险管理机构，并由风险评估小组组长做工作报告，对工作中发现的问题提出改进建议。

三、风险事件报告

对于重大风险事件，常常由于风险事件后果波及面广，损失较大，需要进行专门的风险事件报告。

1. 该类报告的目的

（1）对公众进行合理的、客观的信息公开。

（2）公开对风险事件的性质判断和处理结果。

（3）防止出现不良和不可控后续事件。

（4）为今后同类事件提供借鉴。

2. 该类报告的一般内容

（1）风险事件发生的诱因。

（2）风险事件发生、发展的过程。

（3）风险事件造成的损失和影响。

（4）针对风险事件已经和将要采取的措施。
（5）值得总结的经验教训。
（6）其他需要说明的情况。

四、风险披露报告

针对组织的风险披露报告，主要是相关监管方对组织的合规性要求，也包括组织自愿进行的披露，以提高利益相关者的信心。该类风险报告披露是有限度的，组织在不涉及商业机密泄露的情况下，保护组织的社会形象及利益相关方，可以进行有限度的风险披露。具体的撰写内容包括：

（1）风险披露情况。
（2）风险披露评估内容。
（3）风险披露评估结论。

五、服务于监测与评审的风险评估报告

监测与评审是风险管理过程中策划的一部分，包括日常的检查和监测。风险评估报告是监测与评审的重要载体，它实现了风险管理中的信息沟通，也是检查和判断组织风险管理持续改进的重要记录。根据组织风险管理的策划，监测与评审可以是定期的或临时的，风险评估报告作为风险管理过程中的一部分，本身也应该受到监测和评审，并出具监测与评审的风险评估报告。

第一方面是对风险管理的控制措施，组织在风险管理过程的设计和运营中，应确保控制措施有效及高效，如"风险评估报告"中描述如何展开三个子过程，采用哪些识别、分析、评价的工具和方法等。

第二方面是"监测与评审"对"风险评估报告"的嵌入，通过对"风险评估报告"的监测与评审，为改进风险评估报告获取进一步的信息。

第三方面是指在风险管理过程中，会有事件发生、事件变化、事件的发展趋势，有些控制措施是成功的，有些可能无效。通过监测与评审，组织应对此进行分析，从中吸取应有的教训。

第四方面是指组织的外部、内部环境、风险准则和风险本身可能发生变化，这些变化可能影响到选择风险应对方式和实施的优先顺序。经监测与评审，组织可以做出修改风险应对方式和优先顺序的决定。

第五方面是指组织在按既定计划实施风险管理的过程中，随时可能有新的风险出现，这些风险并未加入组织风险识别的清单。所以在整个风险管理过程中，识别新出现的风险显得十分重要，而这恰恰是通过风险管理中的"监测与评审"来实现的。

（一）制度（流程）安排

环境变化的影响，需要对风险评估报告做到日常化、动态的监测。组织风险评估报告监测的制度安排包括四个方面。

（1）方法技术，即对相关人员所用方法，为执行选定的风险管理战略所设计的特别是技术环节等，实施即时检测。

（2）程序过程，即对组织的执行官、高级管理者、过程活动责任人和风险管理责任人，内部实施及执行人员等所使用的正式及非正式的程序进行监控；

（3）新出现的风险，对各种外在条件和因素（环境风险）及内部的条件和因素（过程风险）的改变。应按时间标准加以识别。确保对重要变化进行额外评估，并补充到风险评估报告中。

（4）报告程序，风险评估报告人与接收人、报告的时间、内容、频率、传递路线以及负责处理报告的部门和人员，完善和修订报告的部门和人员。

（二）监测方式（嵌入管理系统）

组织风险评估报告的监测有持续监测和个别评价两种方式。

（1）持续监测行为发生在组织的日常经营过程中，包括对组织的日常风险管理行为监测、对员工履行各自职责行为监测，具有普遍性，在进一步掌握新信息的基础上确定是否需要提出改进风险评估报告。

（2）个别评价活动是组织风险评估报告监测的另一个形式，它常常是由组织的经营目标、业务流程和管理主体等方面发生变化而引起的。个别监测的参与人员，包括组织的高层管理人员、风险管理人员、内部审计部门和外部专家，同时提出完善风险评估报告。

（三）评审类型

组织应当识别对风险评估报告具有重要影响的环境因素，对这些因素进行持续的评审，以便在必要时更新风险评估报告的信息，应当识别、收集为改进风险评估报告而监测的数据。还应当评审风险控制实施的效果，以便为风险评估报告的改进提供依据。

组织应对风险评估报告的评审确定监督和检查的责任，定期进行评审。在对风险评估报告进行评审时，应确定以下内容。

（1）有关风险的假定是否仍然有效，这里主要针对风险本身的认识，如风险所具有的“不确定性”的程度。

（2）风险评估报告所依据的假定，包括内、外部环境是否仍然有效。当在对风险评估报告进行评审时，应对这些假定进行“确认”。

（3）风险评估报告的结果是否符合实际经验，如果有同行业的实际经验，可用于比较，则确认其符合性是重要的一项工作。

（4）风险评估技术是否被正确的使用，在风险评估过程中使用一些风险评估的技术方法，在对风险评估进行评审时，应确认这些技术方法被正确的使用，特别应关注一些技术方法所使用的前提条件。

（5）风险应对是否有效，风险评估报告为风险应对的决策起协助作用，因此可以从风险应对是否有效的角度来评审已实施的风险评估。

（6）是否正在实现预期的结果，在风险评估过程中的评审，确定风险评估过程中的三个子过程是否在正确地进行、是否可以实现预期的结果。

对风险评估报告的评审，可以提高组织实现其目标的可能性、鼓励主动管理、提高全组织内识别应对风险的意识、改进对机会和威胁的识别、改进强制性和自愿性报告、改进利益相关方的信心和信任、为决策和策划建立可靠的基础、改进运营的有效性和效率、改进损失预防和对不良事件的管理、改进组织的恢复能力。

支持风险评估报告评审，表现在管理评审、利益相关方评审、第三方评审和（外部）监管评审四个方面。

1. 管理评审

组织管理职能部门在评审风险评估报告方面发挥重要作用，他们必须协助管理层和董事会，通过信息化方法，在制度上提出要求即何时出评估报告，何时进行评审，监督评审风险评估报告，针对内外部环境、风险管理职能部门、业务流程、风险应对的有效性进行评审，发现存在的不完善之处，提出改进措施及意见，完善并保证风险评估报告的有效性。

2. 利益相关方评审

组织可以发起利益相关方，针对组织风险评估报告中与利益相关方有紧密关联的评估内容进行评审，由利益相关方要求提供评审，评审可以是组织自己或是第三方，而第三方评审由于具有其独立性，使在公正性和客观性上得到保证，并获得利益相关方的支持，针对外部环境、业务相关流程、相关风险应对的有效性进行评审，提出改进措施及意见，完善并保证风险评估报告的有效性。

3. 第三方评审

组织可聘请有风险管理专业能力的机构和公司，针对组织的风险评估报告进行评审。第三方评审由于具有其独立性，在评审中保证其公正性、客观性和独立性，包括但不限于：①有关风险的假定是否仍然有效；②风险评估报告中所依据的假定，包括内外部环境，是否仍然有效；③风险评估报告的结果是否符合实际经验；④风险评估报告中应用的技术是否被正确地使用；⑤风险应对是否有效。发现问题，提出建议和意见，由组织进行完善和处理。

4. （外部）监管评审

组织上级委派的外部监管评审团，针对组织的风险评估报告进行评审，它是政府和社会管理要求的。评审内容将交给组织的管理层，进行整改和完善。

第二节　风险报告管理

一、风险报告管理

管理好风险报告的程序，如图7－1所示。

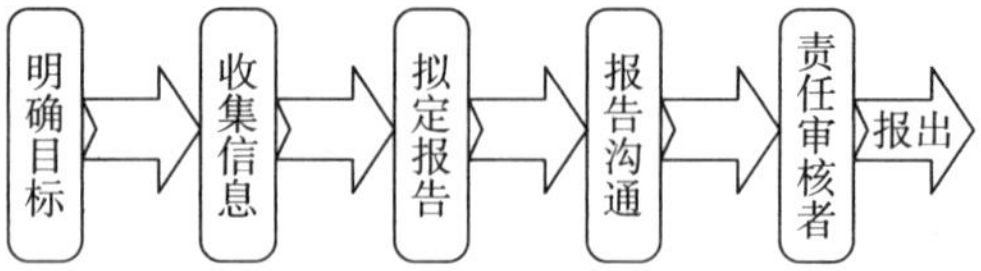

图7－1　管理好风险报告的程序

（一）明确目标

这一环节主要解决风险报告送给谁，是外部还是内部，是风险责任者还是主管上级，或公司最高管理决策者，或风险管理委员会。目标明确后，才能做到有的放矢地组织材料进行撰写。

（二）信息和数据收集环节

这一环节的目标是实现信息的可靠性。由于有意或无意的失误，或人的素质的局限性，或信息收集技术的局限性，或设计的信息收集方案不科学等因素，都会使收集数据的质量大打折扣，甚至导致风险报告本身是无意义和无效的。

（三）风险报告产生环节

无论是自动还是手工方式出具风险报告，仍旧是人及技术因素对报告质量产生影响，另外这个过程也可能出现使报告形成的时间过长，或出现泄密问题。

（四）风险报告传递和沟通环节

这一过程容易出现的问题是传递速度过慢、报告泄密、报告丢失、报告渠道不畅通等风险，或出现错送地址或收件部门等，从而影响报告的可靠性和及时性。

（五）风险报告的最终责任审核者

审核者对报告解读的速度和水平，审核者组织报告综合会议的能力，审核者的“智囊团”参谋水平，审核者所拥有的决策权程度等，将影响审核者实施“措施制定质量”和“措施实施速度”。

显然，企业实施ERM并建立风险管理部门后，风险管理部担当很多基层单位所发出的风险管理报告最终审核者。风险管理部还需要做进一步的平衡与分析，进而产生企业层面的、综合一致的风险报告（如消除基层可能产生的不一致性报告），这些报告将供企业高级管理层、董事会、监管或其他利益相关者审阅，在这种情况下，这些人士又是报告的最终审阅者。

二、风险报告管理制度

提高对风险报告管理的管理水平，需要一种相宜的制度作为长期的指引和保障。以下是建议风险报告制度应覆盖的内容提要。

（1）风险报告的目标。

（2）明确风险报告信息来源真实性、可靠性、完整性的重要意义。

（3）设定明确的风险报告程序或指引。

（4）根据识别出的风险，特别是关键性风险的种类，规范报告的种类。

（5）根据识别出的风险点绘制报告布局图、报告线路图等。

（6）明确岗位责任和相关工作的授权，明确责任追究。

（7）规范每一级管理人员应了解影响他所管辖范围内的风险信息报告。

（8）描述报告的可靠性、保密性、及时性及质量的特点和要求。

（9）明确对报告的检查和纠错机制。

（10）明确对员工的素质要求和对员工实施培训的原则要求。

（11）明确对接触各类报告信息的人员范围和最终的审阅者。

（12）明确报告的存档管理制度和具体报告类别管理的责任人。

（13）明确风险管理部门在统一管理和审核风险报告中的作用。

第三节 特定项目评估/风险事件报告案例

一、特定项目评估——某境外项目公司年度风险评估结果

（一）项目背景

某中资公司在境外与A国签订工程建设合同。根据合同安排，该公司在A国设立一项目公司，具体负责合同所签订建设项目的实施和运营。该项目虽然由A国发起，但是经过项目评估，在建设期需大量使用临近的B国和C国的资源，并且项目建成后的产品如果不能销售到B国和C国，则无法实现A国预计的项

目收益。

该境外项目公司根据总部要求，在项目公司成立之年的年末进行风险评估。

（二）本次风险评估结果

1. 重大风险排序

经评估，位于不可容忍线之上的风险有两个，具体如图7－2和表7－2所示。

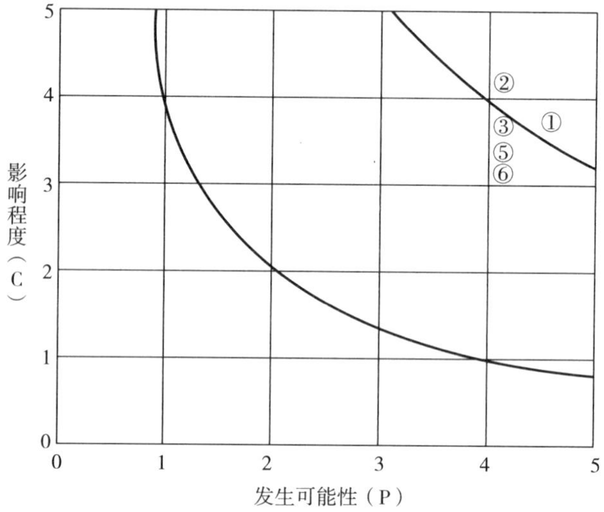

图7－2 风险图谱——定量风险矩阵

表7－2 项目公司风险评估报告

序号	风险组别名称	风险类别名称	风险子类名称	风险事件
①	战略	公司管治	组织机构设置与职责	项目的组织机构与业务所管辖的资产规模不匹配，机构过于精简，人员配置不足，影响管理质量和对项目的管控力度
②	战略	决策	计划和实施方案	项目涉及A\B\C三国政府，三国对该项目投资方案意见不统一，影响项目投资方案的确定，并导致项目整体进度滞后
③	运营	作业	项目周期	项目受政府审批环节增加、本地化要求增加等因素影响，使项目周期滞后，影响里程碑工作和年度预算执行，并影响费用整体控制

续表

序号	风险组别名称	风险类别名称	风险子类名称	风险事件
④	战略	人力资源	人才储备	缺乏充分的专业技术人员和管理人员储备，限制了在该国业务的发展
⑤	战略	公司管治	组织机构设置与职责	公司在部分业务程序上存在与境内总部职责划分不明确或授权不清晰的情况，影响项目高效决策和执行

2. 采用的风险准则

上述案例中，是根据集团总部要求做出的海外项目的一次性评估报告，采用的方法为：头脑风暴法，选择的准则为C准则和P准则（见表7－3和表7－4）。

表7－3 C准则

	影响程度				
目标偏离	轻微：0～1%（含）	较小：1%（不含）～3%（含）	中等：3%（不含）～5%（含）	较大：5%（不含）～10%（含）	重大：大于10%（不含）
伤亡	轻微：未发生人员死亡情况，无受重伤人员	较小：未发生人员死亡情况，一次性重伤不超过1人	中等：未发生人员死亡情况，一次性重伤1～3人	较大：一次死亡1～2人及以下，或一次性重伤3～9人	重大：一次死亡3人及以上，或一次性重伤10人以上
金额（美元）	轻微：0～0.1亿（含）	较小：0.11亿～1亿	中等：1.1亿～2亿	较大：2.1亿～5亿	重大：5亿以上

表7－4 P准则

频率	轻微：未来三年内，不可能发生	未来2～3年，可能发生1～2次	未来2～3年，可能发生多次（超过2次）	未来1年内，可能发生1～2次	未来1年内，可能发生多次（超过2次）

二、风险事件报告案例——红黄蓝幼儿园幼师虐童的事件

（一）事件起因

自2017年11月22日晚，有十余名幼儿家长反映朝阳区管庄红黄蓝幼儿园（新天地分园）国际小二班的幼儿遭遇老师扎针、喂不明白色药片，并提供了孩

子身上多个针眼的照片。

（二）事件处理

2017 年 11 月 22 日已接到家长报案，北京警方正在根据家长反映情况进行调查取证。涉事老师和保育员已暂时停职，并配合警方调查。

事发后警方介入调查，在家长提供的视频中也显示了警方已经提取孩子身上有针眼等证据。现场一名朝阳分局刑警称已经提取了园区大量监控视频，并称警方正在调查中。

朝阳区政府得悉此事，立即成立工作组，进驻幼儿园，积极协助相关部门，配合警方做好调查工作。责成该幼儿园迅速做好自查和家长、幼儿的安抚工作。

2017 年 12 月 29 日，北京市朝阳区人民检察院经依法审查，对北京市朝阳区红黄蓝新天地幼儿园教师刘某某以涉嫌虐待被看护人罪批准逮捕。

（三）事件影响

受本次事件影响，赴美上市不足 2 月的红黄蓝股价大跌。美国当地时间 25 日收盘，红黄蓝（NYSE：RYB）暴跌 38.41%，报 16.45 美元，跌破发行价 18.5 美元，市值缩水约 2.9 亿美元，折合人民币接近 19.4 亿元。

（四）调查结果

2017 年 11 月 28 日晚，北京市公安局朝阳分局官方微博@平安朝阳通报红黄蓝新天地幼儿园事件调查结果。以下为通报内容。

经公安机关调查，朝阳区红黄蓝新天地幼儿园教师刘某某（女，22 岁，河北省人）因部分儿童不按时睡觉，遂采用缝衣针扎的方式进行“管教”。因涉嫌虐待被看护人罪，现刘某某已被刑事拘留。涉事幼儿园共有教职员工 78 人，内有男性 8 人，工作过程均不具备单独接触儿童条件。经专家会诊、第三方司法鉴定中心对家长提出申请的相关涉事女童人身检查，均未见异常。儿童在园期间服用药物有严格规定，须家长将药品填写好名称、服药时间和剂量说明后交由幼儿园保健医生专门负责。

经调取涉事班级监控视频存储硬盘，发现已有损坏。经专业公司技术检测，系多次强制断电所致。经查，该园库管员赵某某（女，45 岁，河南省人，住在监控室）感觉监控设备噪音大，经常放学后将设备强制断电。经鉴定部门工作，目前已恢复约 113 小时视频，未发现有人对儿童实施侵害。

公安机关对此案正在进一步开展工作。对于涉嫌侵害未成年人的违法犯罪行为，公安机关将一查到底，坚决依法严厉打击。同时，呼吁公众理性对待网上信息。对于故意制造和传播谣言的行为，公安机关将依法予以严肃处理。

（五）整改措施

（1）要求各区责成举办者依法履行办园责任，进一步明确园长管理责任，并加大对各类幼儿园全员培训力度。

“红黄蓝事件”正在催生北京幼教管理的全面升级。北京市教委下发的《关于进一步加强各类幼儿园管理的通知》，各区要责成举办者依法履行办园责任，进一步明确园长的管理责任。

针对社会关注的幼儿教育的师资问题，北京市教委有关负责人介绍，各区要严格师资管理，加强幼儿教师准入资质审查、师德师风建设。

（2）迅速开展幼儿园安全隐患排查和治理。

据了解，目前各区按照市教委要求，正在迅速开展幼儿园安全隐患排查和治理，切实加强幼儿园监管工作，促进幼儿园规范办园行为。

按照通知要求，各区要责成幼儿园园长指导幼儿园采取多种措施，做好教职员工的思想稳定工作。一方面要引导广大教师讲情怀、讲操守；另一方面要及时疏导教师身心压力，有序开展保教活动，确保幼儿园平稳、正常运行。

（3）加大各类幼儿园全员培训力度。

（六）红黄蓝幼儿园虐童事件公开致歉

红黄蓝教育机构的道歉信，祈求大家的原谅，将配合警方的调查。

在上述案例中，是红黄蓝幼儿园虐童事件的报告，属社会道德风险，事件整改措施包括了政府、组织及利益相关方，整个事件影响大、覆盖面广，传播快，对政府、组织处理类似事件的发生起到了借鉴作用。要在幼有所育、学有所教、劳有所得、病有所医、老有所养、住有所居、弱有所扶上不断取得新进展。“许多需要的东西我们可以等待，但是孩子们不能等”，孩子们是属于未来、属于明天的，但保护孩子需要从今天开始，吹散虐童阴影，守住“幼有所育”的底线，才能实现“全体人民共建共享发展”的温暖目标。

三、风险事件报告案例——天津爆炸事件

（一）事故背景

2015年8月12日23：30左右，天津滨海新区第五大街与跃进路交叉口的一处集装箱码头发生爆炸，发生爆炸的是集装箱内的易燃易爆物品。现场火光冲天，在强烈爆炸声后，高数十米的灰白色蘑菇云瞬间腾起。随后爆炸点上空被火光染红，现场附近火焰四溅。

第一次爆炸发生在2015年8月12日23时34分6秒，近震震级ML约2.3级，相当于3吨TNT；第二次爆炸发生在30秒钟后，近震震级ML约2.9级，相当于21吨TNT。

（二）事故处理

据消防局指挥中心信息称：2015年8月12日22时50分，天津市滨海新区

港务集团瑞海物流危化品堆垛发生火灾。天津消防总队共调集 23 个消防中队的 93 辆消防车、600 余名官兵在现场全力灭火处置。截至 2015 年 8 月 13 日 11 时，天津消防总队已经先后调派 143 辆消防车，1000 余名消防官兵到场救援。2015 年 8 月 15 日上午 11 时许，天津塘沽爆炸现场附近武警消息，要求距离爆炸核心区范围三公里内人员全部撤离。

2015 年 8 月 13 日，事故发生后，党中央、国务院高度重视。中共中央总书记、国家主席、中央军委主席习近平对天津滨海新区危险品仓库爆炸作出重要指示，要求尽快控制消除火情，全力救治伤员，确保人民生命财产安全。

中共中央政治局常委、国务院总理李克强立即作出批示，要求全力组织力量扑灭爆炸火势，并对现场进行深入搜救，注意做好科学施救，防止发生次生事故；抓紧组织精干医护力量全力救治受伤人员，最大限度减少因伤死亡；查明事故原因，及时公开透明向社会发布信息。同时，要督促各地强化责任，切实把各项安全生产措施落到实处。

2015 年 8 月 16 日，李克强总理在天津主持召开会议，部署“8・12”火灾爆炸事故救援处置工作。他指出，这起事故所涉及的失职渎职和违法违章行为，一定要彻查追责，公布所有调查结果，给死难者家属一个交代，给天津市民一个交代，给全国人民一个交代，给历史一个交代。

事故发生后，天津市委代理书记、市长黄兴国第一时间赶到现场指挥救援工作，并到医院看望伤员。黄兴国提出三点要求：一是全力控制现场，防止次生事故发生；二是全力搜救和救治伤员；三是尽快查清事故原因，做好善后工作。

2015 年 8 月 18 日，依据《危险化学品安全管理条例》（国务院令第 591 号）和《生产安全事故报告和调查处理条例》（国务院令第 493 号）有关规定，国务院天津港“8・12”瑞海公司危险品仓库特别重大火灾爆炸事故调查组已成立并全面开展调查工作。

调查组由公安部牵头，有关部门和天津市人民政府参加，并聘请有关专家参加事故调查工作，最高人民检察院派员参加调查组。公安部常务副部长杨焕宁任组长。调查组将在国务院的领导下，依法依规彻查事故原因，查明事故性质和责任，并对事故责任人提出处理意见，一查到底，严肃追责，给党和人民一个负责任的交代。

（三）事故原因及事故处理

经国务院调查组认定，天津港“8・12”瑞海公司危险品仓库火灾爆炸事故是一起特别重大生产安全责任事故。事故的直接原因是瑞海公司危险品仓库运抵区南侧集装箱内硝化棉由于湿润剂散失出现局部干燥，在高温（天气）等因素的作用下加速分解放热，积热自燃，引起相邻集装箱内的硝化棉和其他危险化学品长时间大面积燃烧，导致堆放于运抵区的硝酸铵等危险化学品发生爆炸。

调查组认定，瑞海公司严重违反有关法律法规，是造成事故发生的主体责任单位。该公司无视安全生产主体责任，严重违反天津市城市总体规划和滨海新区控制性详细规划，违法建设危险货物堆场，违法经营、违规储存危险货物，安全管理极其混乱，安全隐患长期存在。

调查组同时认定，有关地方党委、政府和部门存在有法不依、执法不严、监管不力、履职不到位等问题。天津交通、港口、海关、安监、规划和国土、市场和质检、海事、公安以及滨海新区环保、行政审批等部门单位，未认真贯彻落实有关法律法规，未认真履行职责，违法违规进行行政许可和项目审查，日常监管严重缺失；有些负责人和工作人员贪赃枉法、滥用职权。天津市委、市政府和滨海新区区委、区政府未全面贯彻落实有关法律法规，对有关部门、单位违反城市规划行为和在安全生产管理方面存在的问题失察失管。交通运输部作为港口危险货物监管主管部门，未依照法定职责对港口危险货物安全管理督促检查，对天津交通运输系统工作指导不到位。海关总署督促指导天津海关工作不到位。有关中介及技术服务机构弄虚作假，违法违规进行安全审查、评价和验收等。

公安机关对事故相关企业人员依法立案侦查并采取刑事强制措施。事故调查组对 123 名责任人员提出了处理意见。调查组还对涉事企业、相关人员、天津市政府、交通运输部等提出了处理建议，并提出了十个方面的防范措施和建议。

2016 年 11 月 7 日至 9 日，天津港“8・12”特大火灾爆炸事故所涉 27 件刑事案件一审分别由天津市第二中级人民法院和 9 家基层法院公开开庭进行了审理，并于 9 日对上述案件涉及的被告单位及 24 名直接责任人员和 25 名相关职务犯罪被告人进行了公开宣判。

法院经审理查明，2015 年 8 月 12 日 22 时 52 分许，位于天津市滨海新区天津港的天津东疆保税港区瑞海国际物流有限公司（以下简称瑞海公司）危险品仓库发生火灾爆炸事故，造成 165 人遇难、8 人失踪，798 人受伤住院治疗，304 幢建筑物、12428 辆商品汽车、7533 个集装箱受损。截至 2015 年 12 月 10 日，事故造成直接经济损失人民币 68.66 亿元。

法院经审理查明，该起火灾爆炸事故属于特别重大责任事故。瑞海公司严重违反有关法律规定，是造成事故发生的主体责任单位。该公司无视安全生产主体责任，严重违反天津市城市总体规划和滨海新区控制性详细规划，违法建设危险货物堆场，违法经营、违规储存危险货物，安全管理极其混乱，安全隐患长期存在。同时，天津中滨海盛卫生安全评价监测有限公司（以下简称中滨安评公司）作为中介及技术服务机构弄虚作假、违法违规进行安全审查、评价和验收，提供虚假证明文件，使得瑞海公司取得危险品经营资质，并在继续经营过程中造成

“8·12”特大火灾爆炸事故的重大人员、财产损失。

法院经审理查明，天津交通、港口、海关、安监、规划、海事等单位的相关工作部门及具体工作人员，未认真贯彻落实有关法律法规，违法违规进行行政许可和项目审查，日常监管严重缺失；相关部门负责人和工作人员存在玩忽职守、滥用职权等失职渎职和受贿问题，最终导致了“8·12”特大火灾爆炸事故重大人员及财产损失。被告人瑞海公司董事长于学伟归案后主动供述其为瑞海公司违规办理港口危化品经营资质，多次向时任天津市交通运输和港口管理局副局长李志刚、港口管理处处长冯刚请托，送给李志刚、冯刚财物共计15.75万元。

根据各被告人犯罪的事实、性质、情节和造成的社会危害后果以及在共同犯罪中的地位、作用，法院依法作出一审判决。瑞海公司董事长于学伟构成非法储存危险物质罪、非法经营罪、危险物品肇事罪、行贿罪，予以数罪并罚，依法判处死刑缓期二年执行，并处罚金人民币70万元；瑞海公司副董事长董社轩、总经理只峰等5人构成非法储存危险物质罪、非法经营罪、危险物品肇事罪，分别被判处无期徒刑到十五年有期徒刑不等的刑罚；瑞海公司其他7名直接责任人员分别被判处十年到三年有期徒刑不等的刑罚。中滨安评公司犯提供虚假证明文件罪，依法判处罚金25万元：中滨安评公司董事长、总经理赵伯扬等11名直接责任人员分别被判处四年到一年六个月不等的有期徒刑。天津市交通运输委员会主任武岱等25名国家机关工作人员分别被以玩忽职守罪或滥用职权罪判处三年到七年不等的有期徒刑，其中李志刚等8人同时犯受贿罪，予以数罪并罚。

在上述案例中，是天津爆炸事件的报告，政府监管部门的日常监管严重缺失、相关部门负责人和工作人员存在玩忽职守、滥用职权等失职渎职和受贿问题。瑞海公司严重违反有关法律规定，无视安全生产主体责任，违法建设危险货物堆场，违法经营、违规储存危险货物，安全管理极其混乱，安全隐患长期存在。天津中滨海盛卫生安全评价监测有限公司作为中介及技术服务机构弄虚作假、违法违规进行安全审查、评价和验收，提供虚假证明文件，使得瑞海公司取得危险品经营资质，并在继续经营过程中造成“8·12”特大火灾爆炸事故的重大人员、财产损失。它使得风险管理流于形式，形同虚设，造成了特别重大责任事故。

第四节　中央企业年度全面风险管理报告模板

在下面的案例中不是具体项目的评估，而是国务院国资委2006年的相关文件要求。中央企业需要按照国资委给定的评估格式，进行上报。

20××年×××企业年度全面风险管理报告

一、上一年度企业全面风险管理工作回顾

（一）企业全面风险管理工作计划完成情况

简要说明本企业上一年度全面风险管理工作计划执行情况，以及组织董事会（总经理办公会）对年度全面风险管理工作成效的评价。

（二）组织重大风险管理情况

逐一简要说明上一年度本企业重大风险的管理情况，如有重大风险事件发生，请说明产生原因、发生后的影响、解决方案及今后避免再次发生的应对措施。

（三）风险管理体系建立运行情况

（1）企业体系建立及运行情况。请简要说明本组织风险管理企业架构设置和从事风险管理工作人员情况，风险管理职能部门的职责定位和工作机制等。

（2）常态化风险评估机制建立及运行情况。简要说明本企业全面风险评估制度和重大事项专项风险评估制度的建立及运行情况，风险分析评估工具应用情况等。

（3）风险管理报告制度的建立与执行情况。简要说明本企业全面风险管理报告制度的建立与执行情况，重大风险的监控、预警、报告等机制的建立与运行情况，重大风险监控预警指标体系构建情况，风险信息数据库建立情况。

（4）专项风险管理情况。简要说明本企业开展专项风险管理的目的、内容、主要措施、进展等情况。

（5）内部控制建立与实施情况。简要说明本企业及所属上市公司建立并实施以风险管理为导向的内部控制工作情况（上市公司可以用在资本市场披露的内部评价报告代替此部分内容）。

（6）风险管理评价或考核工作情况。简要说明本企业开展风险管理工作评价的范围、标准、方法与程序，以及评价结果纳入绩效考核的有关情况。

（7）风险管理文化建设情况。简要说明本企业风险管理政策的宣贯情况，风险管理工作的宣传培训机制，风险管理文化与业务发展融合情况等。

（四）风险管理信息化有关情况

简要说明本企业风险管理信息系统的建设状况、覆盖范围、主要功能、运行效果、与现有管理和业务信息系统对接情况以及下一步工作计划等。

（五）全面风险管理专项提升工作情况

将全面风险管理作为管理提升活动重点领域开展专项提升的企业，简要说明

专项提升工作情况以及下一步工作安排等。

二、本年度企业风险评估情况

（1）结合本年度本企业经营目标，简要描述本企业本年度面临的内外部环境因素的变化，并分业务板块就其对经营目标的影响进行总体研判和简要分析。

（2）企业开展本年度风险评估的范围、方式及参与人员等有关情况。

（3）按照企业风险分类，列示企业本年度风险评估的结果，以及经评估确定的重大风险。

（4）按照风险事件发生的可能性和发生后对企业目标的影响程度两个维度，将企业评估出的本年度重大风险绘制成风险坐标图。

（5）企业本年度重大风险同上一年度相比的变动情况及原因。

（6）简要说明企业对重大风险关键成因进行分析的情况（包括建立量化分析、预测模型等）。

三、本年度全面风险管理工作安排

（一）本年度全面风险管理工作计划

（1）董事会（总经理办公会）对本企业本年度全面风险管理工作提出的安排部署和工作要求。

（2）企业本年度全面风险管理工作计划（包括所属主要子企业推进全面风险管理工作计划）。

（二）本年度重大风险管理工作安排

1. 重大风险描述

根据企业本年度风险评估结果，从风险类别、风险源（要求具体到产生的单位、项目、业务、管理活动）、风险成因、风险发生后对企业经营的影响等方面，逐一对重大风险进行简要描述。

2. 重大风险管理策略和解决方案

（1）风险管理策略。包括企业对每项重大风险的风险偏好、风险承受度及据此确定的风险预警指标等。

（2）风险解决方案。包括每项重大风险管理现状诊断（已有的相关制度、流程、控制措施的设计和执行情况、存在的问题和缺陷等）、责任主体、关键节点、拟采取的管控措施（包括事前、事中、事后以及危机处理计划等）。

（3）监督保障机制，请简要说明企业对执行重大风险管理策略和解决方案的监督保障机制。

四、有关意见和建议

（一）需要国资委协调解决的有关重大风险问题

（二）对国资委推动中央企业全面风险管理工作的意见和建议

第五节　信用风险管理分析报告模板[①]

说明：下列案例是中国五矿集团公司建立信用风险管理分析报告的日常化的表现，通过表格的填写方式，形成其信用风险分析报告，是风险管理部定期向公司管理层汇报信用风险管理工作情况的报告，主要是通过分析外部市场环境和内部管理能力来反映当初中国五矿的信用风险整体水平，对重点关注的客户和供应商跟踪情况进行说明，并对未来可能面临的风险大小进行预判，从而为管理层提供决策参考。通过运行信用风险管理分析报告，集团公司定期对自身面临的信用风险进行梳理，制定相应的应对措施，并对业务的开展提出风险管理方面的指导和意见，充分发挥了风险管理对经营决策的支持作用。

信用风险管理分析报告

（20××年×月）

一、集团公司信用风险主要指标分析

信用风险主要指标基本情况（见表7－5）

表7－5　集团公司信用风险主要指标汇总　　　　单位：万元

类别	指标	本季度	上季度	增减额	增减（%）
供应商端	预付款总额				
	供应商敞口总额				
	大于3个月逾期预付款				
	大于3个月逾期预付款占比				

① 见《全面风险管理辅导手册》。

续表

类别	指标	本季度	上季度	增减额	增减（%）
客户端	应收款总额				
	客户敞口总额				
	大于3个月逾期预收款				
	大于3个月逾期预收款占比				

分析提示：

预付款和应收款账龄结构分析。

二、主要经营单位信用风险主要指标分析

（一）××经营单位信用风险主要指标基本情况（见表7－6）

表7－6　××经营单位信用风险主要指标汇总　　单位：万元

类别	指标	本季度	上季度	增减额	增减（%）
供应商端	预付款总额				
	供应商敞口总额				
	大于3个月逾期预付款				
	大于3个月逾期预付款占比				
客户端	应收款总额				
	客户敞口总额				
	大于3个月逾期预收款				
	大于3个月逾期预收款占比				

（二）××经营单位信用风险总量预算执行情况分析（见表7－7）

表7－7　××经营单位敞口指标与敞口预算指标对比　　单位：万元

单位名称	供应商敞口			客户敞口		
	预算值	本月	占预算值比例	预算值	本月	占预算值比例

分析提示：

解释：本节内容为风险管理报告模板，分析提示是模板的一部分内容，示意在表下应有分析提示来提醒填表人需注意的事项，具体内容无固定标准所以留空。

第六节　风险披露报告案例

一、某上市银行 2016 年度风险披露报告（节选）

某上市银行披露的风险类型、风险的性质和风险管理的具体措施。

（一）信用风险

信用风险是指交易对方无法在到期日全额偿还银行借贷资金的风险，当交易对方集中于某些相同行业或地理区域时，信用风险随之上升，信用风险是本行面临的最主要的风险之一。

具体措施：一是做好信贷准入加强授信审核，实施“慎三禁五”的信贷政策，对存量已超五家行的进行一户一策逐步退出；二是强化信贷基础性工作，通过设立信贷审核中心，提高操作的规范化、合规化；三是深化风险队伍建设通过设立信贷内勤专职操作岗，减少道德风险的产生；四是加强业务检辅督导及时做好沟通交流，各条线定期不定期进行业务的检查，对发现的问题及碰到的难点及时召开例会进行沟通解决；五是强化各类系统的应用，根据风险预警系统、省联社审计辅助系统等系统提示的各类风险，及时下发风险提示，落实整改措施，增强对违规行为的监测力度，切实防范操作风险和信用风险；六是加强风险资产的处置，定期不定期结合相关部门开展打债清收活动，营造信用环境。

（二）流动性风险

流动性风险是指无法以合理成本及时获得充足资金，用于偿付到期债务、履行其他支付义务和满足正常业务开展的其他资金需求的风险。引起流动性风险的事件或因素包括存款客户支取存款、贷款客户提款、债务人延期支付、资产负债结构不匹配、资产变现困难、经营损失、衍生品交易风险等相关风险等。

具体措施：一是修订了本行的流动性管理办法，设立流动性主要监控指标和辅助监测指标。流动性主要监控指标指流动性比例。辅助监测指标包括即时支付比例、审慎支付比例、超额备付率、核心负债依存度、净稳定资金比例、流动性期限缺口率、月日均存贷比 7 个指标，二级辅助监测指标包括存款日均增长率、存款集中度、同业负债比例、资金业务杠杆率、同业融入集中度、当日融入成交最高利率、结构性存款占比、理财流动性比例 8 个指标。二是完善考核及问责机制，不设存款时点等易于造成流动性波动的指标，加强流动性因素在绩效考核中的比重。三是董事会制订了流动性风险偏好及限额，并在日常经营过程中监测各项流动性风险限额遵守情况。四是合理安排资金计划。结合人民银行宏观审慎要求及流动性现状，合理安排资金业务规模，在确保流动性充足的情况下，提高资金使用效益。

（三）市场风险

市场风险是指因市场价格（利率、汇率、股票价格和商品价格）的不利变动而使银行表内和表外业务发生损失的风险。在报告期内，本行目前的主要利润来源仍是存贷款利差，因此面临的市场风险主要是利率风险、汇率风险。

具体措施：一是成立了利率定价管理委员会，对利率管理及利率风险进行审查、分析、监测，审议并制订本行利率管理政策。二是明确计划财务部为利率日常管理部门，对银行账户利率进行日常管理。三是风险管理部对利率风险进行分析和监测。为促进利率风险的管理，在营业机构和客户经理绩效考核过程中引入资金成本理念，对营业机构考核资金成本、运营成本及风险资本等因素的模拟利润，对客户经理考核剔除资金成本的贷款创利，提高业务人员主动应对存贷款利率风险的意识。四是开展利率风险压力测试，提高主动应对利率风险的能力。

（四）操作风险

操作风险是指由不完善或有问题的内部程序、员工和信息科技系统，以及外部事件所造成损失的风险。

具体措施：一是通过不定期的检查辅导，对问题进行及时的沟通纠正整改；二是事后监测中心和信贷审核中心发挥再监测防线作用；三是加强全员的合规教育，提高合规意识，减少第一手操作风险等。

在上述案例中，是某上市银行对公众进行的风险披露报告，有风险的描述和风险的应对措施，它会随着监管的要求变化而变化。

二、某上市公司风险披露报告

按照证券监管的要求，乐视网信息技术（北京）股份有限公司向公众进行风险披露，本案例选编自该公司关于公司股票的风险提示公告。

本公司及其董事会全体成员保证信息披露内容真实、准确和完整，没有虚假记载、误导性陈述或重大遗漏。

乐视网信息技术（北京）股份有限公司（以下简称“乐视网”或“公司”）于2018年1月19日召开了第三届董事会第五十四次会议，审议通过了《关于终止重大资产重组事项的议案》。公司董事会、监事会及管理层严格按照法律法规及《公司章程》等相关管理制度，本着忠实、勤勉的态度，对公司目前经营情况说明如下，并提请投资者注意相应风险。

（一）公司经营情况

公司股票自 2017 年 4 月 17 日上午开市起停牌，公司停牌期间披露了《2017 年第一季度报告全文》《2017 年半年度报告》《2017 年第三季度报告全文》，公司业绩下滑较为明显。截至 2017 年 9 月 30 日，归属上市公司股东的净利润为 -16.52亿元，较 2016 年同期减少约 435.02%，预计公司 2017 年全年累计归属上市公司股东净利润为亏损。

2017 年，公司出现了关联应收款项难以收回、实际控制人借款承诺未能履行、部分债务到期等问题，造成公司现金流极度紧张，导致公司出现大量对供应商的欠款无法支付，销售渠道陷入困局，业务规模大幅下滑。虽然公司董事会和管理层已竭力解决公司目前经营问题及困难，尽力减少公司业绩的亏损金额，但是受到目前面临的巨额关联应收款项、大股东违反借款承诺等历史遗留问题持续影响，经营陷入困顿。

（二）公司存在的风险

基于公司目前的运营情况，公司董事会、监事会及管理层提请投资者注意以下风险。

1. 公司实际控制人可能发生变更的风险

截至目前，贾跃亭先生持有公司 102426.66 万股股份，占总股本的 25.67%，其中 101953.98 万股已质押给金融机构。股票复牌后，若公司股价出现大幅下跌，且贾跃亭先生无法及时追加担保，金融机构将有权处置上述已质押的股权，从而可能导致公司实际控制人发生变更。

2. 部分关联方应收款项存在回收风险

自 2016 年以来，公司通过向贾跃亭先生控制的关联方销售货物、提供服务等经营性业务及代垫费用等资金往来方式形成了大量关联应收和预付款项。截至 2017 年 11 月 30 日，上述关联方对上市公司的关联欠款余额达到 753141.08 万元（上述财务数据未经审计，最终以审计值为准，下同）。

虽然公司正在对上述关联方欠款积极进行催收工作，但仍存在回收风险。截至目前，公司部分关联方应收款项尚未收回，已出现公司对上游供应商形成大量欠款无法支付、大量债务违约和诉讼等问题。如果上述应收款项出现大面积回收困难，将导致公司现金流极度紧张，危及公司信用体系，致使融资渠道不畅，对公司经营构成不利影响。

公司管理层已认识到问题的严峻性和紧迫性，如果没有新的资金进入，公司将面临经营困难问题。基于上述情况，公司股东天津嘉睿汇鑫企业管理有限公司（以下简称“天津嘉睿”）通过借款方式向上市公司注入 17.9 亿元资金，在一定程度上缓解了公司及子公司的资金需求压力。

3. 贾跃亭先生、贾跃芳女士未履行借款承诺导致公司现金流紧张的风险

2014 年末和 2015 年 5 月 25 日，公司分别收到贾跃芳女士和贾跃亭先生发来的《股份减持计划告知函》，均承诺将自己减持乐视网股票获得的资金全部或部分借给公司作为营运资金使用。该笔借款将用于公司日常经营，公司可在规定期限内根据流动资金需要提取使用，借款期限将不低于 60 个月，免收利息。

2014 年 12 月，公司与贾跃芳女士签署了第一份《借款合同》，借款金额不低于 1.78 亿元；2015 年 2 月，公司与贾跃芳女士签署了第二份《借款合同》，借款金额为不少于 15 亿元。上述借款期限 5 年，免收利息，用于补充公司营运资金。

2015 年 6 月，公司与贾跃亭先生签署了第一份《借款合同》，借款金额不少于 25 亿元；2015 年 11 月，公司与贾跃亭先生签署了第二份《借款合同》，借款金额不少于 32 亿元。上述借款将用于公司日常经营，借款期限不低于 10 年（120 个月），免收利息，用于补充公司营运资金。

2015 年 7 月 27 日，贾跃亭先生就上述减持所得资金借予上市公司事项，追加承诺如下：①已经减持所得资金将全部借予上市公司使用，上市公司进行还款后，还款所得资金贾跃亭先生将自收到还款之日起六个月内全部用于增持乐视网股份。②贾跃亭先生届时增持同样数量股份时，若增持均价低于减持均价，则减持所得款项与增持总金额的差额将无偿赠予上市公司。在减持之日至增持之日期间内发生派息、送股、资本公积金转增股本等除权除息事项，所减持股票的价格与数量将相应进行调整（交易均价 = 交易总金额/交易总股数）。

截至目前，贾跃亭先生对公司承诺借款实际余额为 0 元。贾跃芳女士对公司实际借款余额为 11.0095 万元。贾跃亭先生从 2015 年 6 月开始至今每月末借款余额变动情况见下表：（略）。贾跃芳女士从 2014 年 9 月开始至今每月末借款余额变动情况见下表：（略）。

2017 年 9 月 20 日，公司分别向贾跃亭先生、贾跃芳女士发送了《关于提醒并要求贾跃亭先生继续履行借款承诺的函》和《关于提醒并要求贾跃芳女士继续履行借款承诺的函》，但均未收到回函。公司于 10 月 26 日再次分别向贾跃亭先生、贾跃芳女士发送了《关于再次提醒并要求贾跃亭先生继续履行借款承诺的函》和《关于再次提醒并要求贾跃芳女士继续履行借款承诺的函》。

2017 年 11 月 9 日，公司分别收到贾跃亭先生、贾跃芳女士回复的《关于本人无息借款与上市公司承诺事项的回函》。根据回函内容，公司董事会认为贾跃亭先生、贾跃芳女士由于个人资金、债务原因已无力继续履行借款承诺，并且目前也未提出新承诺以替代原有承诺，故贾跃亭先生、贾跃芳女士已违反自身所作借款承诺。

2017年12月7日，公司发布了《关于北京证监局对贾跃亭、贾跃芳采取责令改正行政监管措施的公告》，行政监管措施决定书要求贾跃亭、贾跃芳出具书面整改报告，报告内容包括但不限于：你对存在问题的认识情况、采取的具体整改措施、未整改问题的原因、后续整改计划、整改期限等。

2017年12月29日，深圳证券交易所发布《关于对乐视网信息技术（北京）股份有限公司股东贾跃亭、贾跃芳给予公开谴责处分的公告》，对贾跃亭、贾跃芳予以公开谴责的处分。该违反承诺的行为直接或间接导致公司运营资金安排出现严重缺口，公司现金流紧张，公司经营持续恶化，进而引发一系列债务违约和诉讼。

4. 公司现有债务到期导致公司现金流进一步紧张的风险

公司经营的主要现金来源为公司会员、电视销售、广告等业务收入及银行借款、外部借款等融资渠道。公司市场环境变化及非上市业务的冲击导致公司业务规模相应进行调整，业务收入水平下降，同时业务规模下降导致银行信贷额度收紧，公司存在因债务到期导致现金流进一步紧张的风险。

截至2017年12月31日，公司存在融资借款及贷款类负债共计92.88亿元，其中部分将于2018年到期。如果公司业务规模无法重新回到较高水平，信贷额度恢复，公司将因现金流进一步紧张导致公司存在偿债压力。

5. 公司2017年业绩大幅下滑的风险

由于关联方欠款未能有效偿还导致公司现金流极度紧张，公司业务经营困难，无力向上游支付采购款进而形成产品并进行销售，公司收入水平大幅下降。此外，由于受到关联方资金紧张、流动性风波影响，社会舆论持续发酵并不断扩大等一系列对公司声誉和信用造成的影响，公司的广告收入出现大幅下滑；同时，由于关联方债务风险、现金流紧张波及公司供应商合作体系，从产品供应到账期授予等均产生负面压力，公司终端收入以及会员收入均出现较大幅度的下滑。

虽然部分业务收入规模大幅下降，公司日常运营成本，如CDN及带宽费用、摊提费用（版权摊销）等并未相应减少，融资成本大幅增加。

同时，由于关联方应收款项存在部分回收困难的可能，公司存在2017年度计提大额坏账准备的风险。

上述各因素导致公司2017年经营业绩存在大幅下滑的风险。

6. 公司部分业务业绩存在重大不确定性的风险

截至2016年12月31日，公司广告业务存在应收账款478428.39万元，预计其中部分应收账款的收回存在不确定性，如对该部分应收账款计提减值，将对公司广告业务业绩造成一定冲击。

此外，由于以往乐视云计算有限公司（以下简称“云计算”）业务量需求增长较快，成本存在较大幅度的上升。在目前业务规模快速变化的情况下，云计算成本无法相应及时进行准确确认和调整，将对云计算业务业绩形成较大压力。

上述因素导致公司相关业务业绩存在重大不确定性的风险。

7. 公司对外投资的风险

2016 年 3 月，公司董事会审议通过设立深圳市乐视鑫根并购基金投资管理企业（有限合伙）（以下简称“乐视并购基金”或“基金”）的议案。成立该基金目的是聚焦乐视生态产业链上下游相关标的公司的投资机会，致力于服务乐视生态的成长、推动乐视生态的价值创造，布局与乐视生态相关的内容产业和领域。

2016 年 4 月 12 日，公司 2015 年度股东大会审议通过《关于为乐视并购基金一期募集资金提供回购担保的议案》，乐视并购基金发起设立总规模 100 亿元人民币的并购基金，一期规模约 48 亿元，其中劣后级份额约 10 亿元，次级份额约 6 亿元，优先级份额约 32 亿元，为了保证乐视并购基金顺利募集资金及后续业务开展，公司、乐视控股、贾跃亭先生联合为乐视并购基金一期募集资金本金及预期收益提供回购连带担保，预计承担担保责任 50 亿元左右，其中包含对中间级和优先级 15% 的收益承诺。

截至目前，基金总出资 43.49 亿元，其中劣后级份额 10.00 亿元，次级份额 6.00 亿元，优先级份额 27.49 亿元。2016 年至 2018 年 3 月，基金先后投资 TCL 多媒体科技控股有限公司、酷派集团有限公司、乐视创景科技（北京）有限公司、深圳超多维科技有限公司、深圳市汇鑫网桥互联网金融科技服务有限公司等项目，合计投资金额 34.25 亿元。目前投资项目分别出现了账面亏损、项目停摆等问题，基金存在亏损的风险。

基金由贾跃亭先生和乐视控股承担担保责任之外，乐视网承担连带担保责任，若基金整体出现严重亏损，公司将可能因承担连带担保责任而面临利润水平和现金流的大幅损失。截至 2017 年 6 月 30 日，公司实际担保金额为 50.0680 亿元。

8. 募集资金用途改变的风险

2016 年 8 月至 2016 年 11 月，公司在通过西藏乐视使用募集资金向版权出售方购买版权时，出现了部分拟购买版权的影视作品因监管政策、演员变更等原因延期交付或部分合同条款拟变更而重新进入谈判期的情况，造成付款延后。上述已提取的募集资金未立即转回到平安银行专户，由西藏乐视将其陆续转入乐视网的账户，用于支付员工工资、税费结算等上市公司补充流动资金用途。上述事项涉及的募集资金累计 881020000 元。2016 年底前，因以上版权谈判后确定短期内无法再采购，西藏乐视将累计 881020000 元全部转回了平安银行专户。

公司于 2017 年 4 月 20 日披露了此事项后，及时与监管部门进行沟通，积极采取补救措施：召开公司第三届董事会第三十七次会议审议通过了《关于使用闲置募集资金暂时补充流动资金的议案》，补充履行了募集资金补充流动资金的程序，将前述使用闲置募集资金暂时补充流动资金的情况提交董事会审议，并由独立董事、监事会、保荐机构发表明确同意意见。

虽然公司及时将募集资金款项转回并采取了补救、整改措施，并对公司内部人员进行了教育处理，但若未来公司再次发生募集资金款项用途未经批准进行调整的情形，公司将可能因此面临处罚的风险。

9. 以子公司股权质押并对外担保的风险

2017 年 11 月 21 日，公司发布了《第三届董事会第五十次会议公告》，公司董事会除应回避董事外一致审议通过了《关于乐视网信息技术（北京）股份有限公司拟向天津嘉睿汇鑫企业管理有限公司申请借款 12.9 亿元的议案》及《关于为公司借款提供反担保暨关联担保的议案》，关联董事孙宏斌、刘淑青女士回避表决，独立董事发表了事前认可意见及同意的独立意见。

上述借款及提供反担保议案为公司董事会、管理层基于公司目前资金状况已无法支撑日常经营支出境况下提出。公司目前存在大量关联方应收账款未能收回、大股东承诺对公司的借款不能到位、体系外业务经营不善、品牌冲击导致公司难以申请新的金融机构贷款和原有贷款展期等问题，以上问题导致公司资金状况已无法支撑日常经营支出，业务经营难以为继。公司期望通过本次借款、反担保议案的达成，以延续公司经营。

公司以所持子公司股权对外提供担保或反担保，同时子公司新乐视智家以其子公司股权为乐视网提供反担保，如若债务到期无法偿还，公司将面临被担保方因不能足额、按时偿还债务，由公司清偿债务或存在无法清偿导致担保资产被依法处置的风险。

同时，公司也将努力通过处置其他资产筹款偿还、借款展期、债务重组等方式处理相关债务或担保事项，但如果不能通过其他方式筹款或达成还款延期、债务重组等情形，公司将面临子公司实际控制人发生变更的风险。

（三）风险应对措施

针对上述风险，公司董事会制定了风险应对措施，具体如下。

1. 要求贾跃亭先生对其造成的上市公司关联债务负责

贾跃亭先生作为公司控股股东及实际控制人，对上市公司负有合法合规经营及保障上市公司和上市公司其他股东利益不受侵害的责任。然而，贾跃亭先生通过乐视控股及其所控制的其他乐视体系内关联公司，以关联交易的方式形成大量上市公司应收款项。截至 2017 年 11 月 30 日，上述关联方对上市公司的关联欠款余额达到753141.08万元，对公司业务经营造成了难以承受的负担。

公司将采取包括法律手段在内的一切手段，责成贾跃亭先生及其关联方停止向第三方处置其所控制的乐视汽车（北京）有限公司、Faraday Future、Lucid等相关股权和资产，并优先用于切实解决其对上市公司构成的实际债务，尽最大可能保障上市公司股东权益。

2. 拓宽融资渠道，维系公司现金流并重新激活业务

由于公司目前存在品牌信誉下降、银行授信收紧等问题，从市场上筹措资金存在一定难度。公司先行与股东天津嘉睿签署借款及担保协议，获得合计17.9亿元借款及不超过30亿元的担保。

未来，公司将进一步拓宽融资渠道，获取公司业务发展所需的资金及业务资源，以解决公司目前资金需求和业务发展问题。同时，公司将对非核心业务资产及严重亏损资产予以处置以回笼资金，专注于公司主业运营；并拟对内部架构及业务进行重组，提升资产及业务运营效率。公司将尽全力激活业务现金流，对核心业务进行加强和提升，但融资渠道拓展和业务调整方案存在因市场环境和业务变化等因素导致的不确定性。

目前，公司子公司新乐视智家电子科技（天津）有限公司的股权融资工作正在进行。

3. 积极恢复公司的主营业务

公司将坚持以用户体验为核心，以“平台+终端+内容+应用”的理念，集中公司资源聚焦大屏生态优势领域，结合分众自制和内容开放的整体战略，将经营核心关注点回归到大屏互联网家庭娱乐生活的主营业务上去，同时将进行内部垂直整合以及外部全面开放的改造。

敬请广大投资者注意投资风险。

第七节　××公司年度风险管理评审报告案例

根据集团的内部要求，对其下级单位需定期进行风险管理评审，形成评审报告，具体报告内容如下。

一、报告摘要

（一）公司业务概况

××公司主要从事相关交通领域的业务拓展，包括高速公路机电系统工

程、城市智能交通系统工程、××公司产品的自主研发与代理销售等；××公司根据高速公路、智能交通等业务方向以及市场、工程、职能等管理属性设置内部机构，并由专人牵头负责。其中，包括：市场部、项目管理部、区域公司/办事处、城市交通业务部等为创利部门；财务、人事、资质（知识产权等）。

（二）评审工作概述

风险管理部成立由风险管理师和专职律师组成的风险管理评审小组，对××公司开展年度风险管理评审，评价体系全面风险管理框架和政策设计的合理性、适当性以及风险管理实施的效率、效力，评价体系内部控制（业务管理制度、流程等）设计的合理性和内部控制运行的有效性，并就“高”“中”风险和内部控制缺陷提出改进建议。

本次评审从××公司创造和影响利润的价值链出发，结合政治、经济、市场、技术、外部事件等外部因素，涵盖战略、人事、财务、资质、技术支持与研发等支持性活动，以及市场、业务支持、项目管理、商务支持、项目实施、维护、关闭等基本活动（××公司价值链见图 7-3）。

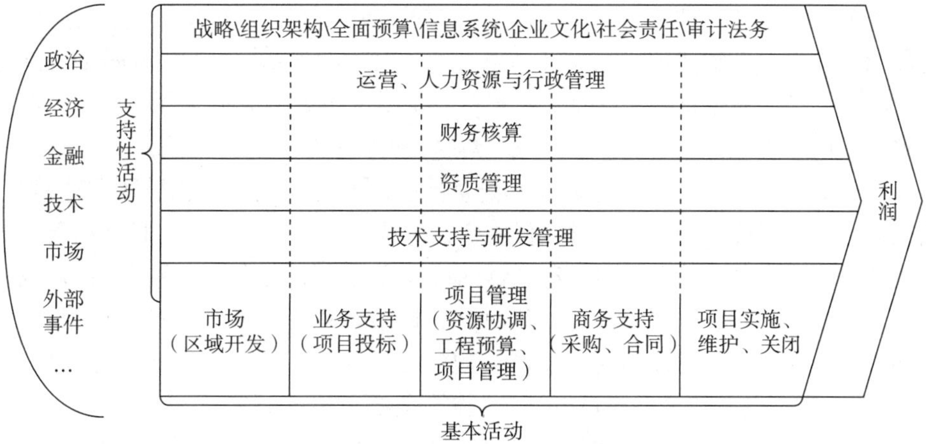

图 7-3 ××公司价值链

评审小组访谈了 9 个业务管理部门和 2 个大区负责人以及公司领导共计 13 人，形成 13 份访谈纪要，并回收 15 份《调查问卷——风险收集》、30 份《调查问卷——风险评价》；实地走访“YY 工程”项目部（以下简称 YY 项目），对项目经理、现场负责人、内业、办公室主任等 5 人进行访谈，对项目部工程物资进行了盘点；查验并收集了 YY 项目部现有工程项目资料文件，××公司各部门、各级人员积极配合，按时提交了与本次评审相关的其他单据、报表、报告、公文、合同/协议、制度等资料文件。

在全面了解××公司业务管理现状的基础上，评审小组先后完成下列评审工作事项：①参照 ISO31000：2009《风险管理原则和实施指引》和《组织内部控制应用指引》等设计××公司风险管理与内部控制目标、风险清单、风险等级和内部控制缺陷标准。②通过调查、查询、计算、分析复核等方法进行取证，并通过询问、观察、穿行测试等手段对有关资料和取证结果进行测试。③依据××公司年度经营计划、部门职责、风险偏好及风险承受度，结合风险/损失事件处理结果和现行制度、流程的有效性，按照风险发生的概率、风险造成的损失两个维度完成风险评估。④针对评审发现提出建议。

（三）总体评价

××公司初步搭建了“风险环境—风险评估—风险控制/应对—内部报告/沟通—外部监督”的风险管理框架。体系领导和各部门负责人风险意识较强；各级人员依据经验识别、评估各自业务/管理活动中面临的风险；积极采用建章立制、授权审批、文件记录、检查核对、绩效考评以及信息系统等控制手段；结合自身业务特色和部门/岗位职责，及时制定并贯彻一系列制度、流程；严格按照授权文件相关规定，日常费用、立项（销售合同、成本预算表）、采购合同及付款等超权限的，经本体系负责人签批后执行；对集团法律事务部在财务审计、经济效益审计、风险管理评审中提出的意见/建议按期进行整改。

总体而言，××公司目前聚焦于交通行业，盈利模式清晰，机构设置精简，岗位职责分工明确，中高层干部队伍稳定，考核与奖罚机制合理，日常运营管理强调执行力，在高速公路机电工程领域的市场开发、工程项目管理等方面形成了一定的竞争优势；各项经营指标表现良好，风险管理框架和内部控制体系有效，能够为××公司达成战略目标、合法合规经营、提升运营效率和改进运营效果、资产/资金安全以及体系健康可持续发展等目标提供合理保障。

与此同时，评审小组也注意到一些现象：①由于历史原因，城市智能交通业务尚未恢复到原有水平，目前新业务拓展尚无实质性突破；②工程技术人员流动较大，新签约项目人手不足；③ 6 年以上的往来款项较多，监管账户资金沉淀和保证金占款较高等，影响公司的净现金流；④工程项目分包管理、物资管理缺少明确制度规定；结合《调查问卷——风险评价表》得分统计情况分析，评审小组认为，××公司在战略实施、市场竞争、商务、人力资源、财务及项目管理等方面面临“中”风险。××公司风险评估如图 7－4 所示。

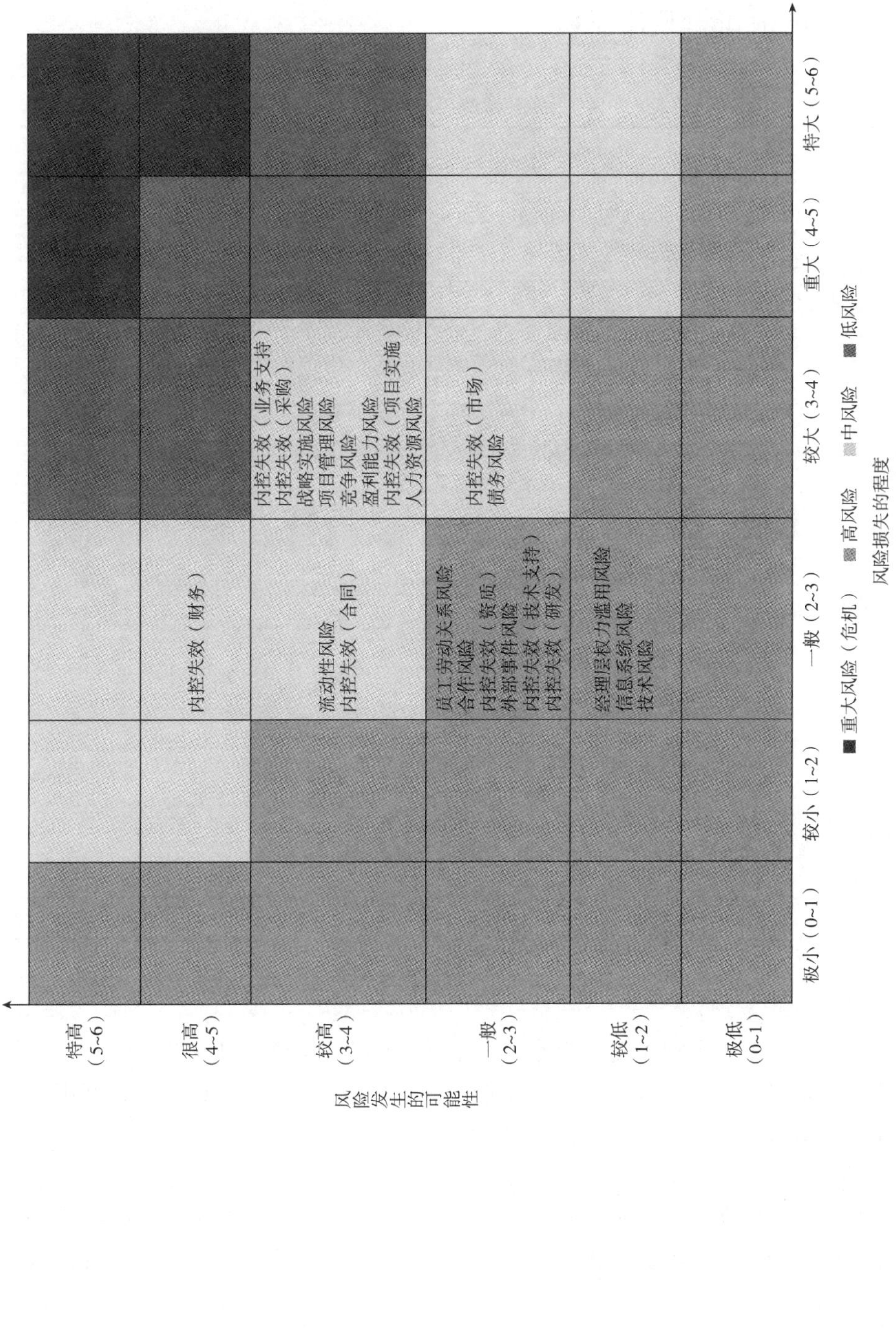
风险发生的可能性
特高（5~6）
很高（4~5）
较高（3~4）
一般（2~3）
较低（1~2）
极低（0~1）
内控失效（财务）
流动性风险
内控失效（合同）
内控失效（业务支持）
内控失效（采购）
战略实施风险
项目管理风险
竞争风险
盈利能力风险
内控失效（项目实施）
人力资源风险
员工劳动关系风险
合作风险
内控失效（资质）
外部事件风险
内控失效（技术支持）
内控失效（研发）
内控失效（市场）
债务风险
经理层权力滥用风险
信息系统风险
技术风险
极小（0~1）
较小（1~2）
一般（2~3）
较大（3~4）
重大（4~5）
特大（5~6）
重大风险（危机）
高风险
中风险
低风险
风险损失的程度

图 7－4　××公司风险评估

二、风险管理与内部控制评估

（一）发展战略实施风险

（1）评估结论（见表7－8）。

表7－8 战略风险评估结论

<table>
<tr><th>项目</th><th colspan="9">问题描述</th></tr>
<tr><td>关注潜在风险点</td><td colspan="9">①高速公路机电工程、城市智能交通、新业务等发展战略实施不到位、发展不均衡，导致公司难以形成竞争优势，丧失发展机遇和动力
②城市智能交通、新业务战略的落实和推进与计划偏离
③城市智能交通、新业务战略实施未达到预期结果或可能达不到战略目标
④外部各类因素的变化以及科技进步和技术变革可能带来机遇、挑战和损失</td></tr>
<tr><td>风险因素</td><td colspan="9">①国内各地“和谐”“维稳”“平安城市”等政治因素
②国内外的宗教、文化、地域等因素
③国家“十二五”发展规划、区域（西北、东北、环渤海等）发展政策、年度经济政策、GDP增长等经济因素
④交通行业“十二五”发展纲要，年度发展规划/计划等产业/行业政策
⑤国家金融政策的变化（信贷政策、货币政策、金融机构的利率、汇率等）
⑥行业周期性变化、市场容量/规模等
⑦竞争、合作、技术变革等外部市场因素
⑧组织机构、组织文化等内部环境因素
⑨运营管理能力，应对外部或内部变化的应变能力等</td></tr>
<tr><td>涉及部门与职能</td><td colspan="9">全体系各部门，特别是城市智能交通业务和新业务</td></tr>
<tr><td>风险概率</td><td>3.32</td><td>风险损失</td><td>3.56</td><td>损失事件</td><td>—</td><td>制度、流程</td><td>—</td><td>风险等级</td><td>中</td></tr>
</table>

（2）评审发现。

近五年来，城市智能交通业务在“本年签约合同净额”中的占比下滑严重，年均仅5.86%；在“以前年度结转合同”中小幅波动，年均15.2%；城市智能交通业务尚未恢复至2008年及以前的规模。

（3）建议。

在保持传统高速公路业务的竞争力、巩固其市场份额的基础上，挖掘外部政治、经济、金融、技术、产业、市场等环境中的有利因素，充分发挥资源，提升内部运营管理能力的同时，对城市智能交通和新业务继续保持合理投入，力争尽早在传统优势区域实现拓展与突破，以促进发展战略的有效推进。

（二）外部市场环境

1. 竞争风险

（1）评估结论（见表7－9）。

表7－9　竞争风险评估结论

<table>
<tr><th>项目</th><th colspan="9">问题描述</th></tr>
<tr><td>关注潜在风险点</td><td colspan="9">①竞争对手凭借地方保护、优势区域、产品和技术优势等建立竞争壁垒
②招投标办法/程序复杂、难以施加影响
③投标结果有一定的随机性和偶然性，投标价格的波动和变化对公司利润和项目净利产生重大影响
④招标过程存在暗箱操作、评标人与投标人串通舞弊、商业贿赂等，导致流标、废标、中标人实质上难以承担工程项目、中标价格失实、相关人员涉案等
⑤分包、转包或项目交换等业务模式未经授权或监管不力，可能给公司带来资金损失、声誉影响，甚至发生违法行为
⑥市场环境变化的不确定性可能给公司的竞争地位带来机遇、挑战和损失</td></tr>
<tr><td>风险因素</td><td colspan="9">1. 竞争对手
①竞争对手多、竞争手段多样、竞争对手联盟（联合投标）等
②竞争对手的产品/方案、投标价格、客户关系等
2. 招投标
①各地的招投标程序和具体评标办法
②业主对投标方资质的严格要求
③投标价格起关键作用（一票制）
3. 公司的能力/竞争优势
①在业主方或同类项目上的声誉（历史业绩、市场占有率、品牌影响力/知名度、质量口碑、项目管理能力、团队、组织文化、产品、技术、与利益相关方的关系等）
②充足的资金储备（工程采购预付款等）和充分的资源投入（项目经理等人员）
③对集团和××的品牌、技术、客户关系、财务人事资产以及资质/知识产权等公共资源的有效使用
4. 商业/业务模式的变化（项目转包、项目转让、项目/区域交换等）
5. 行业周期性变化、市场容量/规模等</td></tr>
<tr><td>涉及部门与职能</td><td colspan="9">市场部——市场开发、项目摸排，项目管理部——工程预算、项目管理（资源协调），业务支持部——投标，城市交通业务部等</td></tr>
<tr><td>风险概率</td><td>3.00</td><td>风险损失</td><td>3.37</td><td>损失事件</td><td>—</td><td>制度、流程</td><td>—</td><td>风险等级</td><td>中</td></tr>
</table>

（2）建议。

1）在遵守国家法律法规和公司管理规定的基础上，充分发挥公司优势，公平参与市场竞争，采取灵活的业务模式和投标策略实现在非重点区域的突破。

2）明确职责，跟踪科技发展和技术进步对体系产品/解决方案的影响，以及国家/行业技术发展趋势；做好需求分析，提出未来 1～3 年的产品发展规划，拓宽高速公路机电工程和城市智能交通领域的产品线；掌握竞争对手的技术特性和产品/解决方案优势，巩固公司自身的产品/解决方案的竞争力，实现市场引导研发、研发促进市场的良性态势。

2. 合作风险

合作风险评估结论（见表 7－10）。

表 7－10　合作风险评估结论

<table>
<tr><th>项目</th><th colspan="8">问题描述</th></tr>
<tr><td>关注潜在风险点</td><td colspan="8">①业主前期土建工程（界面）延期、质量水平低下影响已签约工程项目的进度
②业主工程项目资金紧张或不能按时支付，需要预付供货商采购款，占用公司资金
③供货商资质不全、延迟交货或质量不符合合同约定影响工程项目的进度、质量
④利益相关方对项目施加的影响可能给公司带来机遇、挑战和损失</td></tr>
<tr><td>风险因素</td><td colspan="8">①与业主的关系及业主的工程项目管理经验
②与供货商的关系及其对业主的影响力，公司在供货商之间的声誉/信誉
③供货商所提供的设备/物资的技术先进性、质量稳定性、价格及其市场影响力
④与监理方、设计院、评标专家的关系及其对业主的影响力
⑤与合作伙伴的关系（如总包商、分包商、中间人或竞争对手）及其对业主的影响力
⑥项目建设资金的出资方式及支付的及时性，如业主自筹、金融机构贷款、财政拨付、地方债、施工方垫资（BT）、总包商垫资等</td></tr>
<tr><td>涉及部门与职能</td><td colspan="8">市场部——市场开发，项目管理部——工程预算、项目管理（资源协调），业务支持部——投标，商务支持部——采购、付款，城市交通业务部，各地分公司/办事处——项目实施维护和关闭、回款、关系维系等</td></tr>
<tr><td>风险概率</td><td>3.00</td><td>风险损失</td><td>2.52</td><td>损失事件</td><td>—</td><td>制度、流程</td><td>—</td><td>风险等级 低</td></tr>
</table>

3. 技术变革风险

技术变革风险评估结论（见表 7－11）。

表 7-11　技术变革风险评估结论

项目	问题描述							
关注潜在风险点	①在项目前期，未能引导业主以及评标专家等使用新技术（应用）、新产品（功能），或者在联合设计阶段通过设计变更来实现扩大项目净利的目的，造成公司损失 ②科技进步、技术变革等可能带来机遇、挑战和损失							
风险因素	①交通行业发展纲要、规划、行业/产业政策中对新技术、新应用的指向和引导 ②大数据、云计算、物联网等新技术、新应用的发展 ③交通行业最新科研成果的转化机制 ④工程用设备物资的材料、性能等通过科技发展和技术进步而发生变化 ⑤跟踪并采用新技术完善公司产品/解决方案							
涉及部门与职能	技术支持部——产品和解决方案开发，软件研究院——产品和解决方案开发，市场部——市场开发，业务支持部——投标等。							
风险概率	2.00	风险损失	2.54	损失事件	—	制度、流程	—	风险等级	低

（三）内部（治理）环境

经理层权力滥用风险评估结论（见表 7-12）。

表 7-12　经理层权力滥用风险评估结论

项目	问题描述
关注潜在风险点	由于以下原因导致中、高层管理团队发生滥用资产、盲目决策、应变能力差、侵蚀利润、在职消费等经理层权力滥用行为，给公司资金、资产、声誉等造成损失，甚至有关人员由于舞弊、渎职、贪污、职务侵占而涉案： ①组织文化和诚实守信的经营理念贯彻不力，组织机构制衡不足、不相容职务设置不合理 ②预算/计划编制所依据的相关信息不足、准确性不高，未能充分、有效利用集团和××公司各类资源，可能导致预算/计划目标不合理（与市场环境、公司实际脱节） ③预算/计划执行不力、考核不严，可能导致公司资源浪费或发展目标难以实现 ④员工权益保护不够，导致员工积极性受挫，缺乏凝聚力和竞争力，丧失对公司的信心和认同感，人员大量流失/频繁变动，影响公司发展和社会稳定 ⑤内部报告系统功能不健全、内容不完整，信息传递不通畅、不及时，报告使用率不高、有效性低，可能会影响经营有序运行，导致决策失误、措施难以落实 ⑥内部信息在传递中泄露商业秘密，则会削弱公司核心竞争力

续表

项目	问题描述								
风险因素	1. 组织机构 ①组织机构设置，各层级干部、员工的岗责、限（授权）规定，以及中高层干部的能力评价，约束和激励机制 ②在××公司治理结构（董事会、管理层等）中的地位，以及在××公司各业务管理政策上体现ITS的影响力（制定、执行自身发展战略及目标，市场、采购、人事、财务、绩效与激励等） 2. 经营计划和预算 经营计划和任务目标的合理性、有效性（契合外部市场环境、公司发展战略、公司实际情况，通过绩效考评促进目标达成），以及在经营计划执行中的刚性、监控的及时性和有效性、考核的合理性 3. 组织文化 组织文化与诚实守信经营理念，以及员工凝聚力、积极奋斗和协作精神，团队健康和谐的氛围、开拓创新和风险意识 4. 内、外部信息 各部门收集内、外部信息的及时性、准确性；内部信息传递的保密性，有效使用信息系统/工具，以及内、外部信息可以为各级领导的决策服务 5. 贯彻执行公司和集团制度、流程中的相关规定 6. 利用××公司的各类资源								
涉及部门与职能	全体系各部门								
风险概率	2.00	风险损失	2.70	损失事件	无	制度、流程	—	风险等级	低

（四）运营风险

1. 内部管理失控风险

（1）市场评估结论如表7-13所示。

表7-13　市场评估结论

项目	问题描述
关注潜在风险点	①立项评审流于形式，项目策略不当，价格预测不准、资源不足，可能导致难以实现预期项目利润或项目失败 ②现有客户资源（业主）管理不足、潜在市场需求/机会开发不够，导致客户丢失或市场拓展不利 ③投标价格/项目报价未经恰当审批，客户开发过程存在舞弊行为，导致损害公司经济利益或者公司形象 ④业主（出资方）信用管理不到位，结算方式选择不当，账款回收不力等（含各类保证金/保函），造成工程项目款项不能及时、全部收回，甚至遭受欺诈 ⑤制度缺失或不健全和滞后，制度流程无效或与业务管理实际脱节，制度流程执行不力或缺少有效工具等

续表

项目	问题描述								
风险因素	①从各种渠道获取的市场信息的及时性、真实性，市场预测/项目摸排的准确性（全年预计招标项目机会、预计合同额等），以及对这些外部市场信息的有效利用 ②年度市场政策或具体项目策略的合理性（按一般和重点区分区域、项目等） ③市场计划（潜在项目、业务方向等）与产品研发（技术、产品功能、解决方案等）的契合度 ④项目摸排中，公司品牌、知名度、质量口碑、与业主关系等竞争力对获取潜在项目机会的支撑 ⑤投标价格的合理性 ⑥争取到的市场（投标）机会与公司资源的匹配程度（投标方案质量，资质、采购的及时性和设备物资质量，项目经理和施工人员数量和能力，采购预付款和各类保证金要求等） ⑦其他外部政治、经济、技术、市场等环境中的各种风险因素 ⑧立项制度、流程、信息系统的有效性								
涉及部门与职能	市场部——市场开发、项目摸排，业务支持部——投标，项目管理部——工程预算，商务支持部——采购成本测算，各地分公司——业主关系维护，城市交通业务部——业务流程梳理								
风险概率	2.76	风险损失	3.69	损失事件	无	制度、流程	有效	风险等级	低

（2）业务支持。

1）评估结论（见表7－14）。

表7－14 业务支持评估结论

项目	问题描述
关注潜在风险点	①人员数量不足、人为失误或能力欠缺、审查不严等，导致投标方案不完整、质量不高或出现差错/纰漏，影响投标成功率 ②投标工作管理不善、泄露投标价格和项目策略、存在舞弊等造成投标失败或影响公司声誉 ③制度缺失或不健全和滞后，制度流程无效或与业务管理实际脱节，制度流程执行不力或缺少有效工具等
风险因素	①投标人员的数量、能力、分工等与投标工作内容（设备选型、成本核算、商务与资质文件、公证、授权、保证金等），以及满足投标时间要求、投标文件格式要求、方案质量要求和公司利润要求，甚至考虑项目策略（合作）等要求的匹配度 ②投标报价经过讨论和审批，项目成本、利润测算合理 ③投标工作制度、流程的有效性（如质量检查表、分工进度控制等）

续表

项目	问题描述							
涉及部门与职能	业务支持部——投标，市场部——投标，项目管理部——投标，商务支持部——采购成本测算，各地分公司——投标等							
风险概率	3.00	风险损失	3.71	损失事件	无	制度、流程	有效	风险等级	中

2）建议。

①与市场部一起跟踪每个投标机会的进程，及时掌握投标信息的动态变化，提前准备和分配投标资源。

②延续抽调分公司/办事处专业技术人员参与投标文件制作的举措，做好合理分工和质量控制，以缓解短期内大量投标机会与紧张的投标资源之间的矛盾。

③与商务支持部一起完善采购信息库，记录和跟踪常用设备、物资的供应商及其资质和信用、产品规格型号、生产周期、产量、价格、折扣等信息的变化，提高投标价格测算的准确性，为后续中标后的实际采购提供货比三家的基础。

（3）项目管理。

1）评估结论（见表7－15）。

表7－15 项目管理评估结论

项目	问题描述
关注潜在风险点	①项目成本和利润预算的信息不对称，联合设计文件（施工组织设计、技术方案等）不落实，预算脱离实际或未及时变更，可能导致项目成本失控 ②对设备物资采购和分包事项审查、监控不严，发生泄密、舞弊和商业贿赂行为，设备物资和服务质量低劣，导致公司遭受损失，相关人员涉案；分包合同的条款、分包价格不合理，对承包方的方案和成本未进行有效审批；承包方资质不符合要求、价格过高、存在商业贿赂行为等；对承包方监控不力，发生不能履约、产品或服务不符合质量要求、泄露商业秘密等情况 ③项目经理、内业等主要人员数量不足或能力欠缺，项目管理不到位，导致项目质量低劣 ④项目日常费用、启动资金不落实，导致项目进度延迟或中断 ⑤没有及时跟踪项目进度、协调解决项目实施过程中各类问题，导致项目不能按时回款和完工 ⑥制度缺失或不健全和滞后，制度流程无效或与业务管理实际脱节，制度流程执行不力或缺少有效工具等

续表

项目	问题描述								
风险因素	①新签项目的管理水平（工程预算评估、设备采购与分包成本控制、日常费用控制、回款跟踪、项目经理选派与考核，资源协调配置等） ②对新签项目设备物资的采购以及分包合同与承包方的管理 ③项目预算、回款、项目承包、项目管理、项目关闭等制度、流程的有效性								
涉及部门与职能	项目管理部——工程预算、新签项目管理（资源、协调）、回款跟踪，商务支持部——采购、付款，各地分公司/办事处——新签项目实施、回款，市场部——回款、协调等								
风险概率	4.00	风险损失	3.56	损失事件	无	制度、流程	有效	风险等级	中

2）建议。

①在总部按照现场项目部组织形式配置/明确对口管理人员（兼职亦可），对工程物资、工程质量、安全管理以及维系业主关系等事项也履行“申请—审批—监督执行”的职责（而非仅仅是被告知和协调），真正实现垂直管理，最大限度的发挥总部和公司/集团人员的专业优势。

②在继续规范目前的签署分包合同条款、加强分包事项审批等措施的基础上，逐步制定项目分包管理制度，明确分包的业务范围、价格确定方式、承包方资质要求、质量管理要求、项目管理部与分公司/办事处各自职责等内容，以进一步提高项目成本预报表的准确性，合理控制工程项目（采购）成本，提升公司项目管理水平。

（4）商务——采购。

1）评估结论（见表7－16）。

表7－16　商务——采购评估结论

项目	问题描述
关注潜在风险点	①市场变化趋势预判不及、预测不准确，缺乏对重要物资品种价格的跟踪监控或提前安排采购计划，造成采购到货逾期/库存短缺，严重影响工程进度和回款 ②供应商选择不当（资格、履约能力等），采购方式和价格不合理，到货延迟，致使采购物资/设备质次价高，影响工程进度和质量 ③采购清单变更未取得业主批复或授权采购审批不规范，付款审核不严，出现舞弊或遭受欺诈，可能造成公司资金损失、采购成本高企 ④制度缺失或不健全和滞后，制度流程无效或与业务管理实际脱节，制度流程执行不力或缺少有效工具等

续表

<table>
<tr><th>项目</th><th colspan="8">问题描述</th></tr>
<tr><td>风险因素</td><td colspan="8">①跟踪、预测主要设备物资（光缆、电缆等）市场变化的趋势、频率和范围等（供货商、产量、生产周期、规格型号、市场紧缺程度、定价机制、价格等）
②执行货比三家方式执行采购
③在联合设计阶段采购清单发生变更，获得业主批复的及时性
④不同采购方式下（公司集中采购、现场项目部采购及零星采购）设备物资的及时到货率、质量合格率、成本控制效果等
⑤业主指定/招标指定/变更指定或其他方式选择的供货商的管理与评价（资质、信誉等）
⑥供货商对采购、验收、退换货、付款结算（提供发票等）过程中的异常情况的配合
⑦供货商违约（延迟到货，规格型号差异、质量不符等）
⑧采购付款的及时性
⑨采购数据库的有效性
⑩采购以及授权审批制度、流程的有效性</td></tr>
<tr><td>涉及部门与职能</td><td colspan="8">商务支持部——采购、付款，项目管理部——审批采购清单、付款，各地分公司/办事处——采购、验收、付款等</td></tr>
<tr><td>风险概率</td><td>3.66</td><td>风险损失</td><td>3.70</td><td>损失事件</td><td>无</td><td>制度、流程</td><td>有效</td><td>风险等级 | 中</td></tr>
</table>

2）评审发现。

设计变更尚未获得业主书面批复，公司即根据业主口头答复执行（提前）采购。

3）建议。

①在保证工程进度的前提下，督促业主或公司有关人员及早提供采购书面批复文件，以免影响公司年末利润核算，甚至产生纠纷。

②与业务支持部保持衔接，以前期编制投标商务文件而开展的询价工作为基础，提高后续中标后按照采购清单进行采购的工作效率。

③继续跟踪国内外大宗工程物资（如电缆等）的市场行情和价格波动情况，结合公司资金情况和工程项目中标情况，提前安排采购以锁定价格和未来采购成本。

（5）商务——合同。

1）评估结论（见表 7－17）。

2）评审发现。

抽查 46 个采购合同，其中：①有三家供应商营业执照未年审、一家供应商无产品代理证书；②46 个合同平均审批时间为 6.16 个工作日；③22 个合同正本我方无签字或签字日期，同时对方无签字或签字日期。

表 7－17　商务——合同评估结论

<table>
<tr><th>项目</th><th colspan="9">问题描述</th></tr>
<tr><td>关注潜在风险点</td><td colspan="9">①未订立合同或未经授权签署合同，对方主体资格未达要求，合同内容存在重大疏漏和欺诈，谈判经验不足，导致公司合法权益受到侵害
②审批人员未发现问题、未提出修改意见，或者合同提交部门和人员未修改或纠正等合同审核没有尽责的情况
③合同签署后被修改、手续不全而合同失效
④合同敏感信息泄密（谈判价格、实际采购价格等），造成公司损失和声誉影响
⑤合同未全面履行或遇到例外情况没有补充协议，损害公司利益
⑥未按采购合同约定请款、延迟付款或盲目付款，影响到货、回款、业主关系甚至发生纠纷，影响公司信誉以及项目进度/进展
⑦发生合同纠纷，处理不当导致诉讼失败，遭受经济损失、损害声誉/信誉
⑧制度缺失或不健全和滞后，制度流程无效或与业务管理实际脱节，制度流程执行不力或缺少有效工具等</td></tr>
<tr><td>风险因素</td><td colspan="9">1. 合同签订过程中
①审查合同对方主体资格、信用状况和履行能力
②审查采购、销售合同条款，收款、付款条件，合同形式或文本
③谈判经验，专业人员支持
④拆分采购清单，零星采购，或者拆分合同（分包等）
2. 合同审核过程中
①采购合同、销售合同与预留成本/利润比较后按流程、权限审批
②合同印章管理
3. 合同履行监控
定期跟踪合同履行情况，发现问题（如采购——延迟到货、规格型号不符、质量不符合要求、未按时付款或回款等）后及时采取有效措施
4. 合同纠纷处理及时、得当
5. 合同信息保密
6. 合同档案完整、全面（供货商资质、采购合同、销售合同、采购请款及支付文档、日常商务文件等）
7. 商务合同签订与审核制度、流程、信息系统的有效性</td></tr>
<tr><td>涉及部门与职能</td><td colspan="9">市场部——销售合同签订，商务支持部——采购合同签订、采购与销售合同流转审核，各地分公司/办事处——采购合同签订，项目管理部——采购合同审批等</td></tr>
<tr><td>风险概率</td><td>3.66</td><td>风险损失</td><td>2.61</td><td>损失事件</td><td>无</td><td>制度、流程</td><td>有效</td><td>风险等级</td><td>低</td></tr>
</table>

3）建议。

按照公司《商务流程及要求》等制度、流程严格供应商管理，提高审批环节的效率，保证合同审批签字的完整性。

（6）分公司/办事处——项目实施、维护与关闭。

1）评估结论（见表7-18）。

表7-18　分公司/办事处——项目实施、维护与关闭评估结论

项目	问题描述
关注潜在风险点	①项目施工组织设计、技术方案等达不到质量标准和实际要求，未能及时开工，导致进度滞后、费用超支 ②联合设计阶段的设计变更、预算调整等不合理，或不能及时获得业主批复而开工，可能产生合同争议、回款延迟的情形，并导致项目成本失控 ③分包监控不严，甚至服务质量低劣，导致公司遭受损失，相关人员涉案 ④项目部人员数量或能力不足，现场项目管理不到位，导致项目质量低劣、存在安全隐患，进度延迟或中断 ⑤项目日常费用控制不当，影响项目利润 ⑥设备物资管理不善，造成损失，或遗留质量隐患；验收标准不明确、程序不规范，把关不严，导致使用后存在重大隐患；仓储保管方法不适当、监管不严密，导致损坏变质、价值贬损；盘点清查手续不完善，无法查清设备物资真实状况；报废处置责任不明确、审批不到位，导致公司利益受损 ⑦业主不能及时支付工程预付款，需要公司垫付采购款，对公司现金流造成影响 ⑧缺陷责任期结束后，业主未能及时进行竣工决算和审计以确认预算变更，或者成本核减认定表未经签字确认，或者供货商手续不全等，或者工程项目档案资料文件不全，导致项目不能及时关闭 ⑨制度缺失或不健全和滞后，制度流程无效或与业务管理实际脱节，制度流程执行不力或缺少有效工具等
风险因素	①施工现场人员、设备物资、进度等按照业主和招标要求规范管理 ②设备物资验收、入库、领用/出库、退回、盘点等的管理，以及剩余物资的处理（调拨、报废等）符合相关规定 ③及时计量确认（报验）和完工验收，监督业主/利益相关者按合同进度及时回款 ④工程项目安全管理、质量管理水平 ⑤项目费用控制合理 ⑥竣工验收后发现质量隐患 ⑦业主及时开展竣工决算和审计 ⑧《成本核减认定表》及时确认和审批 ⑨未关闭项目由当地税务机关代开发票 ⑩缺陷责任期内项目维护与关闭的协调、资源保障、遗留问题解决等 ⑪项目预算、回款、项目承包、项目管理、项目关闭以及费用报销等制度、流程、信息系统的有效性

续表

项目	问题描述								
涉及部门与职能	各地分公司/办事处及现场项目部——项目实施、维护、关闭，项目管理部——协调解决问题，商务支持部——采购，市场部——关系维系等								
风险概率	3.66	风险损失	3.1	损失事件	无	制度、流程	有效	风险等级	中

2）评审发现。

在复盘项目盘点工程物资时发现存在账实不符情况。经查证，①台账登记笔误；②台账物资库存状态分类不当，目前仅划分采购入库、领用出库、退回三类。对于不入库现场安装的设备、现场直接消耗的材料，已到货安装但仍需退换部分配件的设备以及残、次、废、旧物资的处理等情况无法及时、准确的记录和反映。

3）建议。

①及时计量确认（报验）和完工验收，尽量促成业主及时按合同约定支付工程进度款，如有超预算支出应及时与业主协商追加付款。

②与项目管理部一起，每半年对业主、供应商等进行综合评估，关注其资信变化；维系良好关系，保障新项目顺利实施、验收及关闭；如发现其不能按合同进度及时付款或到货安装等异常情况时亦应及早请示/申请采取措施。

③项目关闭前，除项目经理和商务（采购）人员外，《成本核减认定表》亦须经财务、法务（律师）确认；探讨在全国推广“税务局代开发票”模式的可行性，促进其他历史项目（因发票原因）的关闭。

④制定工程项目物资分类管理办法，按照物资的来源和状态，明确物资管理的范围、分类、出入库方式、残次废旧物资处理，台账、盘点以及项目部、财务、项目管理部的各自职责等，以进一步提高物资利用率、减少物资跑冒滴漏和浪费，提升公司项目管理水平。

（7）技术支持评估结论（见表7－19）。

表7－19　技术支持评估结论

项目	问题描述
关注潜在风险点	①技术人员数量不足、能力配备不均或人员结构不合理，在各阶段工作开展过程中存在成本难以控制、质量难以保证、支持工作的效率和效果不佳等情形 ②资金、人员等投入不足，产品（收费系统、监控系统等）与竞争对手的差距加大，影响市场开发及投标成功率 ③制度缺失或不健全和滞后，制度流程无效或与业务管理实际脱节，制度流程执行不力或缺少有效工具等

续表

<table>
<tr><th>项目</th><th colspan="10">问题描述</th></tr>
<tr><td>风险因素</td><td colspan="10">①业界先进技术和竞争对手产品/解决方案的变化
②技术人员的数量、结构、职业规划
③现场支持工作占正常研发工作的比例
④技术人员与业主、设计院、监理等利益相关方以及项目部现场人员的沟通效率：
联合设计阶段的工作——需求分析、方案等，以及与业主、设计院等相关方的沟通，与现场项目部的沟通等
软件开发阶段工作——需求分析、设计、代码开发、测试等
现场部署阶段工作——现场部署、培训等，与现场项目部人员的沟通等
⑤技术支持管理制度、流程的有效性</td></tr>
<tr><td>涉及部门与职能</td><td colspan="10">技术支持部——产品/解决方案开发、现场支持（部署、方案讨论）、投标，项目管理部——资源调配，各地分公司/办事处——项目实施、维护等</td></tr>
<tr><td>风险概率</td><td>3.00</td><td>风险损失</td><td>2.31</td><td>损失事件</td><td>无</td><td>制度、流程</td><td>有效</td><td>风险等级</td><td>低</td></tr>
</table>

（8）研发管理评估结论（见表7－20）

表7－20 研发管理评估结论

项目	问题描述
关注潜在风险点	①研究新项目/产品未经科学论证或评审不充分，审批不当；产品商品化程度不高、新产品不成熟或与市场策略不匹配，可能导致创新不足或资源浪费 ②研发人员配备不合理、培训不足，资源匮乏或浪费，导致费用控制不当、存在舞弊现象 ③核心人员缺乏有效管理和激励，人员流失形成新的竞争对手或技术泄密，或导致研发失败 ④研发过程管理效率不高，质量管理水平低下，研究成果转化应用不足，产品/解决方案没有竞争优势，不能满足客户要求 ⑤研发成果保护措施不力，未能有效识别和保护知识产权；或者权属未能得到明确规范，开发出的新技术或产品被限制使用，可能导致公司利益受损 ⑥制度缺失或不健全和滞后，制度流程无效或与业务管理实际脱节，制度流程执行不力或缺少有效工具等
风险因素	①研发项目经过论证/评审 ②研发人员的数量、结构、分工等 ③研发过程管理水平（效率、质量、成本等） ④研发过程中的知识产权申请与保护 ⑤研发成果转化率、与市场需求的匹配度 ⑥核心研发人员的保留、管理、激励约束机制 ⑦业界先进技术和竞争对手产品的变化，保持产品和技术的先进性、稳定性 ⑧目前研发制度、流程的有效性（制度流程健全、与实际情况相符、执行有力）

续表

项目	问题描述								
涉及部门与职能	技术支持部——产品/解决方案开发，软件研究院——产品/解决方案开发等								
风险概率	3.00	风险损失	2.31	损失事件	无	制度、流程	有效	风险等级	低

（9）资质与知识产权评估结论（见表7－21）。

表7－21　资质与知识产权评估结论

项目	问题描述								
关注潜在风险点	①资质中缺乏核心技术或内含的技术已经落后、存在技术安全隐患，或未能及时升级换代而长期闲置和低效使用，降低公司的竞争力 ②资质中技术的保密性不强、权属不清或者疏于管理而被竞争对手利用 ③制度缺失或不健全和滞后，制度流程无效或与业务管理实际脱节，制度流程执行不力或缺少有效工具等								
风险因素	①资质和知识产权的申请、维护由专人负责 ②资质和知识产权的权属清晰、受保护程度 ③资质和知识产权内涵的技术、权利的有效性（保护期限、先进性等） ④资质和知识产权的使用率，转移登记享有的权利（如退税等） ⑤资质管理、知识产权管理的制度、流程的有效性								
涉及部门与职能	业务支持部——投标，市场部——市场开发，行政部门——资质管理职能梳理及再造								
风险概率	3.00	风险损失	2.40	损失事件	无	制度、流程	有效	风险等级	低

（10）财务管理/效益核算。

1）评估结论（见表7－22）。

2）建议。

财务分析内容应保持一定的连贯性，便于追溯分析，如保证金支付、退回情况，监管账户资金回款、付款情况，至少应按照三年周期滚动分析，以客观反映资金余缺对公司净现金流的影响。

2. 人力资源风险

（1）评估结论（见表7－23）。

表 7－22 财务管理/效益核算评估结论

<table>
<tr><th>项目</th><th colspan="8">问题描述</th></tr>
<tr><td>关注潜在风险点</td><td colspan="8">①对各项业务的会计处理不当，未及时对账存在账实不符、账证不符、账账不符和账表不符，可能导致资产流失或贬损、财务信息失真
②对监管账户、一般账户管理不善，内部人员未经授权或者采取其他不法方式侵占、挪用公司资金、资产，或者固定资产使用效能低下、维护不当，致使公司资金、资产价值贬损，有关人员涉案
③保证金占用资金、监管账户余额调度不顺畅，可能导致公司陷入财务困境或资金冗余
④采购付款、日常费用拨付等审核不严、支付方式不当、金额控制不严，可能导致资金被挪用、侵占或遭受欺诈，物资、资金和信用受损
⑤在项目关闭过程中，对所需提交的资料、文件及其审批权限等审核不严，效率不高，造成项目关闭延迟
⑥财务分析要求不明确、分析内容不完整，未对重大事项专门分析，难以及时发现经营管理中的问题；财务分析仅局限于财务部门，传递不畅，或其中意见未整改落实，影响其质量和可用性，甚至误导使用者造成决策失误，导致公司财务和经营风险失控
⑦制度缺失或不健全和滞后，制度流程无效或与业务管理实际脱节，制度流程执行不力或缺少有效工具等</td></tr>
<tr><td>风险因素</td><td colspan="8">①会计处理合法、合规，效益核算适当、及时、准确、完整、全面，对外提供财务信息的基础、依据、原则和方法保持一致，核算规则的变化经过审批（推迟或提前确认收入；改变费用、成本的确认标准或计量方法，虚列、多列、少列或不列收入、费用和成本等）
②原始票据真实，业务信息真实、完整、及时
③固定资产管理水平
④保证金/保函（投标、预付款等）管理
⑤请款、付款、费用等的申请、审批、划拨的过程
⑥与业务部门就付款、回款、费用等及时对账
⑦对监管账户、一般账户的管理
⑧财务信息的利用率
⑨财务分析制度的有效性
⑩效益核算管理办法、费用报销等制度、流程、信息系统的有效性</td></tr>
<tr><td>涉及部门与职能</td><td colspan="8">财务测算部——效益核算，项目管理部——回款核对、费用请款，商务支持部——付款核对、采购请款，城市交通业务部——数据分析、业务流程梳理</td></tr>
<tr><td>风险概率</td><td>4.26</td><td>风险损失</td><td>2.54</td><td>损失事件</td><td>无</td><td>制度、流程</td><td>有效</td><td>风险等级 中</td></tr>
</table>

表 7－23　人力资源风险评估结论

<table>
<tr><td>项目</td><td colspan="9">问题描述</td></tr>
<tr><td>关注潜在风险点</td><td colspan="9">①人力资源结构不合理、开发机制不健全，可能导致发展战略和业务目标难以实现
②关键岗位人员管理不善、激励约束制度失效，或者存在内部欺诈，可能导致人才流失、经营效率低下或关键技术、商业秘密泄漏
③人力资源退出机制不当，可能导致法律诉讼或组织声誉受损
④制度缺失或不健全和滞后，制度流程无效或与业务管理实际脱节，制度流程执行不力或缺少有效工具等</td></tr>
<tr><td>风险因素</td><td colspan="9">①目前的人员结构（学历、职级、岗位等）、关键人才（市场、技术骨干、项目经理等）的数量、能力等，对达成公司年度经营目标、支撑未来长远发展的支撑程度
②人员招聘的及时性、到岗率、合格率和有效性
③人员流动的部门、数量、频率及其影响
④人事制度和薪酬、绩效考核、奖励政策的有效性：双通道（专业技术、管理）职业发展规划，岗位轮换制度，学习、培训、专业资格认证等</td></tr>
<tr><td>涉及部门与职能</td><td colspan="9">全体系各部门</td></tr>
<tr><td>风险概率</td><td>4.00</td><td>风险损失</td><td>3.09</td><td>损失事件</td><td>无</td><td>制度、流程</td><td>有效</td><td>风险等级</td><td>中</td></tr>
</table>

（2）评审发现。

2010 年离职 38 人、入职 41 人，2011 年离职 28 人、入职 20 人，2012 年离职 28 人、入职 22 人，人员流动频繁，离职率较高，尤其是一些项目经理及技术骨干员工的流失，存在隐患。

（3）建议。

1）灵活使用公司制度，根据工作需要和岗位技能要求，招聘时适当降低学历要求，重在实际能力和经验等，通过外包公司聘用所需员工。

2）适当调整现有创利部门的人员结构，特别是城市交通业务部，扩大专业人员比重（市场人员、技术人员、项目经理等），促进市场开发、产品/解决方案的质量和竞争力的提升；保持合理人员流动，控制流失率，储备人才以支撑公司未来长远发展。

3）在招聘外部高级/专业人才的同时，注重内部选拔和培养骨干人员，建立双通道（专业技术、管理）职业发展规划，继续实施岗位轮换制度，继续鼓励参加各类专业知识学习、培训和资格认证以提升专业能力，注意团队能力的共同提升。

4）针对频繁的异地差旅，以及项目现场租用公共办公场所或住所等情况，应注意加强交通安全教育、防火防盗，并购买财产、人身意外伤害保险。

3. 信息系统风险

（1）评估结论（见表7－24）。

表7－24 信息系统风险评估结论

项目	问题描述							
关注潜在风险点	①信息系统规划不合理，可能造成信息孤岛或重复建设，导致经营管理效率低下 ②系统运行中授权管理不当，可能导致无法利用信息技术实施有效控制 ③安全措施不到位，人员流动或致信息泄漏							
风险因素	①合同审批系统、报销系统、立项系统功能完备 ②系统中业务流程合理、授权审批恰当 ③系统使用人员的操作熟练、规范 ④系统使用的频率、范围和效果 ⑤与财务系统的整合，共享收付款信息、合同信息、立项信息等 ⑥信息档案（历史数据、业务数据等）保管得当、信息安全防护有力 ⑦其他业务和管理活动对使用信息系统的急迫性，以及信息系统支撑的重要性							
涉及部门与职能	项目管理部——立项审核、合同审核，商务支持部——合同流转审核，各地分公司/办事处——合同提交，市场部——立项、销售合同提交等							
风险概率	2.00	风险损失	2.69	损失事件	无	制度、流程	有效	风险等级	低

（2）建议。

分析电子平台在××公司实施的可行性，可实现立项—采购—费用—财务等信息一次录入，提高数据准确性的同时分别满足核算和经营管理需要。

4. 外部事件风险评估结论（见表7－25）

表7－25 外部事件风险评估结论

项目	问题描述
关注潜在风险点	①不可抗力（自然灾害等）对项目工期、质量、安全等的影响 ②外部欺诈/盗窃、恐怖威胁等造成项目设备/物资、资金损失 ③政治事件等造成投标终止、延期或项目工期延长 ④交通事故造成人员伤亡、财产损失 ⑤供货商、分包商违约或所提供的设备/物资的质量、工程质量不符合要求，影响项目工期、质量

续表

项目	问题描述							
风险因素	①天气原因（雨、雪、大风）、自然灾害（地震、洪涝）等 ②交通事故、火灾 ③分包商、供货商违约 ④政策变化、临时或突发的政府行为/事件 ⑤外部欺诈/盗窃、恐怖威胁等							
涉及部门与职能	项目管理部——分包、项目跟踪，商务支持部——采购，各地分公司/办事处——进度管理、安全管理、质量管理，市场部——市场开发、项目摸排等							
风险概率	2.16	风险损失	2.40	损失事件	无	制度、流程	—	风险等级	低

（五）财务风险

1. 债务风险

（1）评估结论（见表7-26）。

表7-26 债务风险评估结论

项目	问题描述								
关注潜在风险点	①在销售合同签订前错误判断对方信用状况，或在合同履行过程中没有持续关注对方的资信变化，致使公司蒙受损失 ②业主、供应商、分包方/合作方在合同期内因市场变化等原因不能保持履约能力，无法继续履行合同义务，导致分包/合作失败或工程项目实施中断 ③结算审核不严格、支付方式不恰当、金额控制不严，可能导致公司资金损失或信用受损								
风险因素	①跟踪、评估业主资信 ②跟踪、评估供货商、分包商、合作商的资信 ③跟踪、评估国内外政治、经济、市场环境变化以及外部事件对债务人的影响 ④国内外金融机构的利率、汇率的变化								
涉及部门与职能	项目管理部——项目跟踪、付款审核，商务支持部——供货商资信管理、请款，各地分公司/办事处——现场项目管理，财务测算部——资金活动等，市场部——市场开发、项目摸排								
风险概率	2.16	风险损失	3.10	损失事件	无	制度、流程	—	风险等级	低

（2）评审发现。

截至2013年6月，**个未关闭项目中，2001~2007年签约的项目共有**

个，按各年度所有合同净额目前的回款率计算，目前应收 *** 万元；按各年度所有合同成本的付款率计算，目前应付 *** 万元。

（3）建议。

根据各年度、各项目的工程合同和采购合同具体分析其应收、应付款项的账龄、形成原因，继续执行目前的督促回款、按计划付款的举措及其他清欠办法，促进历史项目尽早关闭，降低业主违约和供应商起诉等带来的债务风险、法律风险，避免公司遭受资金损失和声誉影响。

2. 流动性风险

（1）评估结论（见表 7－27）。

表 7－27　流动性风险评估结论

<table>
<tr><th>项目</th><th colspan="9">问题描述</th></tr>
<tr><td>关注潜在风险点</td><td colspan="9">①保证金、垫付采购预付款等占用公司流动资金
②在业主支付工程款之前，需按时向供货商支付采购款，造成公司流动资金紧张
③各项目监管账户资金余额被限制使用，造成公司其他项目周转所需资金紧张
④结算审核不严格、支付方式不恰当、金额控制不严，可能导致公司资金损失</td></tr>
<tr><td>风险因素</td><td colspan="9">①现场项目部及时报验工作量，督促业主按进度付款
②采购合同中与供货商约定的付款条件、付款方式
③销售合同中业主指定的付款条件、付款方式（承兑汇票、转账支票等）
④跟踪投标进展和工程项目进度，及时收回保证金</td></tr>
<tr><td>涉及部门与职能</td><td colspan="9">市场部——签订销售合同、保证金退回，项目管理部——回款跟踪、付款审核，业务支持部——申请保证金，商务部——签订采购合同、付款申请</td></tr>
<tr><td>风险概率</td><td>3.00</td><td>风险损失</td><td>2.98</td><td>损失事件</td><td>无</td><td>制度、流程</td><td>—</td><td>风险等级</td><td>低</td></tr>
</table>

（2）评审发现。

公司不能根据经营需要随时调用监管账户的存量资金，而支付保证金和日常项目费用等则需要从公司账户中调拨资金以供使用，保证金不能及时清退又占用公司流动资金，由此发生监管账户、公司账户在一定时期内的收支不匹配的情况，造成巨额（项目）资金沉淀，短期内严重影响公司的现金流。

（3）建议。

1）继续跟踪和加强退回保证金事宜，为有关人员建立保证金管理和考核制度，明确保证金类型、申请、审批、期限、退回、收支账户等内容，以及市场、业务支持、项目管理部、现场项目部等各自的职责，避免由于保证金原因而造成项目不能及时关闭。

2）在保证向供应商及时、足额支付的基础上，与业主协商提高监管账户资金余额的利用率；在强制支付保证金的模式下，针对不同项目与业主探讨设立监管账户的必要性，盘活按进度支付的工程款项，以保障和改善公司的现金流。

3. 盈利能力风险

（1）评估结论（见表7－28）。

表7－28　盈利能力风险评估结论

项目	问题描述								
关注潜在风险点	①竞争或地方保护形成竞争壁垒，项目利润受损 ②投标程序和评标办法复杂、中标价格的不确定性影响项目利润								
风险因素	①竞争对手多，竞争手段多样，地方保护 ②招标程序和评标办法 ③采购成本控制（设备物资的价格、分包商管理等） ④日常项目费用的合理性、严格审核、控制得当 ⑤适当的资源投入和保障								
涉及部门与职能	市场部——市场开发、项目摸排、投标，项目管理部——工程预算、费用审核，商务支持部——采购，分公司/办事处——现场项目部费用控制								
风险概率	3.00	风险损失	3.37	损失事件	无	制度、流程	—	风险等级	中

（2）评审发现。

通过变更实现“结转项目税前净利”在传统优势/重点区域的情况不均衡。其中，××公司下滑明显，××公司目前比较平稳，××公司经历大幅波动后渐趋平稳，××公司和××公司上升势头非常明显，城市交通业务部则在回落。

（3）建议。

1）继续收集并深入分析经营数据（至少2011年、2012年、2013年三年），以判断不同部门（市场部、城市交通业务部、各分公司/办事处）、不同项目（新项目、老项目）对公司“合同税前净利”的贡献的变化情况和趋势，由此调整、优化目前的组织架构、职责分配和管理模式。

2）分析公司目前的人员能力和人才结构（市场、技术、项目经理等），以及技术和产品/解决方案的竞争力，补足差距和短板，对投标要求和联合设计阶段的技术方案施加影响，以提升公司在市场开发和项目管理过程中的盈利能力。

（六）法律风险

1. 员工劳动关系风险评估结论（见表 7－29）

表 7－29 员工劳动关系风险评估结论

<table>
<tr><td>项目</td><td colspan="9">问题描述</td></tr>
<tr><td>关注潜在风险点</td><td colspan="9">①日常运营活动与国家法律法规、行业准则、政策/规定等存在冲突，或发生违法违纪行为，需要承担法律责任（包括连带责任）
②合法权益受到侵害时未能及时采取有效措施加，遭受经济、声誉和形象损失等
③发生劳动合同纠纷、商务纠纷和法律诉讼，导致财务、声誉损失</td></tr>
<tr><td>风险因素</td><td colspan="9">①跟踪国家法律法规、行业准则、政策/规定等的变化
②审视员工劳动关系的状态
③集团专职律师对公司业务的支撑度（合同审查、法律事务咨询等）
④公司管理人员、市场人员、采购人员、项目经理等发生挪用、非法侵占公司资金、资产、滥用职权和舞弊事件的可能性
⑤组织机构、组织文化等内部环境因素
⑥贯彻执行公司和集团制度、流程中的相关规定</td></tr>
<tr><td>涉及部门与职能</td><td colspan="9">全体系各部门</td></tr>
<tr><td>风险概率</td><td>2. 16</td><td>风险损失</td><td>2. 65</td><td>损失事件</td><td>无</td><td>制度、流程</td><td>有效</td><td>风险等级</td><td>低</td></tr>
</table>

2. 评审发现

YY 项目部办公室主任尚未与公司或外包公司签署正式劳动合同。

3. 建议

根据公司人事政策，尽快补签劳动合同。

三、附录

1. ××公司风险清单（见表 7－30）

表 7－30 ××公司风险清单

一级风险	二级风险	发生概率	损失程度	风险等级	评审发现	评审建议
战略风险	战略实施风险	3. 32	3. 56	中	★	1
市场风险	竞争风险	3. 00	3. 37	中	—	2
	合作风险	3. 00	2. 52	低	—	—
	技术风险	2. 00	2. 54	低	—	—

续表

一级风险	二级风险		发生概率	损失程度	风险等级	评审发现	评审建议
内部（治理）环境风险	经理层权力滥用风险		2.00	2.70	低	—	—
运营风险	内部管理失控风险	市场	2.76	3.69	低	—	—
		业务支持	3.00	3.71	中	—	3
		项目管理	4.00	3.56	中	—	2
		商务采购	3.66	3.70	中	★	3
		合同	3.66	2.61	低	★	1
		项目实施	3.66	3.10	中	★	4
		技术支持	3.00	2.31	低	—	—
		研发	3.00	2.31	低	—	—
		资质	3.00	2.40	低	—	—
		财务管理(资产、资金、效益核算)	4.26	2.54	中	—	1
	人员风险		4.00	3.09	中	★	4
	信息系统风险		2.00	2.69	低	—	1
	外部事件风险		2.16	2.40	低	—	—
财务风险	债务风险		2.16	3.10	低	★	1
	流动性风险		3.00	2.98	低	★	2
	盈利能力风险		3.00	3.37	中	★	2
法律风险	员工劳动关系风险		2.16	2.65	低	★	1
小计			—	—	—	9	28

2. ××公司风险等级（发生的可能性/概率＊造成的损失程度）（见表7－31至表7－33）

表7－31 ××公司风险等级一览表

风险等级	风险发生的可能性＊风险损失（分值）
重大（红色）	≥25，<36
高（橙色）	≥16，<25
中（黄色）	≥9，<16
低（绿色）	≥0，<9

表 7-32 风险水平一览表

风险水平	风险发生的可能性/概率（定性描述）
特高	可能每周或每月 2 周及以上就发生该类风险
很高	可能每月或每季 2 月及以上就发生该类风险
较高	可能每季或每年 2 次及以上就发生该类风险
一般	可能每年都发生该类风险
较低	可能每 1~3 年才发生该类风险
极低	可能每 3 年以上才发生该类风险

表 7-33 风险损失程度一览表

风险标准	风险造成的损失的程度（定性和定量描述）		
	交通事故/火灾造成人员伤亡	声誉及社会形象	直接经济损失（占公司年度净利润百分比）
特大	2 人以上重伤，或者死亡 1 人及以上，或者 10 人以上轻伤	在全国、集团和公司范围内受到影响，需要通过公司和集团经过长时间努力、付出巨额代价消除	≥50%
很大	2 人重伤，或者 5 人以上 10 人及以下轻伤	在省、集团和公司范围内受到影响，需要公司经过较长时间、付出较大代价消除	≥30%，<50%
较大	1 人重伤，或者 2 人以上 5 人及以下轻伤	在集团/公司范围内受到影响，需要公司经过一定时间、付出一定代价消除	≥20%，<30%
一般	2 人及以下轻伤	在公司/部门所辖范围内受到影响，可由部门短期内自行消除	≥10%，<20%
较小	1 人轻伤	在部门所辖范围内受到影响，可由岗位短期内自行消除	≥5%，<10%
极小	无人受伤或伤害可忽略	相关岗位受到影响，可由员工自行消除	<5%

参考文献

[1] 国家安全生产监督管理总局．安全评价［M］．北京：煤炭工业出版社，2005.

[2] 安泰环球技术委员会．管理风险创造价值——深度解读 ISO31000：2009 标准［M］．北京：人民邮电出版社，2010.

[3] GB/T 27921－2011. 风险管理　风险评估技术［M］．北京：中国标准出版社，2012.

[4] 郭生良．γ 能谱的蒙特卡罗计算方法探讨与模拟软件设计［D］．成都：成都理工大学，2008.

[5] 杨衡．蒙特卡罗模拟优化与风险决策分析的应用研究［D］．天津：天津大学，2004.

[6] 李素鹏．ISO 风险管理标准全解［M］．北京：人民邮电出版社，2012.

[7] 李素鹏．风险矩阵在企业风险管理中的应用［M］．北京：人民邮电出版社，2013.

[8] 李存健．风险评估——理论与实践［M］．北京：中国商务出版社，2012.

[9] 沃尔特 V. 小哈斯莱特．风险管理［M］．郑磊，王盛译．Risk Management：Foundations For a Changing Finance，2017.

[10] 黄丽虹，黄长全，李素鹏．企业全面风险管理基础［M］．北京：新华出版社，2006.

[11] 保罗·布莱肯，艾安·布莱默，大卫·戈登．突发事件战略管理——风险管理与风险评估［M］．吴新叶，赵挺等译．北京：中央编译社，2014.

[12] 风险评估专业人员职业培训指南编写组．风险评估专业人员职业培训指南［M］．北京：人民日报出版社，2010.

[13] 中央企业管理提升活动领导小组．企业全面风险管理辅导手册［M］．北京：北京教育出版社，2012.

［14］中国就业培训技术指导中心．风险评估专业人员职业岗位技术能力培训教程［M］．北京：中国商务出版社，2012.

［15］高立法．全面风险管理实务［M］．北京：经济管理出版社，2016.